北総地域の水辺と台地

―生活空間の歴史的変容―

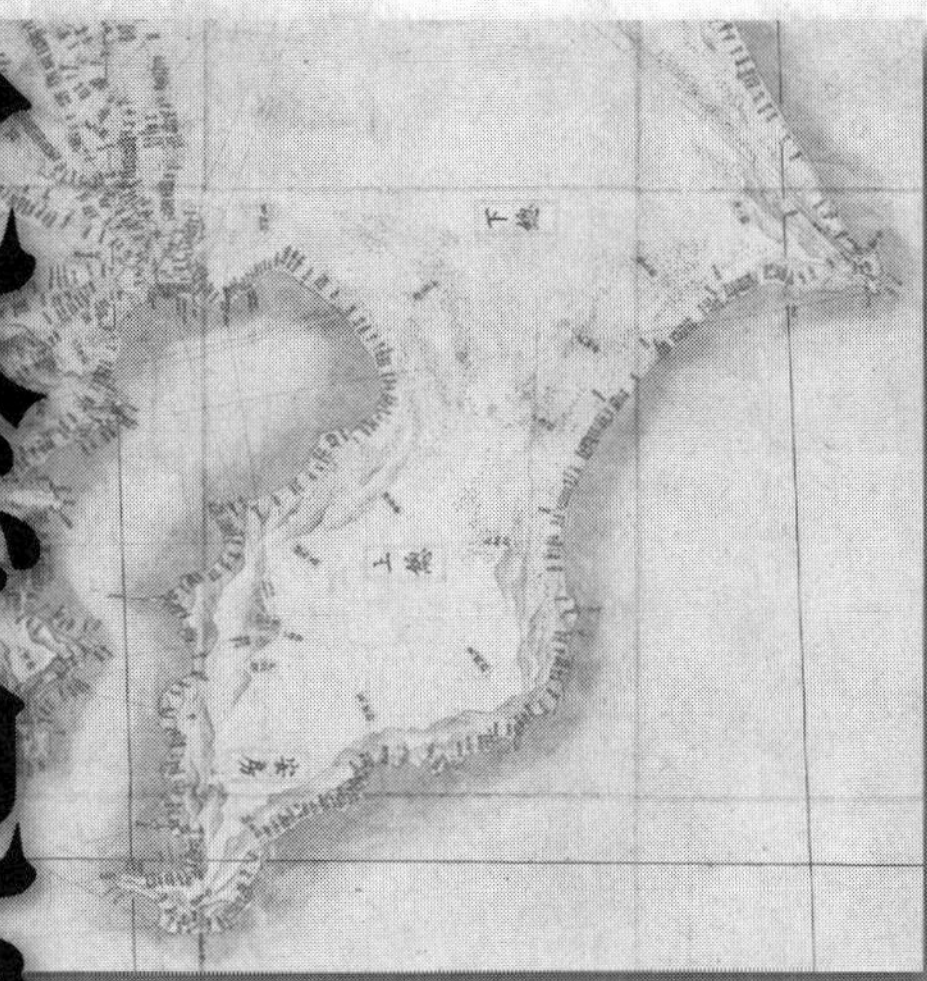

地方史研究協議会編

雄山閣

序文

二〇一〇年度（第六一回）の地方史研究協議会大会は「北総地域の水辺と台地―生活空間の歴史的変容―」を共通論題として、一一月一三日（土）から一五日（月）までの三日間、千葉県成田市において開催された。一三日には、自由論題研究発表と公開講演と総会が、一四日には共通論題研究発表と共通論題討論が成田市の成田国際文化会館大ホールにおいて行われ、一五日には成田市・栄町・佐倉市を巡るコースと旭市・香取市を巡るコースに分かれて、巡見が実施された。

大会開催地の成田市とその周辺地域（北総地域）は、利根川流域の南側、下総台地の北部に位置し、そのなかに印旛沼・手賀沼を含んだ地域である。共通論題はその地理的特徴を「水辺と台地」と表現している。大会では、このような自然環境のもと、形成・展開された地域社会の具体相を検討するとともに、人々の生活空間が変容する政治的・経済的・社会的諸条件を考察した。

本書はその大会成果を収録したものである。すなわち、公開講演の大塚初重氏と吉原健一郎氏をはじめ、共通論題の発表者である川尻秋生・阪田正一・高見澤美紀・佐々木克哉・高木晋一郎・秋山笑子・相川陽一の七氏、自由論題の発表者である高木謙一・木村涼・藤方博之の三氏、合わせて一二氏の論考を、Ⅰ古代・中世の北総地域と水辺、Ⅱ北総台地と近世の開発、Ⅲ近・現代の地域経済と生活空間、Ⅳ江戸・東京と北総、の四部に構成、配置している。

北総地域史の研究は、従来利根川流域を中心になされ、北総台地や印旛沼・手賀沼周辺までを対象とする研究は多くなかった。近年に至り自治体史編纂事業を契機として、研究の進展がみられ、また成田市など七市二町からなる印旛郡市地域史料保存活用連絡協議会（印史協）が結成されて、史料保存利用運動が展開されてきた。本大会はそうした基盤の上に開催されたわけであるが、本書に収められた大会の成果が、北総地域史研究の一層の発展と、全国の地方史研究の深化に寄与することになれば幸いである。

本大会は三八年ぶりに千葉県で開催された大会であった。この大会開催に向けて、常任委員会内の準備委員会と地元において組織された実行委員会は、何度も検討・協議を重ねて、周到に準備を進め、大会を成功に導いた。その過程は、大会当日の共通論題討論の内容とともに、本書末尾の「第六一回（成田）大会の記録」に詳しい。実りある大会は、一朝一夕では成しえないことを実感させられる。

本大会をともに主催し、一方ならずご尽力頂いた大会実行委員長の鏑木行廣氏、事務局長の小倉博氏をはじめとする大会実行委員の方々、共催して頂いた常総地方史研究会、後援・協賛・協力を頂いた諸機関の方々に心から感謝と御礼を申し上げたい。

二〇一一年一〇月

地方史研究協議会

会長　松尾　美恵子

北総地域の水辺と台地—生活空間の歴史的変容—／目次

Ⅰ　古代・中世の北総地域と水辺

印旛沼をめぐる古墳群の特質と地域社会の動態—印波国造論に関連して—

大塚　初重

はじめに

千葉県北部のいわゆる北総地域には、印旛沼・手賀沼と栃木県から流れ出て太平洋に注ぐ鬼怒川つまり利根川とが一体となって「香取の海」を形成していたことはよく知られている。常陸国と下総国の境にあったこの香取の海は、原始・古代から周辺の地域で生活する人びとに多くの恩恵とともにまた災害をもたらした。遠い過去には現今の霞ヶ浦・北浦・印旛沼・手賀沼付近まで太平洋の海水が入り、「印旛の浦＝印波の浦」と「手賀の浦」と呼ばれていた。印旛沼・手賀沼の歴史は多くの識者によって指摘されているように、両沼は利根川の遊水池のような性格を有していて、利根川の洪水の際は逆流する洪水となって大被害をもたらしたという。利根川は古く江戸湾に流れていたが、一七世紀元和年間に瀬替えが行われて銚子が河口となった。おそらく原始・古代には「香取の海」として、霞ヶ浦から利根川をへて印旛沼まで一衣帯水の海となる自然環境であったと思われる。

印旛沼周辺の古代の姿は下総国の埴生郡と印波郡の二郡が成田地域にあり、とくに古墳群の分布が濃密であり、公津原古墳群として一一九基の古墳をはじめ、集落跡など約三〇〇ヶ所の遺跡があることで知られていた。

一方、印旛沼の東岸台地上に分布する公津原古墳群に続いて北東方の台地上には、一一四基からなる龍角寺古墳群が存在している。この龍角寺古墳群は大型方墳として著名な岩屋古墳があり、終末期古墳として白鳳期の薬師如来像を有する龍角寺との歴史的な関係が問題とされてきた。

この二つの印旛沼周辺の古墳群はその構成や年代論の点で対照的であり、これまでの調査成果によれば公津原古墳群が先行し、六世紀後半あたりから、龍角寺古墳群の優位性が示されはじめることの歴史的背景が問題とされてきている。

一　公津原古墳群の特質（図1）

成田空港の建設にともなって関連施設である成田ニュータウンの建設が開始されたのは一九六九年（昭和四四）のことで、一九七一年（昭和四六）までの三年間に及ぶ大規模調査であり、公津原古墳群全域にわたる調査であった。公津原古墳群は八代台《やつしろだい》、天王・船塚、瓢塚《ひさごづか》と呼ぶ三古墳群で構成されているが、中核的な主要古墳を保存した以外の諸古墳は発掘調査された[1]。

印旛沼の東岸台地上に分布する一一九基の公津原古墳群の中で最も南のグループは墳丘長五七メートルの前方後円墳・瓢塚古墳を盟主とする円墳三〇基、方墳一九基から構成される五〇基の古墳群である。とくに注目されることは、円墳数に対して方墳数が多いことである。方墳である瓢塚二七・三六・三八・三九・四二号墳などは内部主体に軟質砂岩製の切石の横穴式石室が採用されており、後期古墳の時代的な特質とも考えられるが、他の多くの六、七世紀代に属する円墳に木棺直葬例が認められることは、古墳群の同時代構成集団の中に墓制上の差異が存在したことになるのかもしれない。円墳の中でも瓢塚三二号墳は直径四二メートルを測る大型古墳で墳頂部に二例の木棺直葬があり、一号主体からは

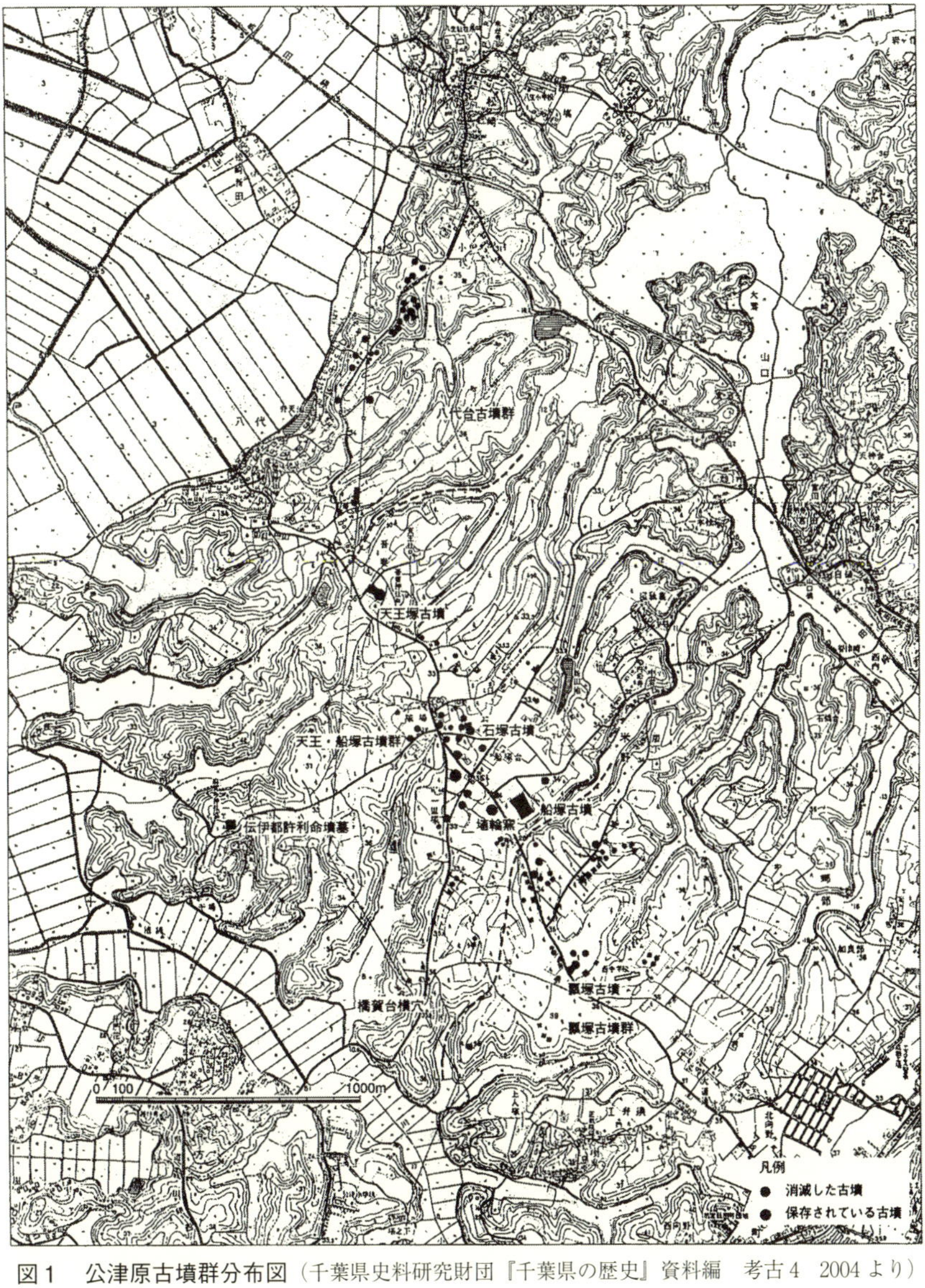

図１　公津原古墳群分布図（千葉県史料研究財団『千葉県の歴史』資料編　考古４　2004より）

石枕・鎌・刀子二・鉄鏃四のほか土器二・滑石片などが出土し、二号主体からは大刀一と滑石片が発見されている。報告書によれば墳丘下には和泉期の住居跡が発見されていることから、五世紀後半代の古墳と考えてよいだろう。この瓢塚三二号墳で特筆すべきことは西側の周溝から、二・五×四・五㍍の方形区画が発見され、区画内に人物埴輪一体のほか形象埴輪として馬形と鶏形埴輪二体が多数の円筒埴輪・朝顔形埴輪とともに雑然と置かれていたことである。これらを埴輪集積遺構とする考え方も存在する。また瓢塚一六号墳は一辺が十三・六㍍の小型方墳であるが、主体部の形式は不明だが面径七・五㌢の仿製変形四獣鏡を出土している。瓢塚一七号墳は直径二五㍍の主体部不明の円墳であるが、乳文鏡と鉄斧一個が発見された。報告書によれば、墳丘下に和泉期の住居跡があるということで、少なくとも五世紀代の集落跡にこれらの古墳が築造されたものと思われ、五世紀後半から六世紀前葉頃の古墳となろう。

成田ニュータウン造成にともなう大規模調査によって、公津原古墳群からは多くの考古学情報が提起された。中でも瓢塚古墳群は中心地域に属していたから多くの中小規模の古墳が発掘された。江弁須《えべす》地区にあった瓢塚三八号墳は一辺が二二×二九㍍の方墳であり、軟質砂岩切石積の横穴式石室は玄室長二・六七㍍、幅一・一㍍という小型で盗掘を受けていたため金環一個が出土したのみであった。瓢塚古墳群最東端にある三九号墳は一辺二〇㍍、高さ二・五㍍の周溝をもつ方墳であるが、軟質砂岩切石積で長さ四㍍、奥壁幅一・四㍍、高さ一・五㍍の複室構造の横穴式石室が存在し、刀子一・壺鐙二・銜と鞍金具と須恵器長頸壺が出土した。

瓢塚四一号墳と四四号墳は一辺十数㍍の方墳であるが、内部主体は絹雲母片岩（筑波石）製の横穴式石室である。瓢塚古墳群の横穴式石室の多くが軟質砂岩製であった中で、絹雲母片岩という遠い筑波山周辺地域産の石を採用していることは注目しなければならない。このことは天王・船塚古墳群の二七号墳、つまり初代印波国造の伊都許利命《いつこりのみこと》の墓との伝承がある一辺三六㍍の中型方墳が、軟質砂岩製の単室構造の横穴式石室中に絹雲母片岩製の箱式石棺を用いている事実は、内部主体の石材の供給地とその入手ルート、方法に二地域が存在したことになり、需給集団関係論にまで及ぶ問題として重要視されなければならない。

瓢塚古墳群中の多くの小型円墳群は内部主体が木棺直葬例であり後期古墳に属することから、六世紀後半代から七世紀代にかけては円墳と方墳とが共存していたことになる。

瓢塚古墳群の北北西約六〇〇メートルに前方後方墳の船塚古墳がある。公津原古墳群中、最大の墳丘長八六メートルの大型古墳である。二重周壕をもつ船塚古墳は前方後方墳の系列に属するが、くびれ部がほとんど無いところから長方墳と表現する研究者もいる。この船塚古墳の北方約四〇〇メートルに墳丘長三五メートルの石塚前方後円墳が、さらに石塚古墳の北西約六〇〇メートルをへだてて墳丘長六三メートルの天王塚前方後円墳があり、三三基の円墳、九基の方墳を含めてこれらを天王・船塚古墳群と呼んでいる。総数四五基の古墳群であるが、船塚古墳を盟主的存在として公津原古墳群の中核となるグループである。

天王・船塚四号墳は幅四メートルの二重周壕を有する径五〇メートルを超える大型円墳で、主体部が墳丘裾部にあり地下式である。軟質砂岩切石製の横穴式石室の全長五・二メートル、幅三・五メートルという公津原古墳群の中では最大級の石室は、南北八・三メートル、東西六・三メートルという大規模な掘り方の中に設けられていた。発掘によって発見された副葬品には大刀三、刀子、鉄鏃一二、壺鐙二、轡二、鉸具一などがあり、周壕底部からは須恵器と土師器が出土している。六世紀後葉と推測される天王・船塚四号墳の墳丘内には軟質砂岩片や絹雲母片岩の破片と須恵器片が散乱していたというので、埋葬主体部の設定に何らかの事情が存在したのかもしれない。この天王・船塚四号墳に関しては、埴輪の存在が知られているが、とくに墳丘南側の封土内から多量の埴輪片と焼土と粘土が発見され、これが探索の糸口となって調査区域外の船塚古墳西方約百数十メートルの杉林斜面で埴輪窯跡が発見された。

千葉県下で発見されている埴輪窯跡は木更津市の畑沢窯跡とこの公津原埴輪窯跡の二例のみであり、まことに貴重な調査例といわねばならない。しかも調査結果によるとこの公津原埴輪窯跡で焼成された埴輪は、天王・船塚古墳群の船塚古墳用の埴輪であることが確認されている。天王・船塚古墳群の石塚前方後円墳と瓢塚三二号墳出土の埴輪とは製品の焼成度や製作技法が異なっており、公津原古墳群の近傍に別の埴輪製作遺跡が存在している可能性が高いと思われる。

成田ニュータウン北端部に分布する八代台古墳群は墳丘長二五メートルの小型前方後円墳一基のほかは、円墳二五基、方墳六基の合計三二基で構成されている。八代台七号墳は径三七メートル、高さ二メートルで三段築成の墳丘を有するが内部主体などは不明である。また八代台二〇号墳などは一辺が一七・五メートル×一二・五メートルを測る方墳であるが、絹雲母片岩を用いた箱式石棺を主体としており、おそらく七世紀代の終末期に該当するものと思われる。

以上、成田ニュータウン地域内の公津原古墳群を概観したが、四世紀後半から古墳群の形成が開始され、瓢塚古墳群をへて大型前方後方墳である天王・船塚古墳群の船塚古墳出現の西暦六世紀代前葉の頃が、公津原古墳群隆盛の頃であったように思われる。

なお、公津原の台地とは江川によって区切られた印旛沼寄りの西側の台地上には、北方から北須賀勝福寺裏古墳群、五郎台古墳群、台方古墳群などが分布するが、公津原古墳群とは分立した存在であったろう。北須賀勝福寺裏古墳群などは前方後円墳三基と円墳七基からなり、鏡の出土例などから五、六世紀代に勢威を有していた地域と思われる。

二　龍角寺古墳群の特質（図2）

印旛沼東岸地域における公津原古墳群と歴史的に関係の濃い古墳群が一一四基からなる龍角寺古墳群である。(2) 六世紀後半期から七世紀初葉に及ぶ三七基の前方後円墳と一辺八〇メートルに達する全国的にも最大級の方墳として著名な岩屋古墳が存在する。前方後円墳の分布数は公津原古墳群六基に対して三七基という圧倒的な数量の多さが目を引く。ただし四世紀終末頃からむしろ五、六世紀代に築造年代の中心をおく公津原古墳群に対し、龍角寺古墳群は六世紀後半代から七世紀代前葉にかけて、小型の前方後円墳が出現している点に特色がある。龍角寺古墳群の北端に分布している浅間山古墳は、墳丘全長が七八メートルという龍角寺古墳群中で最大の墳丘を有している。公津原古墳群の中で最大の古墳は八六メートルという墳丘規模をもつ天王・船塚古墳群の船塚古墳であり、墳形が前方後方墳である点に特色がある。この古墳は成田ニュータウン内に保存されているが、未発掘墳である。ただし戦争直後に一部を発掘し、箱式石棺が存在したという噂があるが不明確である。しかし既述したように成田ニュータウン造成にともなう発掘調査中に、偶然埴輪窯跡の存在が判明し、発掘の結果船塚古墳の埴輪を焼成した事実が判明し、六世紀前葉という年代が明らかになった。

龍角寺古墳群のさらに重要な事実は、千葉県史編さん事業の一環として一九九六年に発掘調査された浅間山古墳が提起した問題である。(3) 浅間山古墳は龍角寺古墳群中、最大の前方後円墳であるが、調査の結果七世紀初頭の築造と判明し、印旛沼東岸地域の古墳の中では最も情報量が多く、しかも最後の前方後円墳であることが確実となった。この浅間山古墳の内部主体の横穴式石室の石材は、筑波変成岩であり、公津原古墳群の一部古墳の石棺・石室の用材とし

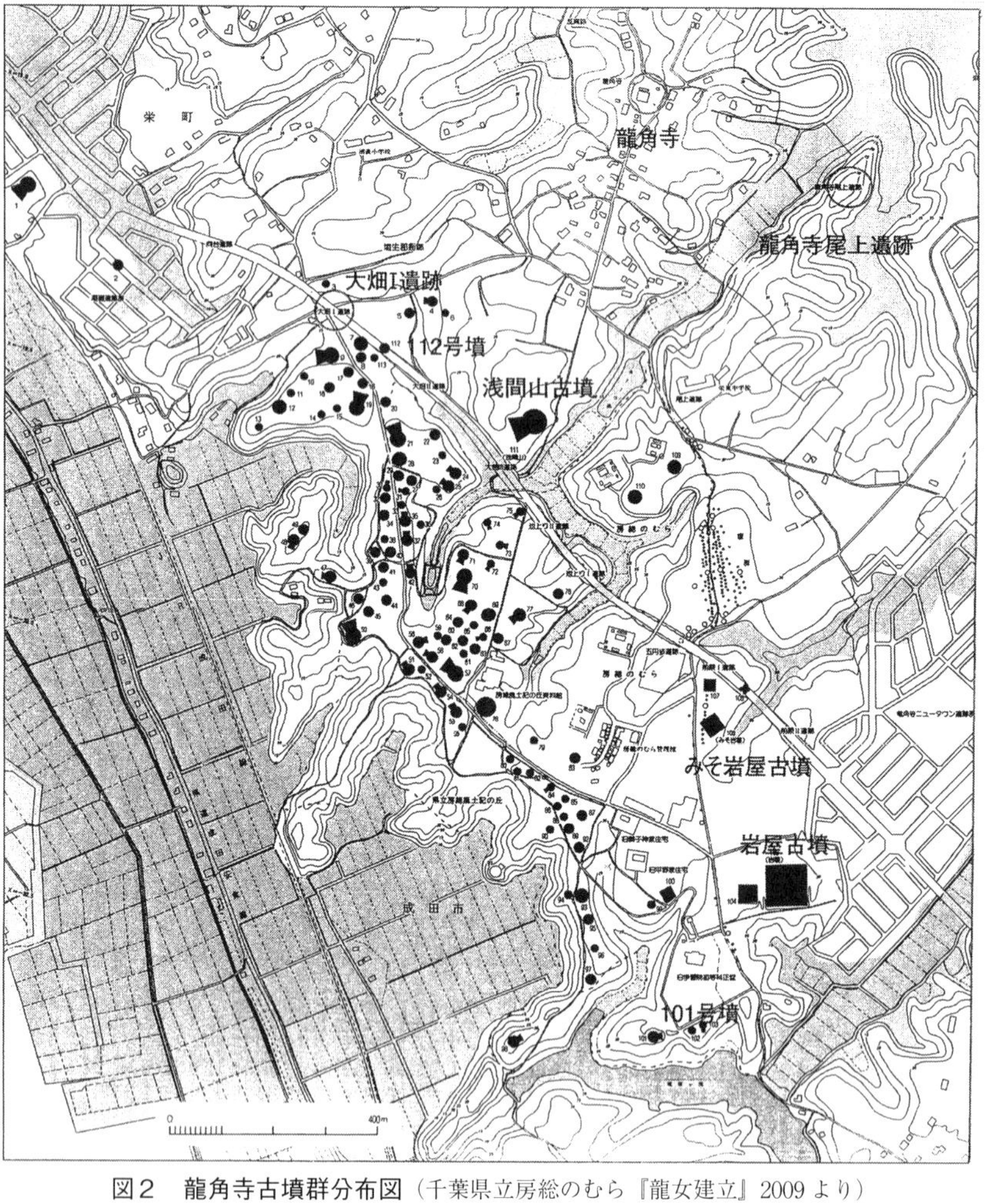

図2　龍角寺古墳群分布図（千葉県立房総のむら『龍女建立』2009より）

てすでに使用されていた。ところが、龍角寺古墳群の浅間山古墳で発掘された横穴式石室は全長六・六八《メートル》という長さを有し、一六枚の分厚い筑波変成岩を積み上げた印旛沼周辺の古墳の中で、最大のエネルギーを投入した重厚な内部主体であった。これらの石材が筑波山周辺の地方から、はるか霞ヶ浦をへて香取海を運んできたものであることは明らかである。こうした石室用石材の採石から運搬、

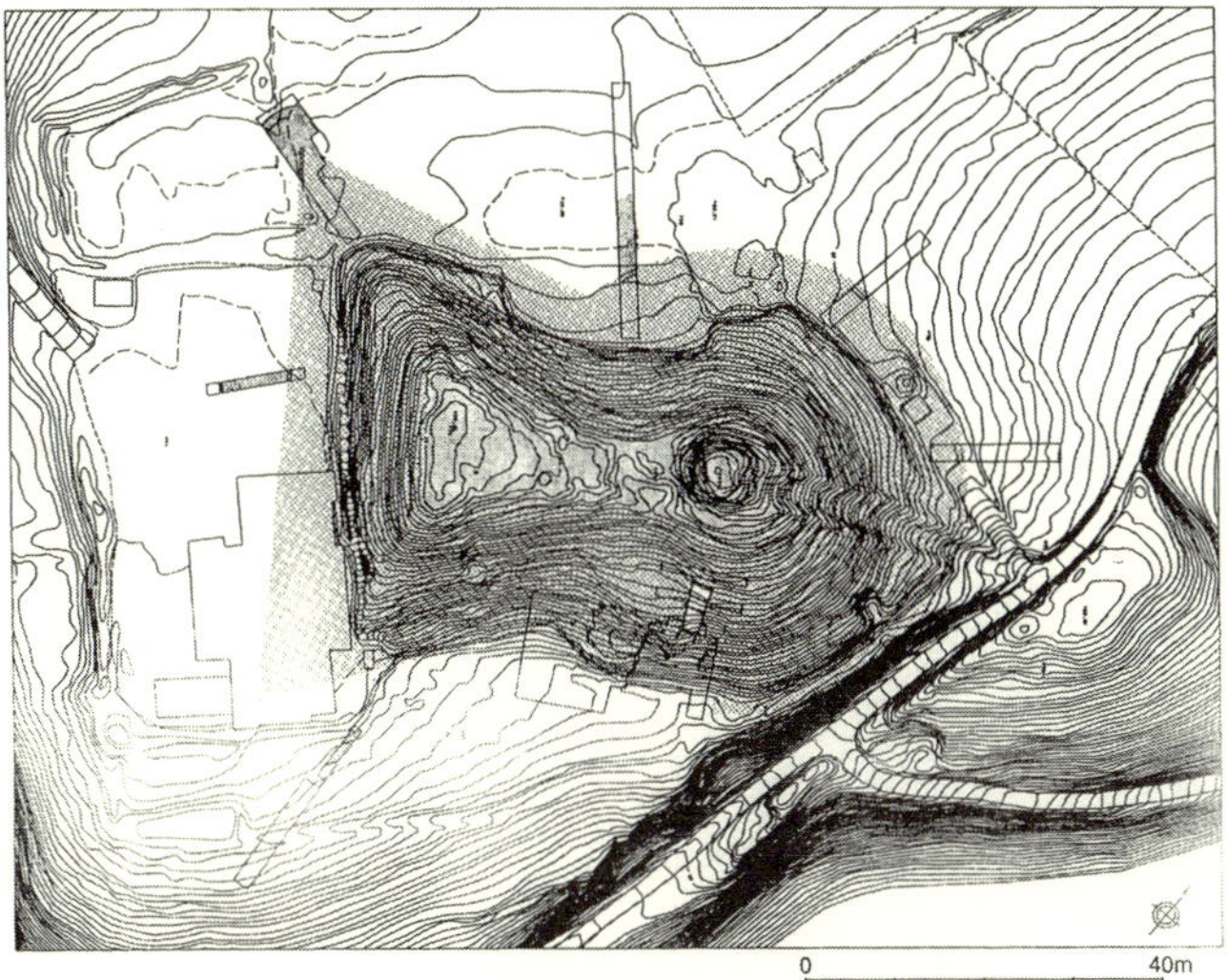

浅間山古墳全体図（1/1,000）

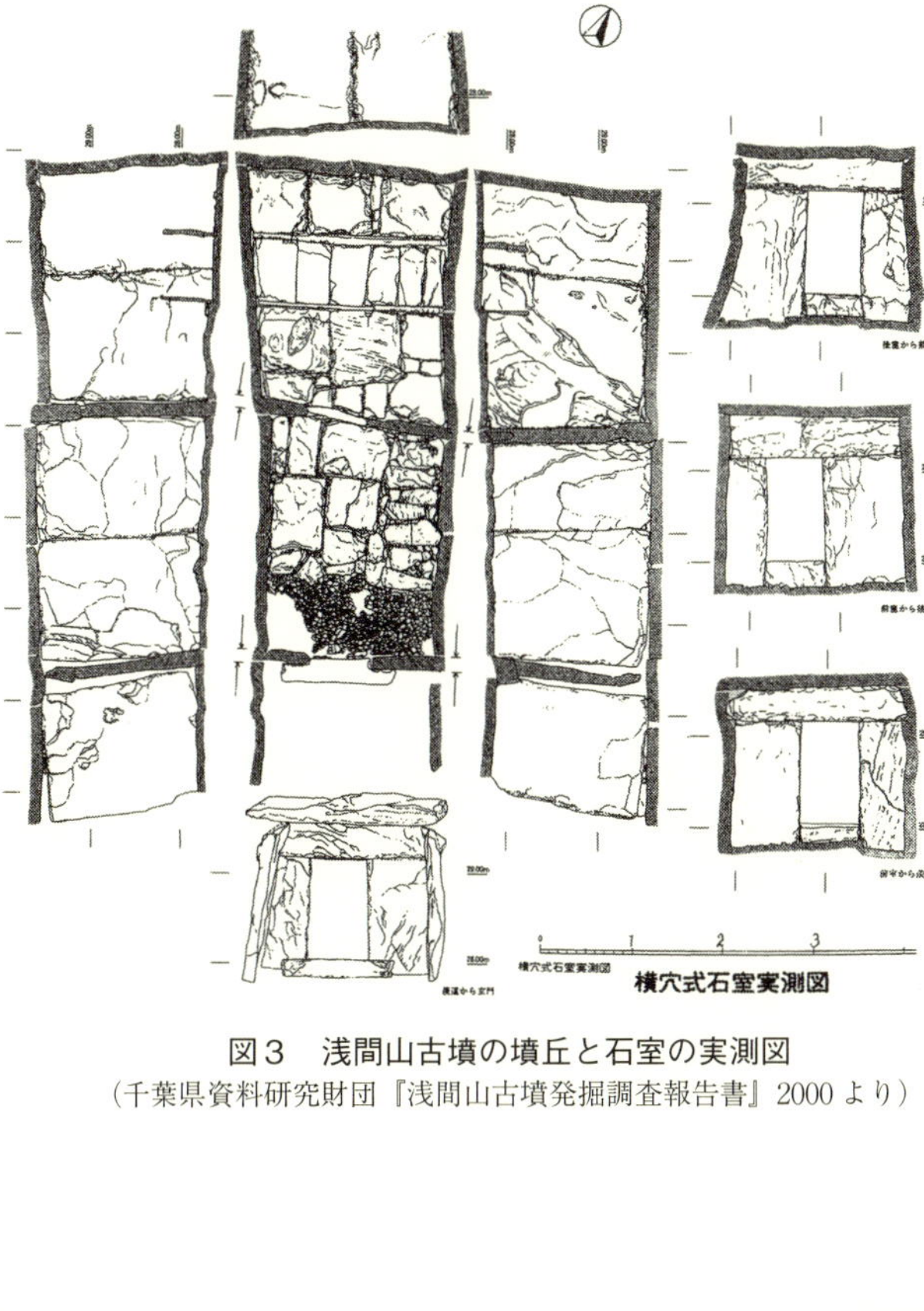

横穴式石室実測図

図３　浅間山古墳の墳丘と石室の実測図
（千葉県資料研究財団『浅間山古墳発掘調査報告書』2000より）

構築までの直接・間接を問わない事業を担当した専業的な技術集団が存在していたものと想定される。

浅間山古墳に次いで登場した岩屋古墳という巨大方墳には全長六・四五メートルという東石室と、四・八メートルという西石室が並存して南に開口している。すでに指摘したごとく貝化石を含む凝灰質砂岩の切石で石室を構築し、東・西石室内には筑波変成岩製の造付石棺が用意されている。浅間山古墳から岩屋古墳への時間的経過の中で、石室構築用には筑波変成岩を用いずに地元産の凝灰質砂岩切石とする動向が定着していたものと思われる。

七世紀初頭の前方後円墳である浅間山古墳被葬者に後続した首長一族は、現在、国史跡に指定されている岩屋方墳に葬られたものと思われる。一辺八〇メートル、三段築成の全国第二位の大方墳は、古くから開口している東西二例の横穴式石室の石材や構造から考えて七世紀中葉という年代が与えられるであろう[4]。

千葉県史編さん事業として浅間山古墳の調査を担当した白井久美子氏は、浅間山古墳の調査報告書の中で、浅間山古墳の横穴式石室から岩屋古墳の横穴式石室への、使用石材の劇的な変化を問題としている。実は六〇〇年代初頭の印旛沼沿岸台地上における考古学上の大きな変革は、前方後円墳から大方墳へ、また筑波石と呼ぶ板石状の絹雲母片岩（筑波変成岩）から貝化石を含む凝灰質砂岩切石へという変化にあらわれている。前者の筑波変成岩は分厚く節理によって扁平に割れる片岩であって、霞ヶ浦北方の筑波山周辺地域で産出する石材の入手にこだわった浅間山古墳の首長の政治性と経済力の強さが注目される。印旛沼周辺地域の古墳群にあらわれた変化の要因はまだ不明の部分がある。

公津原古墳群では一二九基中、ほぼ半数にあたる六〇基の古墳が発掘され多くの方墳が存在することが判明したが、龍角寺古墳群では一〇基未満の古墳数しか調査がなされず、他はすべて房総風土記の丘として保存されたため、情報量に大きな差のあることは否めない。しかし二〇一〇年度には岩屋方墳以外未指定であった龍角寺古墳群一一四基すべてが国史跡に一括指定されたことの意義は大きい。

龍角寺古墳群の特筆すべき事項といえば最大の前方後円墳である浅間山古墳が最後の前方後円墳として七世紀初頭に築造され、埴輪の樹立はすでに終わっているという事実である。西暦六〇〇年前後にこの印旛沼東岸地域において、政権の覇をとなえた人物が最大の墳墓に埋葬された事実は、この時期が経済的にも政治的にも権力の基盤が最も強固になっていた証明ではないかと思われる。それが次期首長の墳墓造営に際して前方後円墳ではなく、大型方墳とした事実は中央政権との関係が想定される。それはまた白鳳仏を安置する房総の初期寺院である龍角寺建立の前夜的な歴史状況を示しているように思われる。

印旛沼東岸地域の二大古墳群である千葉県成田市の公津原古墳群と印旛郡栄町を中心とする龍角寺古墳群の関係を考えると、四世紀後半代に出現し五、六世紀代に古墳群としての盛況期を迎えるそのピーク時は、八六メートルの前方後方墳・船塚古墳登場の六世紀前葉にあると思われる。公津原古墳群の天王・船塚古墳群が前方後方墳の船塚と石塚・天王塚の二基の前方後円墳で勢威を示した後、六世紀後半期になると、印旛沼東岸地域における政治権力や経済的基盤の安定度は龍角寺古墳群を成立させた地域に移ったものと推測される。白鳳寺院である龍角寺の建立者はおそらく一辺八〇メートル、高さ一二メートルの三段築成の日本第二位の規模をもつ岩屋古墳の被葬者一族であろうと思われる。

龍角寺の建立年代については龍角寺の北方数百メートルにある栄町の五斗蒔瓦窯跡と寺の北側に位置する龍角寺瓦窯の出土瓦が、大和山田寺の三重圏線文縁単弁八葉蓮華文軒丸瓦を祖型としている点で七世紀中頃から後半の年代が与えられている。岩屋方墳には横穴式石室が二室並列しており、東石室から西石室へと移行したか、あるいは同時に共存したのか判然とはしないが、七世紀中頃の築造年代が正しいものとすると、岩屋方墳を墳墓とした首長一族の氏寺であったと考えられるかもしれない。大和王権の律令制国家体制への転換期がこの六〇〇年代であったから、浅間山古

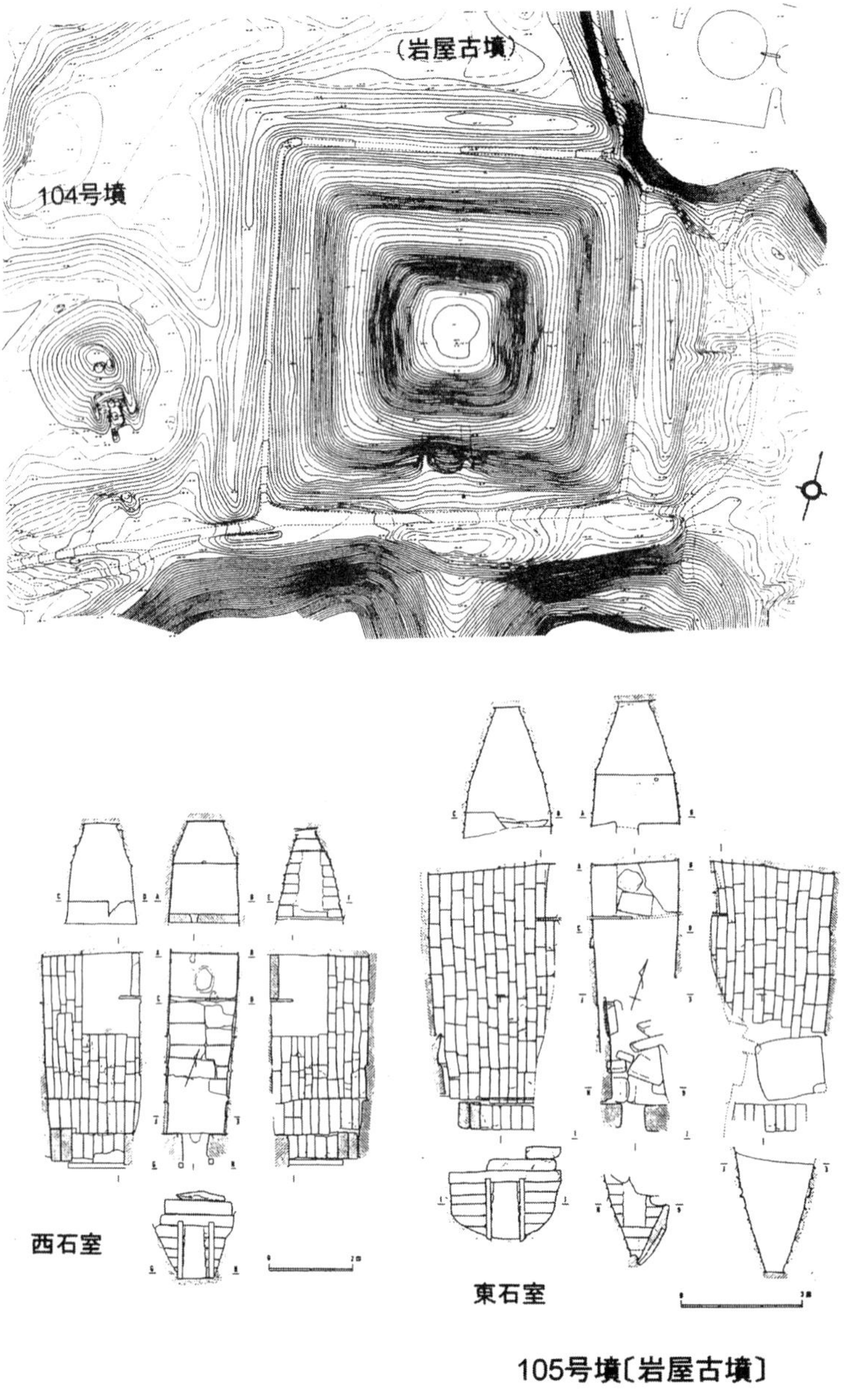

図４　岩屋古墳の墳丘と石室の実測図
（墳丘図は印旛郡栄町資料、石室図は『駿台史学』37号 1975による）

墳から岩屋古墳への墓制の変革と龍角寺の建立とは、時間的に整合していると思われる。

国造本紀によれば初代の印波国造の墳墓は、公津原古墳群の天王・船塚古墳群の船塚古墳の西方約一キロの印旛沼寄りに単独で位置する一辺三五メートルの方墳・伝伊都許利命《いつこりのみこと》墓と伝えられている。直ちにこのような伝承を事実として受けとめることはできないが、単室構造の横穴式石室の石材は軟質の凝灰質砂岩を用いており、墳丘西側の段築平坦面には絹雲母片岩の箱式石棺が存在している。七世紀代の中型方墳として公津原古墳群にあっては独立的に存在している点で特異な存在である。

一方、龍角寺古墳群の浅間山古墳が八〇メートル級の前方後円墳で七世紀初頭の築造であり、金銅製冠金具をはじめ金銅製毛彫馬具などを含む点で官人的な副葬品の要素が濃いように思われる。そのうえ浅間山古墳に次いで登場する大方墳岩屋古墳の性格こそ印旛沼周辺に覇をとなえる大首長の勢威をしめすもので、印波国造の墳墓とするにふさわしいものと思われる。

岩屋古墳に次いで連続的に出現するミソ岩屋古墳あるいは上福田古墳をはじめとする系列的な方墳群の登場は、印波国造の地位を継承する実態を示しているのではないだろうか。

三　印旛沼周辺地域の社会的動態

下総地域とくに北総台地の社会的な動態の考古学上の特質といえば、かって寺村光晴氏が指摘されているように、香取海周辺地域に分布する玉作遺跡の分布密度の濃さである(5)。千葉県八千代市から印旛沼南岸沿いに成田市・香取市にかけての玉作工房跡の存在は、玉作工人集団と地域社会の関係を改めて考えさせる。すでに成田市大竹遺跡・大和田玉作遺跡群や成田市八代玉作遺跡群の石塚遺跡では、四世紀後半から五世紀前半期にかけての生産活動が実証されている。

これらの玉作製品は緑色凝灰岩を用いた管玉・石釧などの腕飾類や紡錘車形石製品から、次第に滑石を材料とする石製模造品などに移行した。一九六二・六三年（昭和三七・三八）には成田市八代《やつしろ》字花内《はのじ》から古墳時代前期の玉作工房跡が発見され、一九七一年（昭和四六）には成田ニュータウンの八代地区で古墳時代前期の集落跡が発掘され、七棟の玉作工房跡が確認された。同じ一九七一年には八代外小代《そとこだい》遺跡で前期の住居跡二二棟のうち、八棟が玉作工房跡であった。このほか一九七四年調査の成田市大竹玉作遺跡では一二棟中、四棟が玉作工房跡であった。

西暦四～五世紀の公津原古墳群形成の基盤となった社会の階層中に玉作工人集団のグループがいて、香取海を媒介として原料の石材の入手から製品の配布にまで、この地域の首長たちが活躍していたことを示している。玉作遺跡は成田市域に限定されたものではなく、香取海が続く常陸の地域でも存在しており、東国各地の五世紀代の首長たちから、祭祀用の滑石製模造器具が求められていたものと思う。

また五世紀から六世紀初頭にかけて香取海を中心として地域は、葬送用の石枕製作の中心地でもあった。『千葉の歴史』資料篇考古4によれば、常総の石枕と飾り物の立花《りっか》出土地名表で七八例が報告されている。このうち一六例が成田市出土であり、さらに二〇一〇年に成田市台方《だいかた》宮代古墳と船形手黒一号墳から一例ずつ石枕が発見されているので合計一八例となり、神崎町の一四例と伯仲していて、石枕製作地もこの香取海周辺にあったことが予想される。この船形手黒一号墳も台方宮代古墳も直径二〇～二五メートル、高さ二～三メートルで一部に周溝をめぐらす台地縁辺部の円墳である。手黒一号墳では二基の木棺直葬の主体部が認められ、内部から滑石製の石枕が立花をともなって出土し、ほかに大刀・鉄斧・仿製小型鏡などが発見された。年代は古墳時代中期後半の五世紀代後半期とされている。

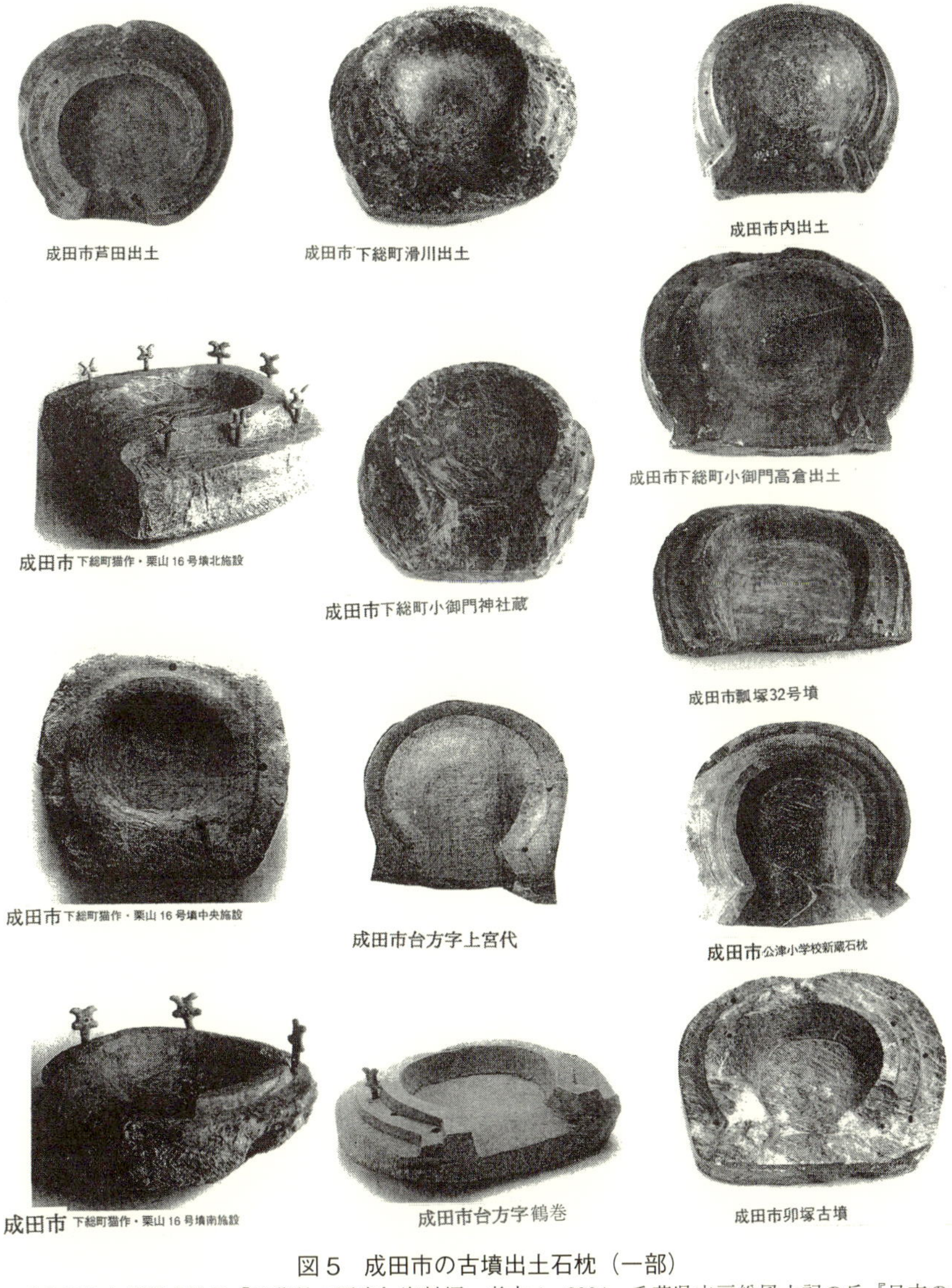

図５　成田市の古墳出土石枕（一部）
（千葉県史料研究財団『千葉県の歴史』資料編　考古４　2004、千葉県立房総風土記の丘『日本の石枕』1979、印旛郡市文化財センター『フィールドブック』28・30　2010による）

石枕が古墳時代前期以来、実際にどこで製作されていたか明確にはしがたいが、千葉県姉崎二子塚古墳の石枕など五世紀代になって盛行する風潮にあることは事実であろう。香取市佐原大戸宮作一号墳出土例のように高縁型式のいわゆる常総型石枕が次第に増加していく。とくに成田市や香取市など印旛沼周辺地域における石枕の出土数は他地域を圧している。このような傾向は玉作遺跡の印旛地域での濃厚な分布と何らかの関係があるのかもしれない。これまでの玉作遺跡における滑石製遺物の存在状況を見れば、印旛沼周辺地域での石工集団の存在はあながち否定できないのではなかろうか。

公津原古墳群の調査では箱式石棺が一〇例近く発掘されている。筑波石と呼ばれる絹雲母片岩の板石は筑波山周辺地域から香取海を運ばれたものであろう。類例は県内の村田川流域にまで及んでいるが、香取海周辺の例が圧倒的に多く、石枕の分布とも重複している。

石枕や玉作生産に香取海の地域が深く関係しているとすれば、五～六世紀のこととして公津原古墳群の首長たちが関係していたものと推測されるのである（第5図参照）。

二〇〇三年（平成一五）に本調査が行われた成田市下平《げべ》Ⅰ遺跡では縄文時代・弥生時代と古墳時代から奈良・平安時代にわたる住居跡が二五八棟と粘土採掘坑などが発見されている。この中で古墳時代の住居跡が一二三棟も存在し、集落出現時期の五世紀後半から六世紀前半に該当する住居跡が七〇棟確認され、出土遺物には陶邑須恵器編年のＴＫ23～ＴＫ47の須恵器が多く認められた。また粘土採掘坑や祭祀用遺構も存在しているので拠点的な集落と見られている。

成田市台方下平Ⅰ遺跡(6)出土の須恵器について『地方史研究』三四六号（二〇一〇年八月）の中で、佐藤晃雄氏は「北総地域における古式須恵器」と題して問題提起を行っている。この台方下平1遺跡における五世紀代の住居跡五四棟中、古式須恵器を共伴した住居跡は二三棟で五〇パーセント近い数値を示すという。とくに六世紀初頭前後の年代を示す静岡県西部系の須恵器出土にも注目をしている。静岡県明通古窯や安久路古窯の製品が、約二六〇キロという遠い距離を成田に運ばれていることの政治的な背景を問題にしている。二棟に一棟という割合で古式須恵器を共伴している成田市台方下平Ｉ遺跡は、一般的な集落ではないとする。最古の住居跡は二〇〇号住居跡でＴＫ208〜ＴＫ23の須恵器が出土しており、一一二号・七三号・二二三号住居跡からはＴＫ10併行の須恵器が発掘され、古式須恵器の出土率は印旛沼周辺では前例のない高さだと指摘している。

　五世紀後半の時代は古墳時代中期の後半期にあたり、時代の大きな変革期で新旧の文化交替期にもあたっている。東国における須恵器出現のこの時期は、馬具の登場をはじめ新興の手工業技術の受容など革新に満ちた時代であった。墓制の上でも横穴式石室の採用や葬送祭祀の変質など社会の動乱期でもあった。

　香取海を中心とした房総の地域だけでも五〜六世紀に属する滑石製石枕の出土例は一〇〇例を下らないものとすれば、公津原古墳群や龍角寺古墳群を生成したこの印旛地方の古墳時代社会の動態は、古墳群の地域的な特性として認められるに違いない。公津原や龍角寺古墳群の考古学的な特徴は、これらの古墳群をつくり遺した印旛沼周辺地域の社会的動態の反映であると考えられる。成田市台方下平1遺跡の集落が出現する契機が五世紀第3四半期にあたるＴＫ208期の須恵器と密接に関係するとすれば、近畿地方からの五世紀後半期の印旛沼周辺地域への工人集団の移住が想定されるかもしれない。

　公津原古墳群と龍角寺古墳群で顕著に認められた石棺石材の筑波変成岩の採取、運搬・構築などの組織と編成、あるいは攻玉技術や滑石製品とくに滑石製模造器具の生産や石枕製作などの石工技術を担う集団に関係があったかもしれない。

成田市台方下平1遺跡では六世紀以降の湖西地方須恵器流入と、青銅製品の製作遺構の存在も注目されており、房総の古墳時代中～後期の一般的集落とは構成員の組織と比率が異なり、古式須恵器使用の集団が高い比率で居住していたとすれば、特別な役割をもった技術者集団であった可能性が強いと思われる。

石枕や玉作生産に香取海の地域が深く関係しているとすれば、五～六世紀のこととして公津原古墳群の首長たちが、漁業だけではなく東北地方への交通路として重要な香取海の海上交通権をも掌握していて、常陸地方からの石材運搬や玉作集団への影響力を行使していたのではないだろうか。

おわりに

龍角寺古墳群は房総風土記の丘として保存整備され、二〇一〇年（平成二二）には一一四基の古墳すべてが国史跡の指定を受けた。なかでも一辺八〇メートルを測る岩屋古墳の存在は、全国第二位の規模を誇る大方墳として著名である。そのうえ古墳群の北方に位置する浅間山古墳は墳丘長七八メートルで古墳群中最大で最後の前方後円墳である。この浅間山古墳の北方約七〇〇メートルには白鳳仏を安置する龍角寺があり、大和山田寺系の瓦の出土が確認されている。すなわち古墳時代終末期の一大方墳と白鳳仏を有する房総の初期寺院との歴史的関係は、東国の古代史上の重要課題である。

戦後の龍角寺古墳群に対する考古学上の調査はやや断片的なものであったが、一九八〇年代からは千葉県による学術調査が進行し、この古墳群の重要性がますます高まった。一九九六年度（平成八）には浅間山古墳の内部主体の発掘調査が千葉県の白井久美子氏らを中心として行われた。その結果、浅間山古墳が龍角寺古墳群中の最大で最後の前方後円墳であることが確認された。

印旛沼東岸台地上の八代台・天王・船塚、瓢塚古墳群を含む公津原古墳群は、六〇メートル級の前方後円墳が続き、六世紀前葉には八六メートルの前方後方墳・船塚古墳が登場し、五、六世紀段階では龍角寺古墳群の勢威を圧倒している。もし印波国造の成立期が六世紀代にまで関係するとすれば、公津原古墳群が関係あると考えたい。ところが六世紀の後半段階から古墳群の形成過程を見ると逆転現象というか龍角寺古墳群が優位にある。浅間山古墳の登場は龍角寺古墳群を形成してきた集団の政治力・経済力の結集ではなかっただろうかと思う。全長六・六八メートルという横穴式石室に一六枚の分厚い筑波変成岩を組み上げた浅間山古墳の石室構造は、印旛沼周辺の古墳の中で最大のエネルギーを投入した重厚なものであり、浅間山古墳の首長こそ経済上・政治上からも香取海の海上交通権を掌握しえた人物であったのではないだろうか。これらの石材のすべてが筑波山周辺から霞ヶ浦をへて香取海へ運ばれてきたものであった。それらの石材の総重量は数百トン以上に達するものであり、膨大な労働力を投入してのことと思われるので、浅間山古墳こそ印波国造の墓と考えるべきかもしれない。

考古学上では浅間山前方後円墳から大方墳岩屋へと墳墓が変わる。前方後円墳終焉の問題とも関連して、天皇陵の大形方墳化があるいは影響を与えているのかもしれない。浅間山古墳調査担当の白井久美子氏は、内部構造と副葬品の特徴から、本古墳への初葬年代を七世紀初頭とされ、追葬年代を七世紀前半代と論じている。東国における前方後円墳消滅の年代論として筆者はこの年代論に賛成である。

浅間山古墳に次いで登場する一辺八〇メートルという大方墳・岩屋古墳は、貝化石を含む地元産の凝灰質砂岩切石を用い、石室の一部にのみ筑波変成岩を使用している点は、七世紀中頃という築造年代とともに、印波国造一族の社会的背景を物語るものかもしれない。

註

（1）『公津原』千葉県企業庁　一九七五年
（2）白井久美子「龍角寺古墳群」『季刊考古学』第七一号　二〇〇〇年　雄山閣
（3）白石太一郎・白井久美子ほか編著『印旛郡栄町浅間山古墳発掘調査報告書』千葉県史料研究財団　二〇〇〇年
（4）大塚初重「千葉県岩屋古墳の再検討」『駿台史学』三七号　駿台史学会　一九七五年
（5）寺村光晴『下総国の玉作遺跡』一九七四年
（6）松田富美子編『千葉県成田市台方下平Ⅰ遺跡』印旛郡市文化財センター　二〇〇七年

印波国造と東国社会

川尻　秋生

はじめに―下総印播地域の歴史環境―

律令制下の下総国埴生郡（千葉県栄町）地域は、特徴的な遺跡が数多くあることで、全国的に知られている。すなわち、大規模な群集墳として知られる竜角寺古墳群、最後の前方後円墳とされる浅間山古墳、全国屈指の終末期大型方墳の岩屋古墳、大和山田寺と酷似する瓦当文様を持つ白鳳寺院の龍角寺、評家・郡家遺跡と推測される大畑遺跡群が存在するのである[1]（図1）。

古墳時代後期から律令政権下までの著名な遺跡が連続して存在する地域は全国的に希有であり、文献史料の少ない古代東国史を研究する上で、重要な地域である。この点についてはかつて触れたことがあるが[2]、若干の知見を加えながら、当該地域の歴史的特質について述べてみたい。

一　埴生郡司のウジ名

埴生郡司の氏族名は、平城京二条大路から出土した木簡により、ほぼ推定することができるようになった[3]。

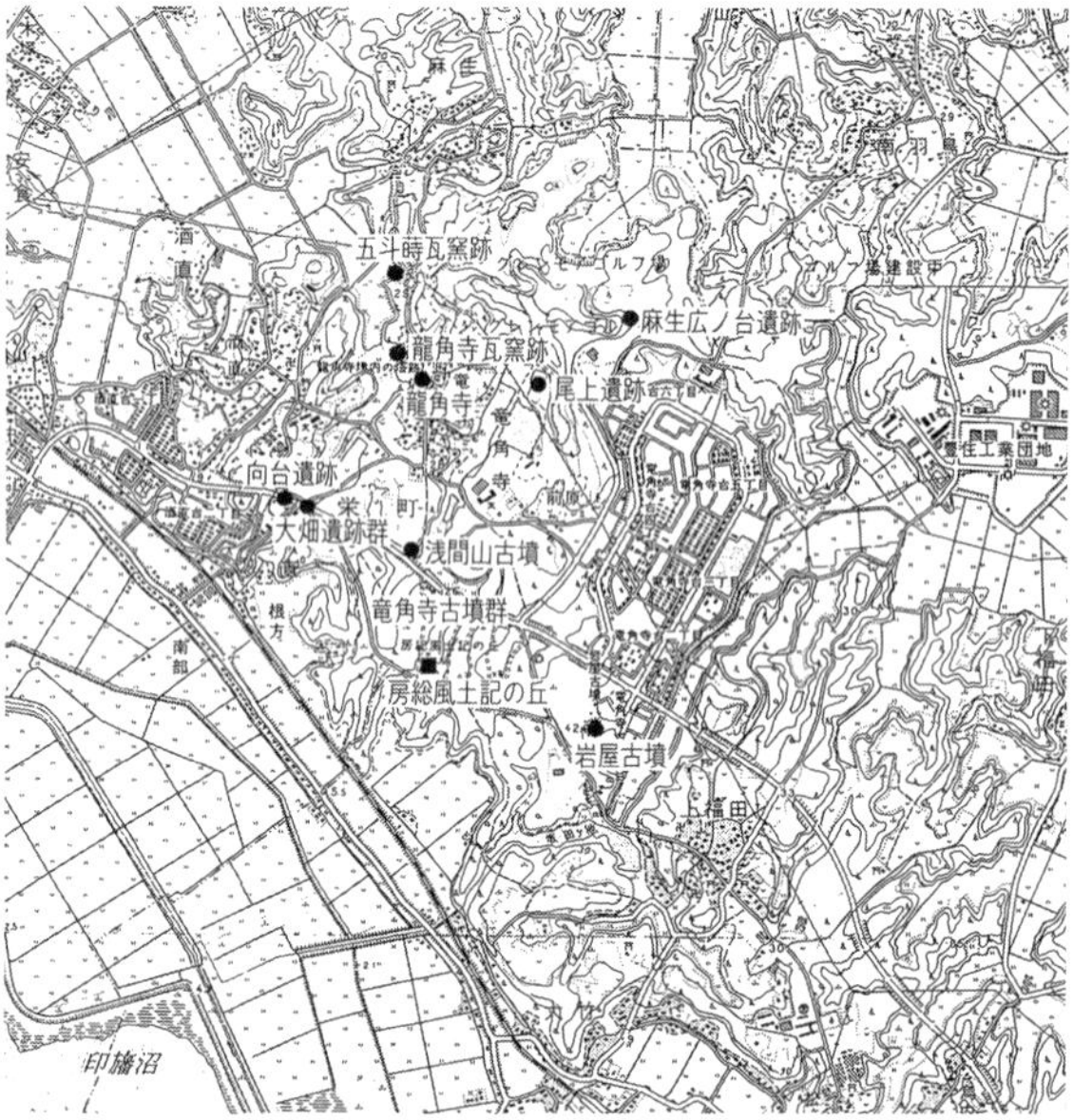

図１　龍角寺付近の遺跡（1/25000）

「左兵衛下総国埴生郡大生直野上養布十段」

木簡に埴生郡出身の兵衛である大生（部）直野上の名が記載されている。軍防令38兵衛条によれば、兵衛は郡領氏族の子弟から出身することになっていたから、大生直野上は郡領の一族であったことになる。この木簡は、平城京へ兵衛として赴いた野上に養布を送った際の付札と考えられる。時期は、共伴する木簡の年紀から、天平十年（七三八）以前と推測される。

また、『続日本紀』神亀元年（七二四）二月壬子条には、陸奥鎮所（多賀城）に私穀を運んだ者に対する、いわゆる献物叙位の記事があるが、そのなかに大生部直三穂麻呂という人物がみえる。その前には日下部使主・香取連が続いており、その特徴的な氏族名から、日下部使主は上総国周淮郡司、香取連は下総国香取郡司の一族と推測できる。一方、『倭名類聚抄』や『延喜式』では、郡の配置が上総国周淮郡、下総国香取郡・埴生郡の順番になっており、筆者は、時期からみても、大生部直三穂麻呂は野上と同族であったと考える。

さらにこの点は、当該地域近くで発掘された墨書土器からも裏づけることができるようになった。埴生郡ではないが、律令制下で、隣郡であった印播郡船穂郷に所在する印西市西根遺跡から、大生部直、生部直という直姓を記した墨書土器が出土した(4)。当遺跡からは、旧河道からの流れ込みとみられる遺物が発見され、八世紀第Ⅲ四半期頃の土器に「大生部直子猪形代」、九世紀中頃の土器に「舟穂郷生部直弟刀自女奉」と墨書されていた。西根遺跡は、埴生郡ではなく印播郡に属するが、埴生郡の隣郡の遺跡から、先に埴生郡司と推測したウジ名が出土した価値は大きい。一点めは、いわゆる延命祭祀のために用いられたのであろう(5)。印播郡から出土した理由は、埴生郡領の子弟が、印播郡西部の開発のために入植したためと考えられる(6)。

それでは、ミブ部とはどのような部民なのだろうか。

推古十五年（六〇七）紀には、ミブ部の設置記事がみられる。現在までの研究によれば、この設置年代はほぼ正しく、推古朝と考え得る。また、それぞれの大王の王宮の名を付けられていた名代部・子代部を再編し、皇子の養育を経済的・軍事的に支える目的として設置されたと考えられている(7)。

単なるミブ部ではなく、「大生部」となっているのは、この氏族がミブ部のなかでも有力な一族であったためであろう。

ミブ部は、上宮王家との密接な関係にあったことが知られている。まず、皇極元年（六四二）是歳条には、

是歳、蘇我大臣蝦夷、己が祖廟を葛城の高宮に立てて、八佾の舞をす。遂に歌を作りて曰わく、

大和の　忍の広瀬を　渡らむと　足結手作り　腰作ろうも

又尽に国挙る民、并て百八十部曲を発して、預め双墓を今来に造る。一つをば大陵と曰う。大臣の墓とす。一つをば小陵と曰う。入鹿の墓とす。望はくは死りて後に、人を労らしむること勿。更に悉に上宮の乳部の民を聚めて、乳部、此をば美父という。塋垗所に役使う。是に、上宮大娘姫王、発憤りて歎きて曰わく、「蘇我臣、専国の政を擅にして、多に行無礼す。天に二つの日無く、国に二の王無し。何に由りてか意の任に悉に封せる民を役う。茲より恨を結

びて、遂に倶に亡されぬ。

とあり、蘇我蝦夷・入鹿父子が天皇の祖先を祀る「祖廟」を造り、大王のみに許された八佾の舞を舞った。また、多くの部民を使役して天皇の墓に当たる「大陵」「小陵」を建設した。その建設に「上宮の乳部の民」を徴発したことに対して、上宮王家の娘が、「蘇我はどうして意に任せて封せる民、すなわちミブ部を使役するのか」と憤慨している。ミブ部が上宮王家に支配される部民であったことがわかる。

ついで、『日本書紀』皇極二年十一月丙子朔条には、蘇我入鹿が臣下に命じて上宮王家を滅亡させた記事があるが、それに先だって、攻撃された山背大兄王（厩戸皇子の子）等は生駒山に逃れ、そこで従者の三輪文屋は、次のように語ったという。

三輪文屋君、進みて勧めまつりて曰さく、「請う、深草屯倉に移向きて、茲より馬に乗りて、東国に詣りて、乳部を以て本として、師を興して還りて戦はん。其の勝たんこと必じ」という。

三輪文室は、「山背の深草屯倉に逃れ、そこから馬に乗って東国に至り、乳部をもとにして、兵を興して戦えば必ず勝ちます」と言ったとする。「乳部」とはミブ部のことで、ここからも、上宮王家とミブ部の密接な関係がうかがわれる。

ミブ部の特徴としては、東国に多く分布することがすでに指摘されている。[8] この点は、右の皇極二年紀で、「東国」のミブ部が重視されている点とも一致する。次章でみるように、『常陸国風土記』によれば、常陸国には多くのミブ部直が盤踞していた。また、相模・甲斐国でも同様である。

さらに、断簡ではあるが、養老五年（七二一）の「下総国釬托郡戸籍」（正倉院文書）には、香取郡に壬生部が分布していたことが知られている。おそらく下総国でも同様であったのだろう。しかも、埴生郡司が「大生部直」といとって、後の埴生郡地域が東国のなかでも重要な地域であったことの傍証になろう。

う「大」を冠するウジ名を持っていたことからすれば、そのなかでも有力な一族であったと推測される。大和政権に

二　印波国造と立評

印波国造は、『先代旧事本紀』所引「国造本紀」に、

豊嶋豊明の朝の御代、神八井耳命の八世孫、伊都許利の命、国造と定め賜う。

とあり、茨城国造の祖神八井耳命に連なるとしている。

印波国造をどの氏族にあてるか、という点については議論があるが、もっとも有力な説は、印播郡司であった丈部直氏ではないかというものである。印播という郡名を有しており、大多数の見解が支持している。

しかし、はじめにで述べたように、古墳時代後期から奈良時代に至る主要な遺跡が埴生郡に築造されたということは問題である。また、別に印播郡には、古墳前期から続く群集墳である公津原古墳群があり、問題をより複雑化している。すなわち、印播郡と埴生郡の関係をどのように考えるのかということは大きな問題なのである。

しかし、竜角寺古墳群を有する地域の郡領が大生部直であったということは見逃せない。可能性としては、この大生部直が印波国造なのではないかという推測が成り立つ。

そこで、この問題を解くために、『常陸国風土記』における国造のクニから立評への変遷を参考にすることが可能となる（図2）。

国造のクニ	大化五年	白雉四年	立評記事の有無	立評申請者	八・九世紀の大少領の姓
新治	新治評	新治評	×		新治直
		白壁評	欠		
筑波	筑波評	筑波評	×		丈部 壬生直（宿禰）
		河内評	欠		
		信太評	○	小山上 物部河内 大乙上 物部会津	物部→物部志太連
茨城	茨城評	茨城評	×		茨城□
		行方評	○	茨城国造小乙下 壬生連麿 那珂国造大建 壬生直夫子	壬生直
那珂	那珂評	那珂評	欠（×）		宇治部直
下海上	香島評	香島評	○	大乙上 中臣□子 大乙下 中臣部兎子	中臣鹿嶋連
久慈	久慈評	久慈評	欠（×）		
多珂	多珂評	多珂評	×		君子部
		石城評	○	多珂国造 石城直美夜部 石城評造 部志許赤	於保磐城臣（丈部）

図２　『常陸国風土記』にみえる評の成立

香島郡条

古老のいえらく。難波の長柄の豊前の大宮に馭宇しめしし天皇のみ世、己酉の年、大乙　上中臣□子・大乙下中臣部兎子等、惣領高向の大夫に請いて、下総の国、海上の国造の部内、軽野より南の一里と、那賀の国造の部内、寒田より以の五里を割きて、別きて神郡を置きき。

信太郡条（逸文）

古老のいえらく。難波の長柄の豊前の大宮に馭宇しめしし天皇のみ世、癸丑の年、小山物部の河内・大乙上物部の会津等、惣領高向大夫等に請いて、筑波・茨城の郡の七百戸を分かちて信太の郡を置けり。

行方郡条

古老のいえらく。難波の長柄の豊前の大宮に馭宇しめしし天皇のみ世、癸丑の年、茨城の国造、小乙下壬生連麿・那珂の国造、大建壬生直夫子等、惣領高向の大夫・中臣幡織田大夫等に請いて、茨城の地の八里と那賀の地の七里とを合せて七百余戸を割きて、別きて郡家を置けり。

多珂郡条

古老のいえらく。（中略）難波の長柄の豊前の大宮に馭宇しめしし天皇のみ世、癸丑の年、多珂の国造石城直美夜部・石城評の造部志許赤等、惣領高向大夫に請い申して、所部遠く隔り往来便よからざるを以ちて、分ちて多珂・石城の二つの郡を置けり。石城の郡は、今、陸奥の国の界の内にあり。

『常陸国風土記』における評の成立について、鎌田元一氏は、大化五年（六四九）に全国的に立評が行われ、ついでその評を分割して、後の郡に相当する評が白雉四年（六五三）に成立したとみた。

ここで行方郡を例にとると、本来の那珂国造、茨城国造のウジ名は、八世紀の史料から、それぞれ宇治部直、茨城直ではないかとされ、それらのもともとの本拠地を、後の律令制下の那賀郡、茨城郡にあったとみた。その上で、七世紀半ばには、後の行方郡に勃興した一族が本宗家より優勢になった結果、その地の壬生直夫子が那珂国造、壬生連麻呂が茨城国造となり、国造職を本宗家から奪取したと考えた[9]。

つまり、国造のクニの内部で大きな地殻変動が起こり、その間隙を縫って、国造のクニを分割し立評が行われたと推測されたのである。

壬生直夫子が那珂国造、壬生連麻呂が茨城国造の一族であるかどうかは不明であり、別の氏族が勃興した可能性もあるが、新興氏族であるという点は確かであろう。行方郡と同様に、多珂郡でも国造職の交替が起こっていたと推測される。

以上の史料解釈が可能ならば、印波クニの立評についても推測が可能となる。すなわち、本来の印波国造の本拠地は、律令制下の印播郡に存したものの（丈部直か）、後に律令制下の埴生郡の豪族、すなわち大生部直の勢力が強大化した結果、大生部直が印波国造の地位を継承したのではないかと考えられよう。

この点は、考古学的にも裏づけられるように思われる。印播郡には、古墳時代前期から終末期まで続く公津原古墳群が存在するが、古墳時代後期から終末期には、竜角寺古墳群の方がはるかに規模が大きな古墳が築かれるようになる。(10) 最後の前方後円墳浅間山古墳、終末期の大型方墳岩屋古墳は象徴的であろう。勢力が後の印播郡から埴生郡に移ったことは明らかである。

以上から印波国造の領域でも、『常陸国風土記』にみられるのと同様に、七世紀後半以降大きな政治的動揺が起き、新興勢力が旧来の勢力を凌駕したと考える。(11) とくに、行方郡と酷似した変化が起こっていたと思われるのである。

それでは、なぜこのような交替が起きたのだろうか。

まず考えられるのは、ミブ部の性格である。ミブ部は、それまであった名代・子代を統合するためにつくられた最も新しい部民であり、上宮王家とも密接な関係にあった。ミブ部の設定は大和王権の強い政治主導によって実現した可能性が高い。

また、当地域が大化前代から大和政権によって重視されていた点も重要であるが、この点については、後に章を改めて検討する。

六世紀末から七世紀はじめにかけて浅間山古墳や岩屋古墳が築造されたとの説に従えば、この時期はちょうどミブ部が設定された時期と重なる。このこともまた、当地域のミブ部が大和政権との強い関係によって設定されたことを裏づけるであろう。

三　龍角寺の特質

当地域を全国的に著名にしている遺跡に龍角寺がある。瓦当文様は大和山田寺に酷似し、研究者によっては、直接、中央から瓦工人がやって来たのではないかと推測する程である（図3）。近年では、山田寺より前に奈良県桜井市吉備池廃寺で使用されたところから、祖型はさらに遡ることとなった。吉備池廃寺は、周知のように舒明天皇が建立を開始し、皇極天皇も建立を後押しした百済大寺に比定されている。吉備池廃寺使用の瓦の製作技法は、大和法隆寺の工人が関与したことが知られている(12)。

本稿のように、龍角寺の造営主体を大生部直とし、上宮王家との関連性を推測するならば、吉備池廃寺の瓦工人との関係も思い浮かぶが、ここでは可能性の指摘のみに留めておきたい。

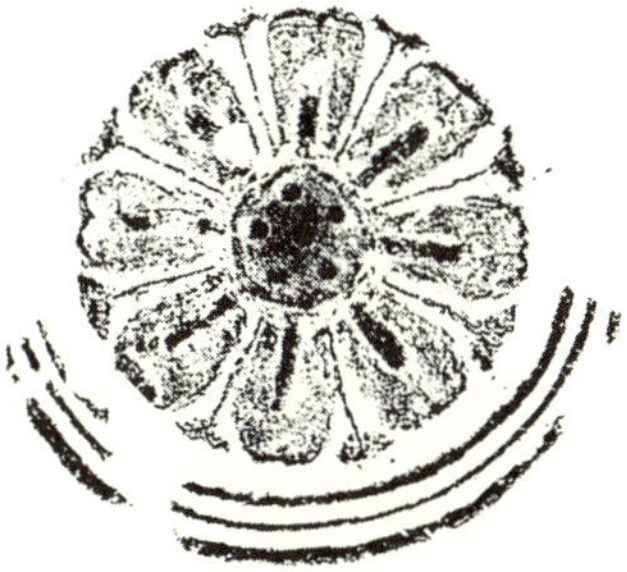

図３　龍角寺軒丸瓦

さて、龍角寺の本尊は元禄年間に火災を受け、当初の部位は頭部のみであるが、白鳳様式を示している。伽藍配置については分からない点も多いが、法起寺式伽藍配置をとる可能性があり、創建時期は、瓦の年代からみて七世紀後半、それもかなり早い時期と推測されている(13)。

しかも、先に紹介した龍角寺創建瓦を焼成した五斗蒔瓦窯跡からは、種類は多くないが、多数の文字瓦が出土し、畿内を視野に入れても、この時期にこれほど多くの文字瓦を持つ遺跡は知られていない(14)。

文字には、律令制下の郷名と一致する「玉作」（タマツクリ）があり、『倭名抄』で麻在郷とする郷名は、「麻布」「朝布」（アサフ・アソウ）との関連性が注目される。[15] また、「皮止マ」（ハトリベ）は、小字名の「羽鳥」（ハトリ）との関係が想定される。[16]

その他、「神布」「赤加真」「水津」など、それほどバラエティがあるわけではないが、多くの文字瓦が検出された。これらの地名については、龍角寺の造営費を分担させた地域名ことを示したとする説が有力である。[17] いずれにしても、東国の古代寺院としては屈指の古さを持っていることは動かし難い。

また、近年では、「麻布」「朝布」・「皮止マ」などの地名が布、もしくは布生産にかかわるところから、大和政権への服属儀礼（「東国の調」）に用いられた布製品と関係するのではないかとの指摘がなされている。[18] 確かに、房総では、上総国望陀郡が納め、遣唐使の献上品にも用いられた「望陀布」や、上質な布として知られた「上総細布」など、海産物とともに、繊維製品が重要な位置を占めていたことを考慮すれば、これは魅力的な説である。龍角寺建立の前提として、当地域と大和政権との深い関係を成り立たせた一つの要因とみなすこともできる。

しかし、それと同時に、筆者は、大和政権が当地方を重視した理由に、印波地域の地理的特質も、大きな要因であったと考えている。つぎにその点を探ってみよう。

四　印波地域の地理的特質

結論から言えば、そのもっとも大きな理由は、交通に求められるのではないかと思う（図４）。

古代の印波郡は、水陸交通の要衝であった。まず、律令制下の史料からみてみる。『日本後紀』延暦二十四年（八

〇五）十月庚申条には、

下総国印播郡鳥取駅・埴生郡山方駅・香取郡真敷・荒海等駅を廃す。不要を以て也。

とあり、下総国千葉郡と香取郡を結ぶ官道が廃止された。この後、延暦二十四年十二月には、いわゆる徳政相論があり、征夷と造都が廃止されることになるが、この官道の廃止はそれを遡った征夷の中止の布石であっただろう。

図４　８世紀初め～宝亀二年（771）の駅路

坂東諸国は、後に詳しく述べるように、征夷のための兵士と軍粮の供給地として、神亀年間より兵站基地としての機能を負うことになったが、そのなかでも房総と常陸国は陸奥国の随近国としてもっとも重視された⑲。

先の諸駅のうち、荒海駅は常陸国への渡河駅と推測されており、水上交通の面からも注目されるところである。荒海駅は、律令制下では香取郡に位置するが、埴生郡との郡界近くにあり、『常陸国風土記』信太郡条には、榎の浦の津あり。便ち、駅家を置けり。東海の大道にして、常陸路の頭なり。この所以に、伝駅使等、初めて国に臨らんには、先ず口と手とを洗い、東に面きて香島の大神を拝みて、然して後に入ることを得るなり。

とあるように、常陸国信太郡の榎浦津駅と結ばれていたらしい[20]。

ところで、この地域には前近代において広大な内水面が存在した。一般的に「香取の海」と呼ばれているが、現在の霞ヶ浦・北浦・印旛沼・手賀沼を含むものであった[21]。その中心に印波地域は存在した。

この地域には古くから津があった。龍角寺の創建瓦を焼成した五斗蒔瓦窯跡からは、多数の文字瓦が出土しているが、そのなかに「水津」と書かれたものがある。これは文字どおり「ミツ」・「ミト」、つまり河港のことを指す。七世紀の後半には、すでに津が存在したことがうかがえる。

ついで、奈良時代からの征夷と水上交通の関係が重要である。

坂東諸国は、神亀年間以降、征夷のための兵士および軍粮の供給地となったが、伊治呰麻呂の反乱に対する光仁朝の征夷について、『続日本紀』宝亀十一年（七八〇）七月甲申条には、

勅して曰く、今、逆虜を討たんがために、坂東の軍士を調発せしむ。来る九月五日を限りて並びに陸奥国の多賀城に赴き集まらしめよ。それ須いる所の軍粮は、宜しく官に申して送るべし。兵、集まるに期あり。粮餽るに継ぎ難し。仍て路の便近を量りて、下総国の糒六千斛、常陸国一万斛を割きて、来る八月廿日以前を限りて軍所へ輸せよ。

とあり、下総・常陸両国に糒を一ヵ月の間に多賀城に運送することを命じている。常陸国と下総国が陸奥国の随近国であったことがよく分かる史料である。

この史料に関連して、『続日本紀』天応元年（七八一）正月乙亥条には、

下総国印幡郡大領外正六位上丈部直牛養、常陸国那賀郡大領外正七位下宇治部全成に並びに外従五位下を授く。軍粮を進るを以てなり。

とみえ、常陸国那賀郡司宇治部全成と下総国印幡郡司丈部直牛養が軍粮を運んだ功績によって褒賞されている。この根拠は前年七月の命令であったと推測される。それでは、この二人はなぜ叙位されたのであろうか。それは、この二つの郡の立地条件、すなわち水上交通の要衝であったことと関係するのではないか。

まず、那賀郡であるが、郡内には那珂川が貫流し、『常陸国風土記』によれば、那珂川河口には平津駅が存在したことがわかるが、それは太平洋交通に対応する津であったと推測されている。[22]また、比定地の台地上には倉庫群の跡が確認され（大串遺跡）、平津駅に付随するのではないかと考えられるようになった。[23]

また、近年、那賀郡家に比定される台渡里廃寺が広範囲に発掘されているが、遺跡は那珂川に面し、河川交通を十分に意識していたことが推測されている。[24]

一方、印波地方の場合は、積み出した物資を「香取の海」沿いに回漕し、現在の利根川河口から太平洋に出、北上させた可能性が考えられる。当時、外洋交通が可能であったかとの疑問もあるかも知れないが、かつて指摘したように、すでに奈良時代には郡司層の私船で陸奥国まで航行することが可能であった。[25]印波地方も征夷に対する軍粮の積出港であった可能性が高く、水上交通の要衝であったと推測されるのである。

以上、律令制下の実例をあげたが、時代を遡れば、つぎのような史料も提示することができる。

下総国は石材が乏しい地域として知られているが、そのために石材を他地域から運んでこなければならなかった。とくに古墳の石室には多くの石材が必要であったから、その石を分析すれば、運んできた場所を特定することができる。

時代により差があるが、下総北部から印波地域にかけて、古墳時代後期には、いわゆる筑波石と呼ばれる石材が筑波地方から搬入されていたことが知られている。当然重量がある石材であるから、陸路ではなく水上交通によったことが推測される(26)。常陸との密接な地域的関係を知ることが可能である。

また、文献史料でも征夷と海上交通の関係は知ることができる。

景行紀四十年是歳条には、

爰に日本武尊、即ち上総より転りて、陸奥国に入りたまう。時に大きなる鏡を王船に懸けて、海路より葦浦に廻る。横に玉浦を渡りて、蝦夷の境に至る。蝦夷の賊首、嶋津神・国津神等、竹水門に屯みて距かんとす。

とあり、日本武尊が現在の東京湾を横断した後、房総半島を陸地沿いに巡って、船を陸奥国に進めたことが書かれている。もちろん、この記事をそのまま信じることはできないが、現実にあった歴史的事象を反映させたとみることは、十分可能であろう。房総には、葦浦（比定地は不明だが、河口にある津か）や玉浦（椿海か）などの津があり、寄港地となっていた可能性が高い。

また、『常陸国風土記』香島郡条にも、

軽野より東の大海の浜辺に、流れ着ける大船あり。長さ一十五尺、闊さ一丈余。朽ち摧れて砂に埋まり、今に猶遺れり。淡海のみ世、国覓ぎに遣さんとして、陸奥国石城の船造に令せて、大船を作らしめ、此に至りて岸に着き、即て破れきと謂う。

とあり、天智朝に海上からの征夷があったとしている。これもまた、実際の難破船が存在したことを前提とした記事であり、船による征夷があったとすることができよう。印波地域は、右のような太平洋交通と内海交通をリンクさせる重要な地域であったと推測されるのである。

これまでみてきたように、海上交通も含めた征夷の後方支援地として、印波地域は位置づけられていたのであろう。このような地政学的な特色をみるならば、大和王権がこの地域をことさら重視した理由もおのずから理解できるのではあるまいか。

おわりに

本稿では、全国的に注目されている印波地域の歴史的環境とその成立過程について私見を述べてきた。古代東国に関する文献史料は必ずしも多くはないが、考古学その他の隣接分野とあわせれば、より多くの情報を得ることができる。

おそらく、六世紀末から七世紀中頃にかけて、社会が大きく変容したに違いない。その変化を身をもって示しているのが、印波地域の遺跡なのではなかろうか。その意味で、古代の印波地域を考察することは、古代の東国を考える上で、多くの示唆を与えてくれるように思われる。

註

（1）龍角寺付近の遺跡については、『千葉県の歴史』資料編考古三（奈良・平安時代）（千葉県、一九九八年）に、簡潔にまとめられている。

（2）川尻秋生「大生部直と印波国造」（『古代東国史の基礎的研究』塙書房、二〇〇三年）、同「古代房総の国造と在地」（吉村武彦・山路直充編『房総と古代王権』高志書院、二〇〇九年）

（3）『平城宮発掘調査出土木簡概報』二四

（4）財団法人千葉県文化財センター『印西市西根遺跡』（二〇〇五年）

（5）平川南「墨書土器と古代の村落」（『墨書土器の研究』吉川弘文館、二〇〇〇年）
（6）川尻秋生「古代房総の国造と在地」（前掲『房総と古代王権』）
（7）岸俊男「光明皇后の史的意義」（『日本古代政治史研究』塙書房、一九六六年）
（8）仁藤敦史「斑鳩宮の経営」（『古代王権と都城』吉川弘文館、一九九八年）
（9）鎌田元一「評の成立と国造」（『律令公民制の研究』塙書房、二〇〇一年）
（10）白井久美子「千葉県　浅間山古墳」（『考古学研究』四四―一、一九九七年）
（11）大河原竜一「印波国造と評の成立」（前掲『房総と古代王権』）では、必ずしも国造の交替と見る必要はないと指摘するが、ここでは『常陸国風土記』を重視する。
（12）『大和　吉備池廃寺』（吉川弘文館、二〇〇三年）
（13）山路直充「寺の成立とその背景」（前掲『房総と古代王権』）
（14）財団法人印旛郡市文化財センター『千葉県印旛郡龍角寺五斗蒔瓦窯跡』（一九九七年）
（15）『和名抄』下総国埴生郡条には、玉作・山方・麻在（麻佐カ）・酢取郷がみえる。
（16）ただし、『倭名抄』の酢取郷は、『和名抄』の何らかの誤りと推測されてきたが、近年、延暦二年（七八三）正月十四日との年紀を持つ「下総国埴生郡酢取郷車持」との墨書土器が印西市池ノ下遺跡から出土したため、誤記ではないことが判明した。印旛郡市文化財センター『千葉県印西市池ノ下遺跡』（二〇〇八年）参照。
（17）小牧美智枝「龍角寺（五斗蒔）瓦窯と文字瓦」、山路直充「下総龍角寺」（『文字瓦と考古学』日本考古学協会第66回総会国士舘大学大会　実行委員会、二〇〇〇年）、同「寺の成立とその背景」（前掲『房総と古代王権』）
（18）吉村武彦「「東国の調」とヤマト政権」（前掲『房総と古代王権』）
（19）川尻秋生「坂東の成立」（前掲『古代東国史の基礎的研究』）
（20）木下良「常陸国古代駅路に関する一考察」（『國學院雑誌』八五―一、一九八四年）
（21）川尻秋生「香取の海の交通」（前掲『古代東国史の基礎的研究』）
（22）志田諄一「古代常陸の水運」（岩崎宏之編『常総地域における交通体系の歴史的変遷に関する総合的研究』平成二・三

年文部省科学研究費補助金　総合A研究成果報告書、一九九二年）
(23) 川口武彦「茨城県水戸市台渡里廃寺跡長者山地区　大串遺跡第七地点」（古代交通研究会　第一四回大会資料『アズマの国の道路と景観』二〇〇八年）
(24) 川口武彦前掲論文
(25) 川尻秋生「古代東国の外洋交通」（前掲『古代東国史の基礎的研究』）
(26) 長沼律朗「印旛沼周辺の終末期古墳」（『国立歴史民俗博物館研究報告』四四）、白井久美子「前方後円墳から方墳へ」（前掲『房総と古代王権』）

下総龍腹寺の板碑群

阪田　正一

はじめに

龍腹寺は、印旛沼に接する旧印西庄内に位置する天台宗の寺院で、龍角寺、龍尾寺とともに龍による降雨伝説が縁起に認められる。このような伝承環境から龍腹寺は、研究者によって龍角寺、龍尾寺などと同様に古代に成立した寺院と考えられてきた向きがあるものの布目瓦が使用された痕跡が確認されておらず[1]、また、古代における龍腹寺に関する歴史資料も皆無であることから龍腹寺の創設は分明を欠くといえる。龍腹寺の存在が歴史資料において確認できるのは、茨城県小野逢善寺文書『檀那門跡相承資[2]』、嘉吉二年（一四四二）在銘の鋳銅製棟札、そして境内地から発掘された紀年銘の鐫刻がある板碑群である。

『檀那門跡相承資[3]』は、宝徳四年（一四五二）の条に「又印西龍腹寺に山城の律師と云う学匠有り、宗智坊と申す者あり、」云々と具体的に龍腹寺の名称を伝え、嘉吉二年（一四四二）鋳銅製棟札（宝徳三年（一四五一）以降に鋳造）は「下総国龍腹寺」と鐫刻され、また、龍腹寺境内に所在する南北朝時代の作と考えられている無紀年銘の梵鐘には「南閻浮提大日本国関東下総印西庄龍腹寺玄林山大鐘[4]」と鐫刻されている資料が存在する。龍腹寺は、これら一五世紀中頃の歴史資料によってようやく寺名の存在を確認することができる。

さて、龍腹寺境内からは、武蔵型種子系板碑(5)の出土することが早くから識者の間に知られるところとなっていたようで、個人蔵になる板碑もあり、このことが契機となり、昭和四七年（一九七二）に千葉懸史編纂に伴う発掘調査が実施され、八六一基におよぶ種子系板碑と五輪塔や宝篋印塔の石造塔婆の部材が検出され、関係者の注目をあつめたところである。発掘調査の概要については、昭和四八年（一九七三）に龍腹寺境内埋没板碑発掘調査団によって『印旛郡本埜村竜腹寺境内埋没板碑発掘調査報告書』として報告がなされている。昭和五三年（一九七八）に『千葉懸史料』金石文篇二に紀年銘が鐫刻される史料が掲載されるところとなり、龍腹寺の境内から発掘された板碑群の概略を知ることが可能となった。

しかし、板碑を考古学の研究対象として捉える場合には、基本資料として拓本が必要不可欠となるところであるが、『千葉懸史料』においては文字資料を中心とするものであるため、龍腹寺板碑群を直接的に考古学の研究対象として活用することは困難な状況であった。そこで、現在、地蔵堂の裏手に設置された収蔵庫に保管される板碑群の資料化を図ることによって、考古学の研究対象とし、それに基づいて龍腹寺板碑群の歴史的位置付けや中世における龍腹寺そのものの歴史的な復元が可能になると考え、かつて資料化に取り組んだところである。ここに、資料化した板碑群から蓮華座の分析をとおして板碑研究の現状である板碑の生産と流通という課題について、龍腹寺板碑群が果たせる役割を示すべく考察をすすめたい。

一　板碑研究の現状

武蔵型種子系板碑の研究は、ここ数年の間に盛んに論じられ、また、フォーラムやシンポジュウムが開催されるなど、多くの研究者による成果が発表されてきている。これらの研究は、「板碑の生産と流通」という共通の視点において板碑の研究に取り組みがなされていることが指摘できる。これらの研究成果をとおして板碑の生産と流通という問題に関して、どのような成果が研究者間に得られているかをまず踏まえておく必要があろう。①から⑤の研究は、このような板碑に関する直近の研究として取り上げることができる。

① 倉田恵津子[6]は、生産と流通に関する三本目の論文として、一四二〇年代から一五三〇年代に造立されたB類（龍腹寺第7種）の分布状況から石材産出地→半完成品集散地（梵字種子・蓮座等の細工を施す場）→造立地への供給という工程を設定され、茨城県旧岩井市や境町は板碑生産の核にあたる地域と考えられ、石材運搬が舟運を利用した流通を想定している。

② 諸岡　勝・渡邉美彦・伊藤宏之[7]らは、地域的に限定して分布する板碑の蓮華座の分類をとおして板碑の生産のあり方を想定している。諸岡は大宮台地に分布する観音寺型から、渡邉は蝶形連座を含む地域型A類からC類から、伊藤は浅草寺を中心として隅田川流域に分布する浅草寺型から所謂同型板碑の抽出とその分布によって生産地域の想定をおこなっている。

③ 村山　卓[8]は、東京都大田区鵜ノ木光明寺板碑群の蓮華座分類をとおして、多摩川流域における蓮華座の系譜関係を辿り、光明寺における板碑の受容と組成について追求した。

④ 高橋好信[9]は、埼玉県小川町に所在する板碑の原材料となる緑泥片岩の採石遺跡と採集された板碑未成品についてその実態に関して詳細にし、未成品を板碑の素材として流通する段階の完成品と想定した。

⑤ 磯野治司[10]は、埼玉県朝霞市周辺地域に分布する六五五基の板碑を対象に蓮華座をA類からU類とX類に分類した類型による板碑の型式学的研究の試みをとおして、石材産出地での採石と外形整形→造立地付近での彫刻の

加工というシステムが一四世紀初頭以降に地域的に開始された可能性が高いことを指摘している。

以上がここ二、三年の種子系板碑に関する研究である。総じて、多数の板碑群から同型板碑の抽出と分類した板碑がどのような分布状況にあるかという視点から、石材産出地を中心とした板碑の生産及び流通に関する実態を把握しようとする点に共通の認識が存在しているといえる。石材産出地において板碑の未成品が確認されたことは、「この供給品（未完成板碑）を工作する工場の所在地であった」とかつて千々和実が指摘した場に共通する認識にたつことができよう。さらに千々和は、「東国一帯の青石（緑泥片岩）板碑の種子の刻みぐあいや、形態の一様性は、これが狭い一つの地域での製品という推考の妥当性を強固にする。(11)」と板碑製作の仕組みにも言及しており、今日の板碑生産と流通の問題に関する嚆矢となる考えを示していた。

さて、このような考え方を成立させるためには、板碑を製作した工人（石工）の生産活動が亡者の供養という仏教的な行為の過程における供養具と密接に関係して登場するものである以上、板碑造立の仏教的関係を考慮しなければならない。このような該期における仏教的関係を背景として製作された板碑にあって、その碑面に彫り込まれた種子やその他の絵柄から板碑製作にかかわった工人の技術的な情報を抽出することから板碑生産と流通について組み立てていく必要があり、既に論じられている点でもある。一方、時間軸の視点からも碑面に彫り込まれた種子や絵柄が工人間にあってどのように採用され決定されたかという絵柄の系譜に関する問題も明らかにすることが不可欠である。千々和がいうような狭隘な地域性をもって板碑が製作されたという指摘が同型板碑を指すものであるとすれば、そこに採用された碑面を構成する絵柄の系譜を明確にすることの意味は重要である。

まず、先行する研究にしたがって龍腹寺板碑群の絵柄から蓮華座を抽出し、その分析をとおして龍腹寺板碑群の特徴とその特徴は板碑分布圏において普遍的なあり方を示すものか限定されたあり方をしめすものかを把握することが視点となる。そこで、龍腹寺板碑群の蓮華座を分析し、他地域との分布上のあり方を示すことが肝要となる。

二　龍腹寺の板碑群

（一）蓮華座の分析

龍腹寺板碑群は、紀年銘が確認できる資料から上限を元応三年（一三二一）とし、下限を天文七年（一五三八）までとする二一七年間にわたって造立された板碑群で一〇八基ある。[12] このうち紀年銘をもち、かつ蓮華座が確認できる資料は、上限を元亨二年（一三二二）とし、下限を天文七年（一五三八）とする七一基である。蓮華座の絵柄により七種に分類することができる（図1）。

（1）第1種（一三二二年）

第1種は、蓮弁と反花が紐状に細く表現され、蓮実を伴うもので龍腹寺板碑群にあっては一基のみの存在である。

（2）第2種（一三二五〜一三六一・一四九五）

第2種は、蓮弁と反花が線によって表現されるものと浮き彫り風に表現されたものがあり、「線刻蓮座」と呼ばれるものに相当する。五弁の肉厚な蓮弁と、二弁の反花で蕚が中央につくものをa。bは蓮弁が細く直線に大きく開く。aに蓮実がついたものがcである。aは年不詳を含め一六基、bは四基、cは二基のみである。

（3）第3種（一三三一〜一三五三）

第3種は、蓮弁を薬研彫りによって表現し、反花と蓮実を線彫りによって表現されている。反花が三弁のものをａ、二弁のものをｂとする。ａは年不詳を含め三基、ｂは年不詳を含め四基である。

（４）第４種（一三四六～一三九五・一四二五）

第４種は、蓮弁を薬研彫りによって表現し、第二蓮弁が横向きに近く、反花は二弁で先端が屈曲するように表現される。蓮弁が肉厚に表現されるａと細く表現されるｂがある。ａは年不詳を含め八基、ｂはいずれも年不詳で一〇基である。

（５）第５種（一三六〇～一三九七）

第５種は、所謂「蝶形蓮座」と呼ばれ、薬研彫りによる細い蓮弁が開き線彫によって表現される反花が蝶翅状となるａ、線

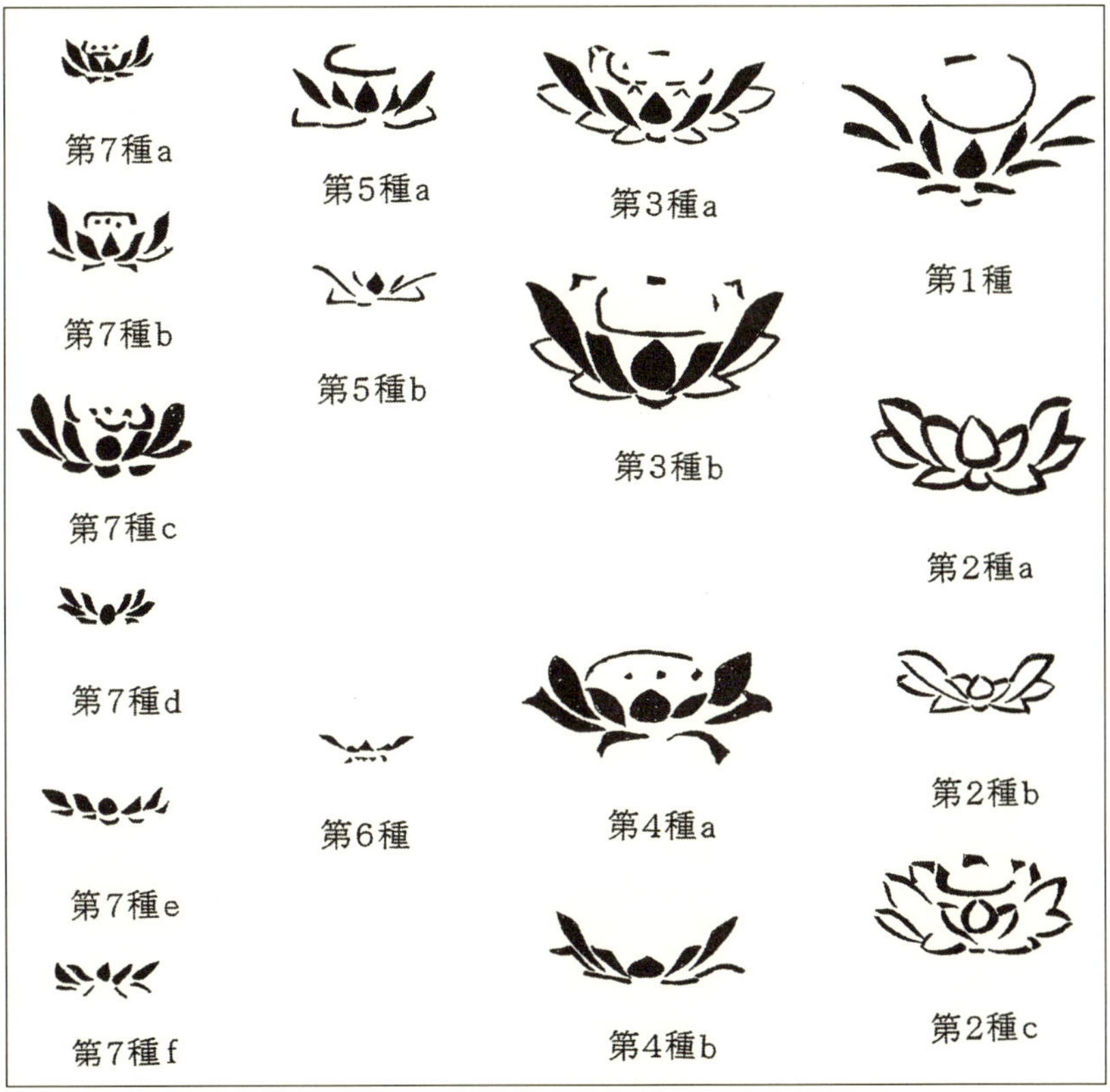

図１　蓮華座の種別（縮尺1/5）

刻で表現される細い蓮弁が大きく開き反花も線彫りの蝶翅状となるbがある。aは年不詳を含め四基、bは年不詳を含め三基ある。

（6）第6種（一三八四）

第6種は、蓮弁が短小で反花も列点状に表現したもので、龍腹寺板碑群にあっては一基のみである。

（7）第7種（一四六〇〜一五二五・一五三七）

第7種は、小型の蓮華座である。蓮弁が短小で反花は第一反花と萼が列点状になるa、aと同じような蓮弁に先端が屈曲する二弁の反花が表現されるb、aと同じような蓮弁に蓮弁と同じように表現される反花がつけられるc、短小の蓮弁と第一反花が列点状になるd、短小の蓮弁に列点状の反花となるe、短小の蓮弁と紐状に細く表現された二弁の反花となるfがある。aからcには蓮実がつく。aは年不詳を含め三五基、bは二基、cは二基、dとeは1基、fは年不詳を含め三基ある。

（二）種子系板碑分布圏と龍腹寺板碑群

蓮華座の分析をとおして、七種一八の系統を確認することができた。そこで、これら龍腹寺板碑群で確認できた蓮華座の絵柄が種子系板碑分布圏においてどう展開するか、その状況を一瞥する必要がある。第1種は、龍腹寺以外の板碑分布圏において現状では管見に触れる資料がないため対象外とした。

第2種は、所謂「線刻蓮座」といわれ、図2のとおり、埼玉の荒川水系下流域である蕨・川口・戸田・鳩ヶ谷・朝霞・和光、東京の練馬・足立・北・豊島・荒川・杉並、多摩川下流域である大田・品川・世田谷、千葉の西部である庄内古川水系下流域の市川・船橋・鎌ヶ谷・松戸・葛飾の三か所に主要な分布地域をみることができる。また、多摩川中流域の八王子・日野や入間川上流域、荒川水系上流域、都幾川流域にも小規模であるが分布が認められる。

このように「線刻蓮座」といわれる第2種の分布域は広範であることを示しており、このような分布域に龍腹寺板碑群は位置しており、そのなかでも東方域に展開したことが把握できる。この三か所の主要な分布域は、東京湾に注ぐ水系下流域に相当する地域に展開するが、龍腹寺板碑群は常陸川水系中流域に位置するという地理的環境の違いがみてとることができる。

第3種は、図3のとおり、第2種とほぼ同様な地域に展開をみせるが、庄内古川水系下流域においては分布規模を縮小して展開する傾向が窺える。また、その他の水系にみられた第2種のような分布域は減少した傾向が窺える。

第4種は、図4のとおり、埼玉県北部の古利根川水系上流域である神川・岡部や、群馬県南部の地域、古利根川水系と神流川の合流する地域である伊勢崎・高崎・松井田の地域に広く展開をみせる。第2・3種の分布がきわめて希薄な地域に主要な分布域が認められる点に特徴がある。他方、多摩川下流域の展開は規模を縮小し、千葉県西部の庄内古川下流域に分布する第3種とはほぼ同規模の展開を示している。荒川水系下流域には第4種の分布は確認することはできない。また、各水系流域の分布も第3種にまして希薄なあり方を示している。

この第4種は、倉田のA類のうち「簡素なつくりの板碑」に相当するもので、「荘厳性の強い板碑」とされる比較的大型な板碑の蓮華座が簡略化された絵柄として採用されていることが指摘されている。龍腹寺板碑群においては、「荘厳性の強い板碑」の存在が確認できないため両者の関係については検討することができないが、この両者が同時存在することと「簡素なつくりの板碑」が「荘厳性の強い板碑」に先行して造立されている可能性もあり、この点の検討が必要になるところであろう。

第5種は、所謂「蝶形蓮座」といわれ、図5のとおり、東京都の南東地域である多摩川中・下流域に分布域の展開

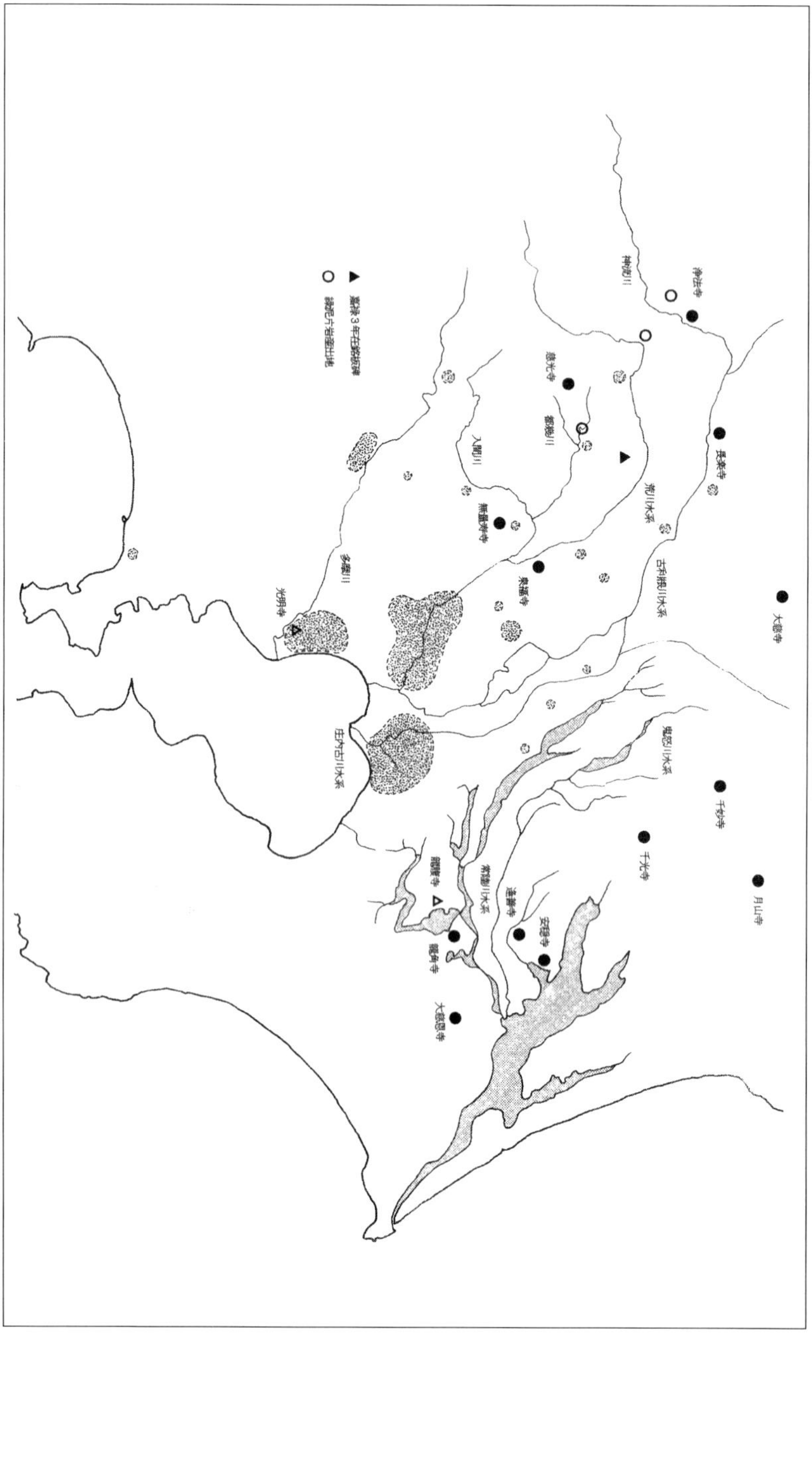

図2　第2種蓮華座の展開

図3　第3種蓮華座の展開

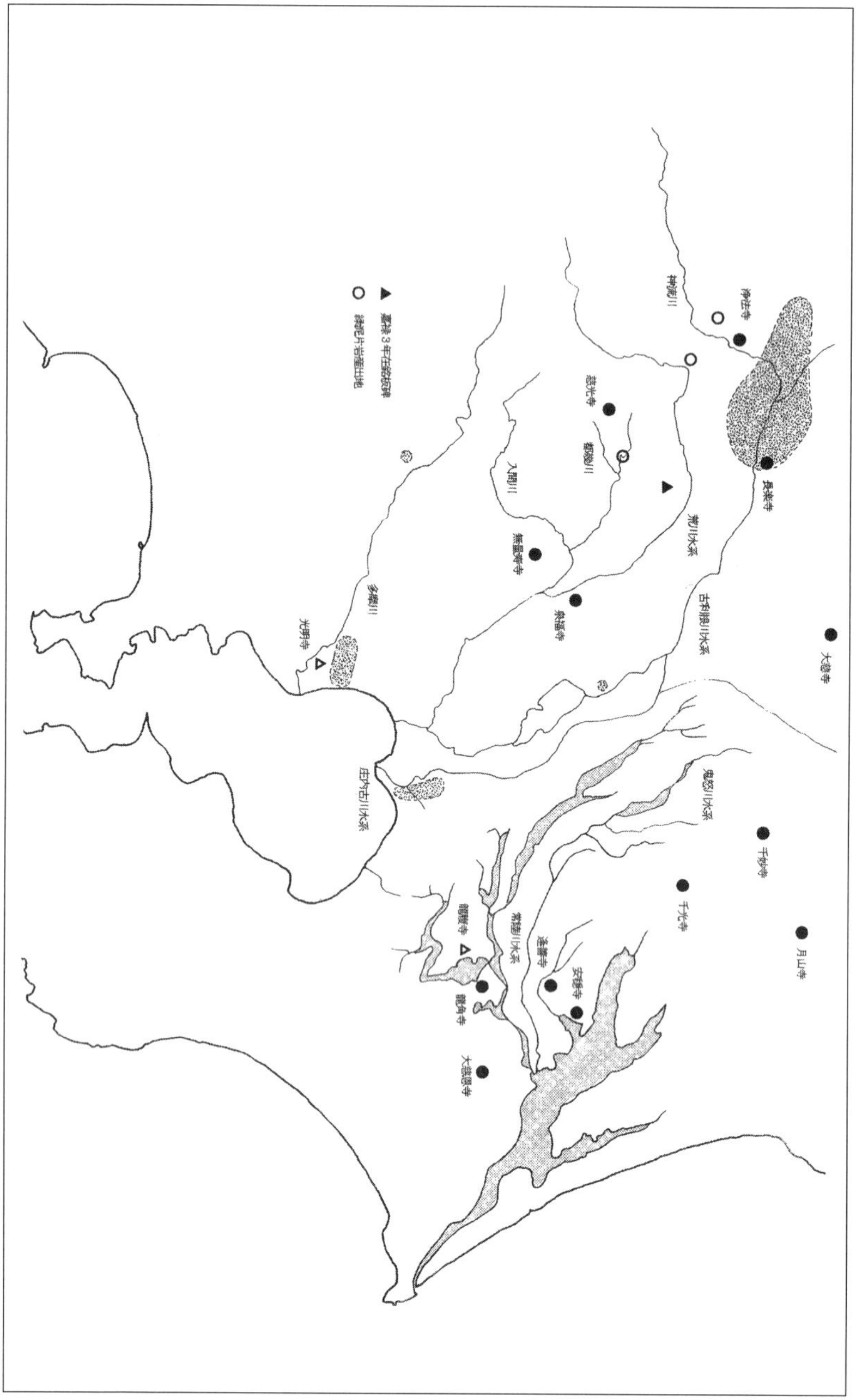

図4　第4種蓮華座の展開

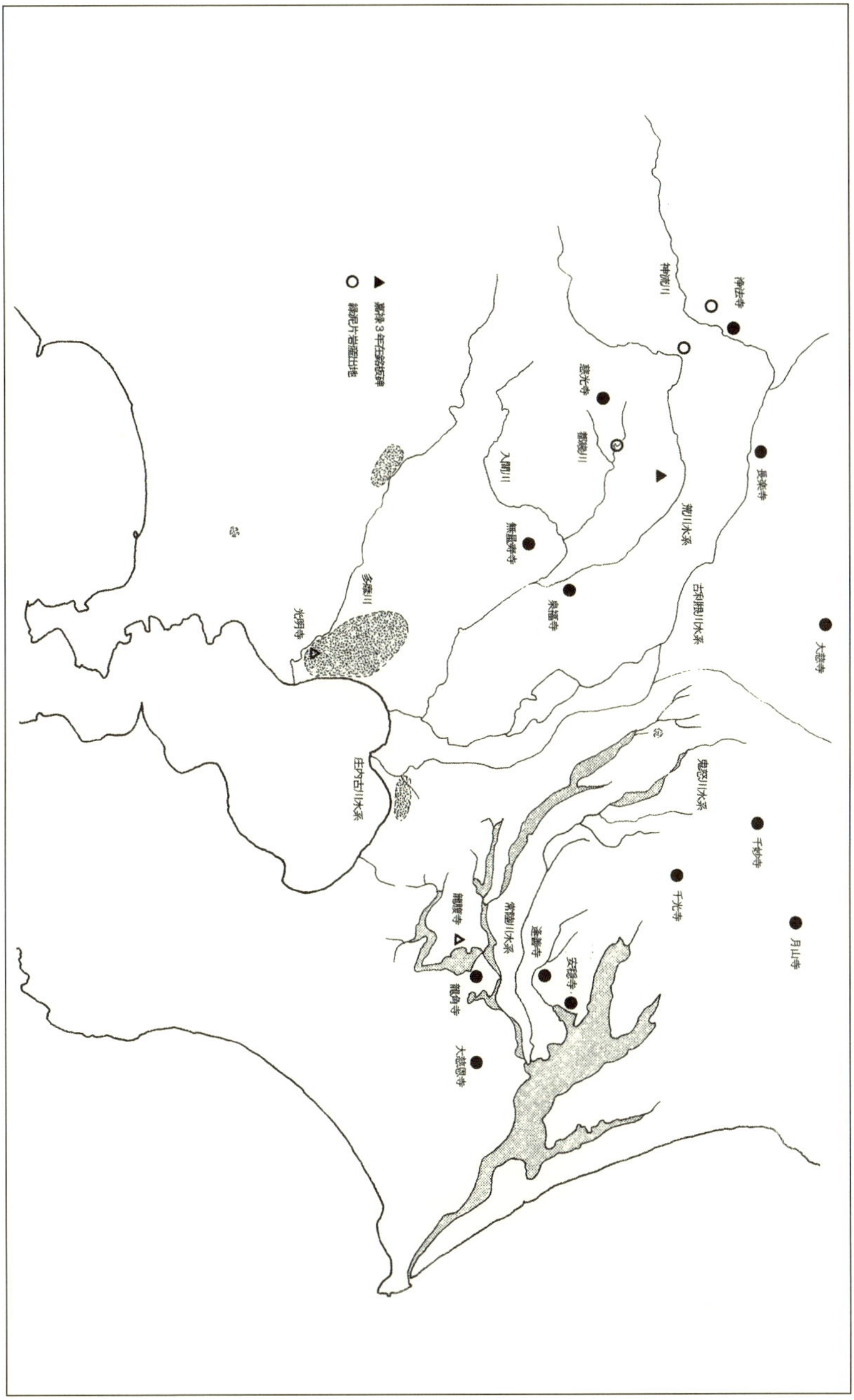

図５　第５種蓮華座の展開

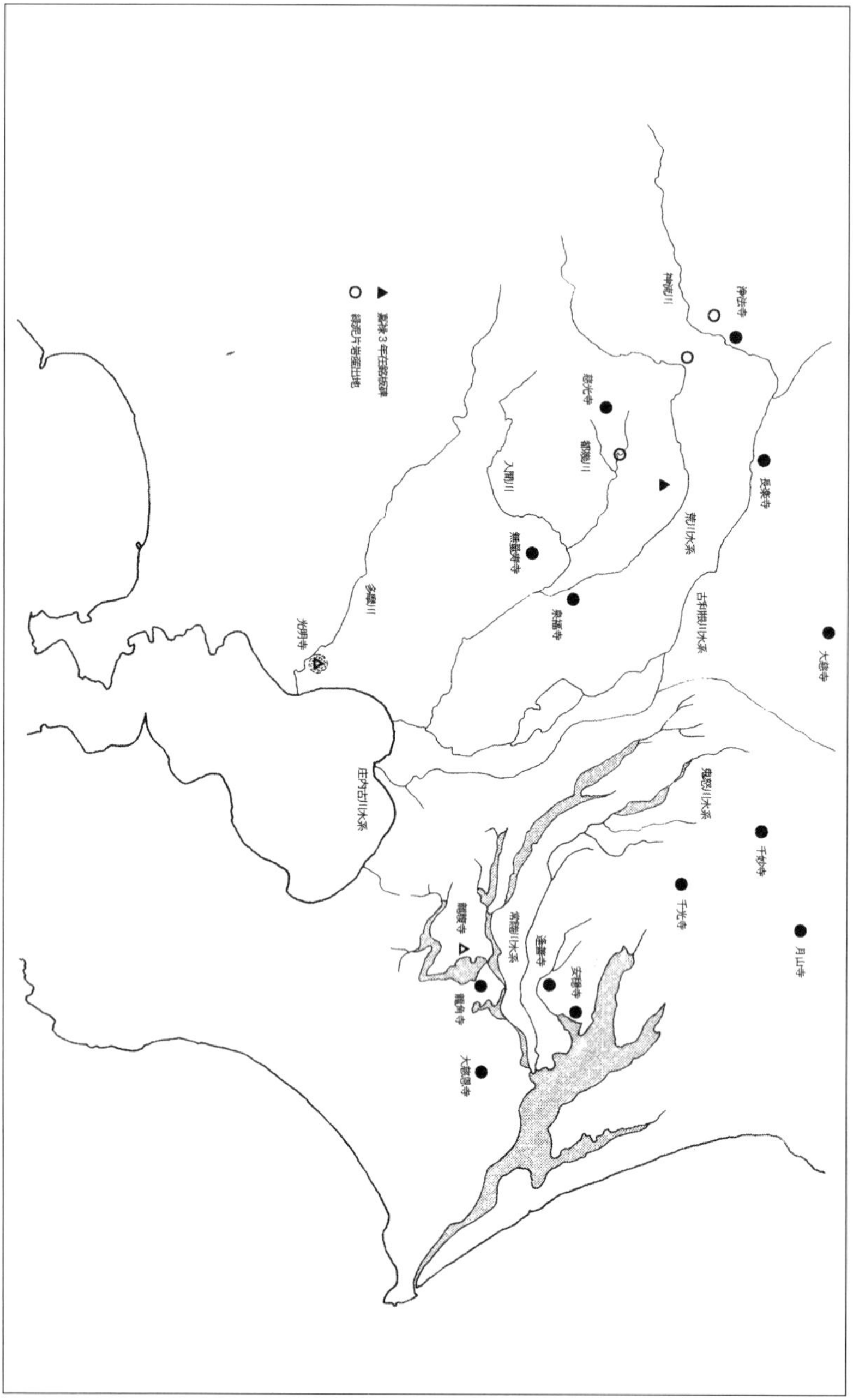

図6　第6種蓮華座の展開

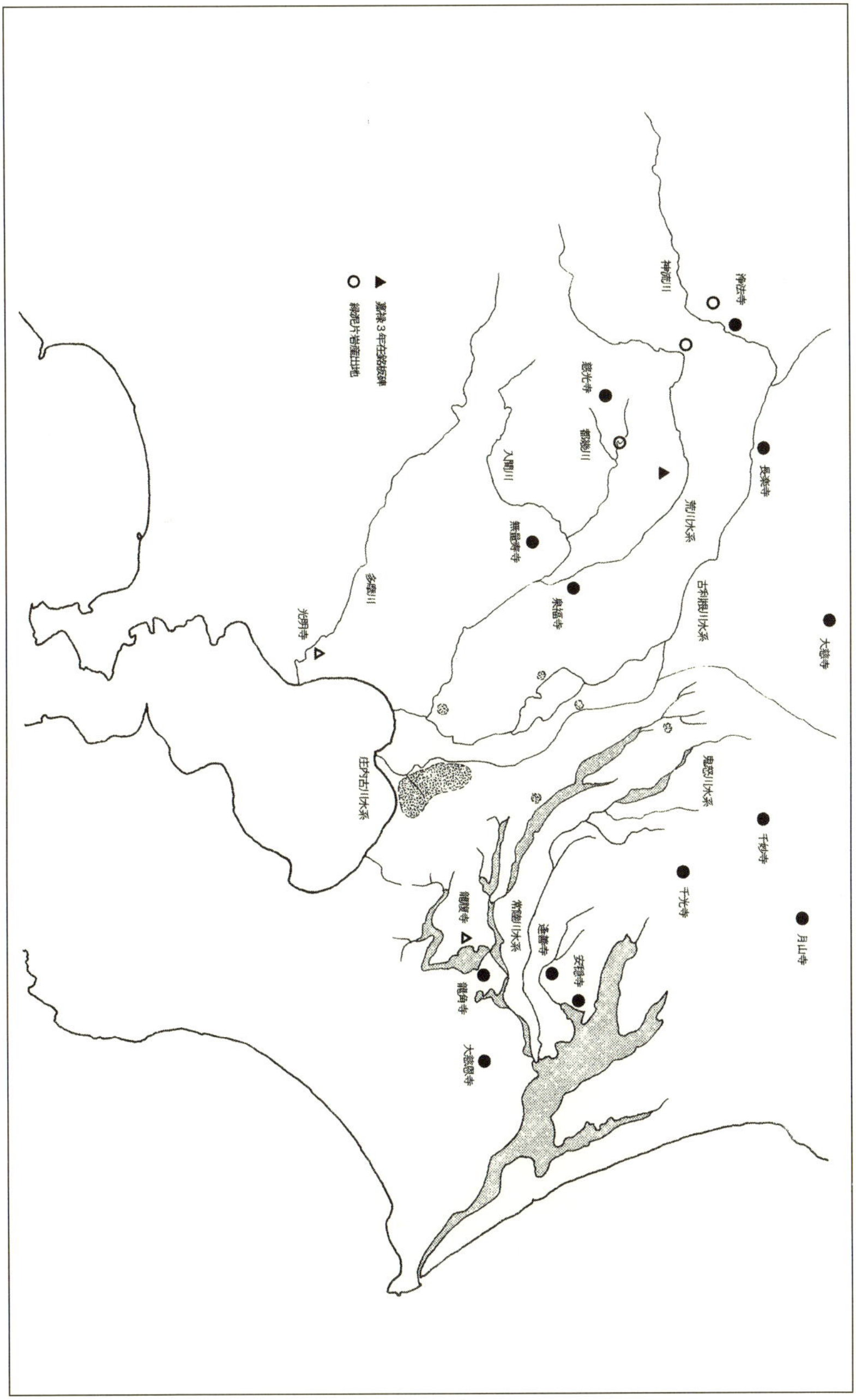

図7　第7種蓮華座の展開

をみせている。また、千葉県西部の庄内古川下流域に小規模であるが展開をみせている。さらに、第２種から第４種までの蓮華座に展開が認められなかった茨城県南西部である常陸川水系上流地域に小範囲であるが展開する分布域がみられる。従来から「蝶形蓮座」は、多摩川下流域に特徴的な分布をみせる蓮華座であるといわれてきたが、その分布域を拡大しており、龍腹寺板碑群も分布域の拡大を示す状況となった。

第６種は、図６のとおり、管見に触れる資料では、多摩川下流域の展開が確認できるのみである。きわめて小規模な分布域の展開をみせている。

第７種は、蓮華座の分析において述べたように、ａからｆの六系統が確認できているものである。第７種を一括して捉えるならば、その分布域は千葉県西部の庄内古川下流域に比較的集中した展開が認められる。また、茨城県南西部、常陸川水系の上流地域に小規模ながら多数の造立をみせる地域が認められる。その他、古利根川下流域に小規模な分布域の展開をみせている。

この第７種は、倉田のＢ類に相当する蓮華座であり、分布の特徴を「茨城県境町・旧岩井市など」の地域を核として捉えられている。龍腹寺板碑群において、第７種の蓮華座は全体の四割を超える数量となっており、龍腹寺において板碑造立の断絶時期後に造立された寛正期以降の板碑群として倉田の指摘する「茨城県境町・旧岩井市など」の地域に比肩する展開をみせる分布域として捉えることが可能である。

（三）第７種の地域的展開と特徴

既に述べたように龍腹寺板碑群は、時間軸の視点からすると上限を元応三年（一三二一）とし、下限は天文七年（一五三八）となっている。この二一七年間に一年から九年の単位で板碑がまったく造立されなかった年が存在する。

第7種は、第6種から六五年間の隔たりをもって造立が再開された板碑である。再造立後は多少の間断はあるものの円滑な時間的経過のもとで造立された特徴がある。そこで、第7種の地域的展開に関する所見について示しておきたい。

地域的な展開は、ある意味、分布図の作成をとおして把握することができるが、複数の地域間にあって共通性をもつ蓮華座（同型板碑）がどのような関係をもって製作され造立されたかという問題を念頭に置きながら作業を進める必要があると考えられる。

ここでは、第7種の蓮華座をもつ板碑の地域的な展開と、その特徴について、先に述べたように小規模ながら多くの造立を確認できた常陸川水系の上流地域に着目することにしたい。具体的には、茨城県境町の町域に展開する蓮華座を対象として、龍腹寺の蓮華座との対比をすることから、両地域における板碑造立の傾向にについて明らかにしようとするものである。

表1は、時間軸に第7種aからfまでの分布と、この第7種と類似する茨城県境町の町域に分布する蓮華座をaからfに分類して対比させ、その概要を示したものである。龍腹寺板碑は●、境町板碑は○で示した。

六五年間の断絶時期後に板碑造立が再びおこなわれるようになったのは寛正元年（一四六〇）以降になってからのことであり、これは龍腹寺bとした蓮華座である。これと同型の蓮華座は、境町bとしたもので応永三〇年（一四二三）から永享四年（一四三二）にかけて造立された板碑であり、龍腹寺に先行して造立されたものである。

龍腹寺aは、最も造立数が多く、また、長期間造立された板碑であり、龍腹寺板碑群にあって主流をなす板碑であったと位置づけできる。この龍腹寺aの系譜は、現状では直接的に辿る資料をみいだすことはできない。そこで龍腹寺aに先立って造立された龍腹寺bに検討を加える必要があろう。龍腹寺bは、境町bに系譜を辿ることができる

表1　各種蓮華座の推移

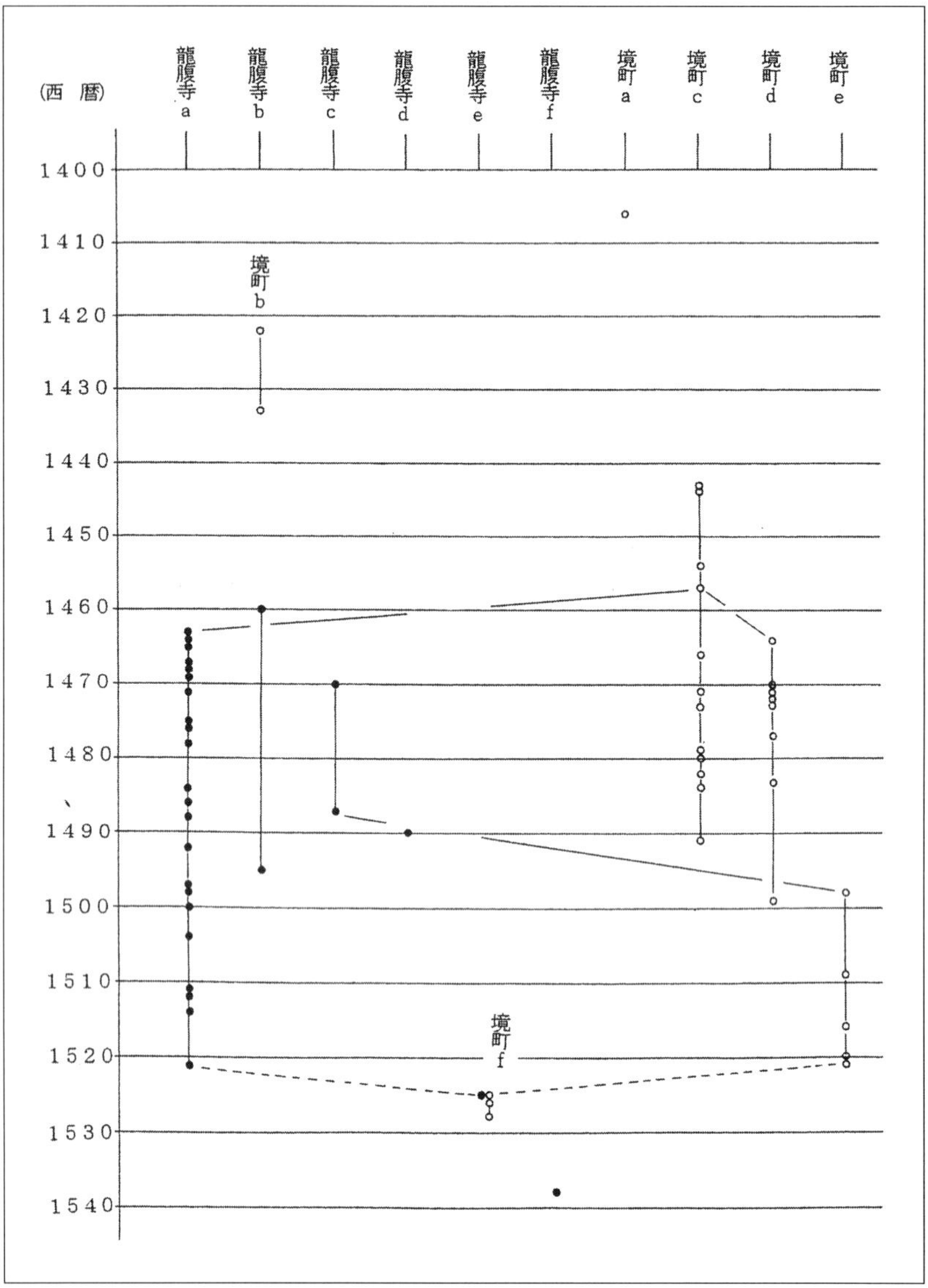
(西暦)
龍腹寺 a
龍腹寺 b
龍腹寺 c
龍腹寺 d
龍腹寺 e
龍腹寺 f
境町 a
境町 c
境町 d
境町 e
1400
1410
境町 b
1420
1430
1440
1450
1460
1470
1480
1490
1500
1510
境町 f
1520
1530
1540

もであるが三〇年近い断絶期間があること、境町にあっても龍腹寺にあっても造立数がきわめて少ない板碑であることから龍腹寺ａの系譜として認めるわけにはいかないであろう。

そこで、龍腹寺ａと平行して造立が認められる境町ｃ・ｄ・ｅについて検討することにしたいがｄ・ｅは龍腹寺ａより後出であるためここでは割愛し、ｃを対象としたい。境町ｃは文安元年（一四四四）を初現として延徳三年（一四九一）まで造立された板碑である。蓮華座の絵柄は、龍腹寺ａとは異なるが、龍腹寺ａの成立に影響を与えたものと考えられる。この境町ｃは、さらに龍腹寺ａとほぼ同時期に造立が開始される境町ｄの蓮華座成立にも影響を与えていると考えられる。龍腹寺ａは、大永元年（一五二一）に終焉を迎えることになるが、蓮実を除去した龍腹寺ｅ及び境町ｆとして蓮弁および反花の形状を受け継いで、短期間であるものの両地域において造立が確認できる。

龍腹寺と境町の板碑にはそのほかにも影響を与えながら成立した蓮華座の絵柄として龍腹寺ｃがあげられる。龍腹寺ｃは、造立数が少なく境町ｅの造立まで約一〇年の間隔があるが、境町ｅの系譜となるものと考えることができる。境町に隣接する茨城県総和町においてもこの種の蓮華座をもつ板碑が分布しており、相互の造立に影響を与えている状況が存在していたと想定することができる。

龍腹寺と境町における両地域の相互関係と蓮華座の系譜に関して現状から窺い知ることのできる点について述べてきた。この二つの地域は、倉田の指摘するように「茨城県境町・旧岩井市など」の地域を核として捉えることに関して、単に板碑の分布域や造立数から判断することに加えて蓮華座の絵柄における系譜について今しばらく検討を加える余地があろう。核とする概念を板碑の生産と流通にとって半完成品集散の拠点となる考え方として捉えるならば板碑に採用された絵柄の系譜という視点を加味することの必要性を指摘しておきたい。

三　板碑群の歴史的位置づけ

（一）蓮華座の絵柄と石工

龍腹寺板碑群の分析をとおして一四世紀には第1種から第6種の蓮華座が認められ、六五年間の断絶期を経て後、一五世紀後半から一六世紀前半において第7種の蓮華座一種となった。この第7種の蓮華座をもつ板碑の造立は盛んにおこなわれ、結果的に龍腹寺板碑群の紀年銘板碑のほぼ半数を占めることとなった。この第7種は、茨城県境町および周辺地域に分布する一五世紀後半から一六世紀前半に造立された板碑との関係が認められる蓮華座であり、そこには両地域が相互に関連しあって成立した蓮華座の絵柄であることが系譜関係を辿った結果から得ることができた。少なくともこのような状況は、板碑の生産と流通に関するひとつの視点として板碑を捉える必要が生じたことになった。では、第7種におけるこのような系譜関係から板碑a製作にあたった石工らの実像が復元可能かという問題も生じることになる。まず、この点から考察をすすめることにしたい。

第7種の主流は、aの蓮華座にあることは既に述べたとおりである。蓮華座aは、寛正四年（一四六三）に初現し、明確なところでは永正一一年（一五一四）までの五一年間にわたって製作され供養者によって造立された板碑ということになる。ここで問題としなければならない点に、五一年間という期間に同一石工によって板碑の製作が行われてきたかという点である。この点に関しては、否定的に捉えるべきことと考えたい。五一年間にわたり一世代の石工が製作を継続してきた結果とは考えられないからである。少なくとも二世代にわたる石工によって画一的でないもののきわめて類似する絵柄の蓮華座をもつ板碑製作が継続的におこなわれてきた結果と考えるべきであろう。一方、倉田の「板碑生産及び流通概念図」からすれば、半完成品集散の拠点において種子と蓮華座の細工が施される（c）のあり方を示すもので、[13]この段階では需要を想定しない生産がおこなわれていたと考えられるところである。

さらに、第7種における蓮華座の系譜にかかわる分析によって、龍腹寺板碑群と境町の板碑群との間に板碑製作に携わる石工の間に絵柄採用にあたって相互的な関係が把握できたところである。このことは、当該期の板碑製作に関して石工の出職によって成立したことを示しているのではないかと考えられるところである。そしてこのことが基本的な蓮華座の絵柄を共有する複数の石工によって鐫刻された蓮華座に多少の変化を生じて存在していることが証左になるのではないかということを指摘しておきたい。

次に、第4種について触れておきたい。第4種は、龍腹寺においては正平元年（一三四六）に、主要な分布域である埼玉県北部から群馬県南部の分布域では康永三年（一三四四）に成立をしている蓮華座の絵柄である。この第4種は先にみた第7種とは数量的にみても約半分であり、しかも紀年銘が彫り込まれていない無紀年銘が半数以上となっている。ここで無紀年銘という第4種bとした蓮華座をもつ板碑について考えておく必要があろう。圭頭下の二条の横線は認められず、阿弥陀三尊と阿弥陀一尊の両者が存在するが数量的な優劣はない。無紀年銘であるため製作された時期を特定できるわけではないが、第4種aとの比較からすれば、第4種aの系譜に関係して成立したものと考えることが可能であろう。第4種bは、板碑の幅の大きさから凡そ4種に区分でき、幅が狭くなるにしたがって種子および蓮華座の彫り方が非薬研となる。この第4種bが倉田のいう「板碑生産及び流通概念図」の石材産出地→半完成品集散地→造立地への供給という仕組みが存在するとすれば、集散地において種子および蓮華座が彫り込まれたものが造立地に持ち込まれ、紀年銘および造立趣旨等が在所において彫り込まれないままで廃棄された板碑である可能性を指摘しておきたい。

（二）板碑群と仏教関係

板碑が仏教による供養具として製作され供養者によって造立されたものである以上、当該期の仏教との関係の中で板碑の製作と造立行為を捉えることが肝要となるであろう。そこで、龍腹寺の存在が確認できる歴史史料から龍腹寺とその周辺地域における仏教的な歴史背景を明らかにしていかなければならない。ただし、龍腹寺に関する歴史的な資料は一五世紀の文献史料中においてその存在を確認できるものの、古代の龍腹寺に関する情報は皆無といえる状況である。一五世紀の文献史料とは、既に述べた茨城県小野逢善寺文書の『檀那門跡相承資』（以下『相承資』という）を指す。宝徳四年（一四五二）の条に龍腹寺には山城の律師と云う学匠や宗智坊という者が住持していたことを伝えるとともに、龍腹寺および印西庄域から恵心流の聖教や薄双紙が逢善寺学頭の弘尊の元にもたらされたことが示されている。『相承資』は、龍腹寺において談義がおこなわれた様子を伝えていないが龍角寺とともに印旛沼地域における天台宗の主要な寺院の一角を占めていたと考えて差し支えないであろう。

龍腹寺の寺歴を把握することができる資料として嘉吉二年（一四四二）在銘の鋳銅製棟札がある。この棟札は、永正四年（一五〇七）に倒壊した五重塔の再建に伴うものとであるということを天和元年（一六八一）の『下総国印旛郡玄林山勝光院略縁起』[14]に智祐によって示されている。しかし、棟札にはこのような顚末は示されておらず、「奉造立寶塔一基」とあるのみで、再建および五重塔の記載は確認できない。さて、ここで注意したいのは、裏面の「彼塔勧進帳千葉相應寺開山覺尊法印撰于時嘉吉二天壬戌十一月始刻材／次第辛未建立□供養□□面在之爲令法久住利益人天展轉紀之而耳□□」とある銘文である。千葉相應寺の開山である覺尊の撰による勧進帳が存在したことである。相應寺は、寶塔造立の大檀那となった千葉胤直の菩提寺であり、その開山である覺尊が大きな役割を担ったことに重要な意味があることとして捉えることができる。『相承資』には逢善寺門下の僧で台密の蓮花院流の真言師として千田千光寺覺尊を伝えており、この覺尊が千葉相應寺の覺尊であり、龍腹寺の寶塔造立に奔走した事実を把握することができる。これに関連した資料として『相承資』には上野世良田の真言院にて大津和尚の御時云々との記述がみえ、世良田長楽寺の真言院について伝えている。真言院は、長楽寺塔頭普光院における台密の灌頂専門道場としておかれた施設であり、覺尊が灌頂を授けられた可能性を考えても差し支えないであろう。このように龍腹寺自体と覺尊に関係する資料からは、龍腹寺が関東天台諸寺院と密接な関係のなかに位置していたことが理解できるところである。

さて、板碑が造立された背景を造立者である供養者の立場から考えることにしたい。龍腹寺板碑群にあって造立趣旨が銘文から把握できる資料はきわめてすくなく三例のみである。

①貞治五年（一三六六）在銘板碑「逆修妙蓮沙□」と光明真言

②康応元年（一三八九）在銘板碑「阿闍梨弁／栄泉」と光明真言

③文正二年（一四六七）在銘板碑「為妙本禅尼逆修也」（『千葉懸史料』掲載資料）

二例が逆修供養、一例が追善供養である。②は僧侶、①、③は法名をもつ者の供養となっている。この三例の板碑からは造立者の実態については窺うことができないが、『相承資』に注視できる記述がある。康暦二年（一三八〇）の注記がある什覺の記録であるが、龍腹寺に近接する笠神の地名が認められるもので「有徳ノ在家ノ仁一向傳授之、印西ノ笠上又太良禅門等ノ類是也」という一文である。笠上又太良を有徳の人としており、このような人物が龍腹寺にたいして経済的な支援をおこなっていたことが想定できる。龍腹寺板碑群が多量にある理由として経済的な富裕層の壇信徒の存在を見逃すわけにはいかないであろう。

おわりに

服部清道は、『板碑概説』（昭和八年）で「板碑の石材関係を考慮して、同一材石による板碑分布圏を想定し、当時に於ける交易状態、換言すれば中世の経済地理研究の補助となすことも得るであろう」と述べている。今日における板碑の生産と流通に関する研究はこの点に迫る考古学的な方法として評価できる。

龍腹寺板碑群の分析をとおして一四世紀には第1種から第6種の蓮華座が認められたが断絶期後の一五世紀後半から一六世紀前半では第7種の一種となった。この時期の板碑造立は盛んで龍腹寺板碑群の半数を占め、境町地域との関係が認められた。このようなことは第4種が伊勢崎市を中心とする群馬県南部地域との関係が認められ、この地域に成立した絵柄が一方向的に龍腹寺に採用されたと考えられる。その原動力となったのは世良田長楽寺を中心とする古利根川水系と神流川の合流する地域における寺院との関係、とりわけ長楽寺住持である栄朝の存在[15]が龍腹寺との仏教上の関係がもたらした事象と考えられよう。第7種は、龍腹寺と境町の両地域間に往徠しながら成立し両地域に採用されたと考えることができた。

第4種にあっては、石材産出地→半完成品集散地→造立地への供給という仕組み[16]の中で位置づけることが可能かと思われるが、第7種にあっては必ずしもそのような仕組みで考えることはできない。

いずれにしても、第7種のような広域分散型と観音寺型、浅草寺型のような地域定着型の詳細な板碑研究が進展しないと、四万基ともいわれる武蔵型板碑の生産と流通の問題は解決することは難しく、また、顕密仏教をはじめとする宗派の布教活動、とくに関東天台の当該期における動向と密接な関係を理解しなければならないところであると考えている。

註

（1）大野政治『下総国龍角寺、龍腹寺、龍尾寺三山縁起について』一九六七年
（2）千葉縣史編纂審議会「檀那門跡相承資」『千葉縣史料』中世篇　縣外文書、一九六六年
（3）・（4）千葉縣「印旛郡」『千葉縣史料』金石文篇二、一九七八年
（5）一般的には武蔵型板碑と言い習わしているが、本尊に種子をもちいたものや名号、題目のもののあるため、ここでは敢えて武蔵型種子系板碑とした。
（6）倉田恵津子「関東地方主要河川流路と武蔵型板碑の流通」（『松戸市立博物館紀要』第一五号、二〇〇八年）
（7）葛飾区郷土と天文の博物館編『板碑と中世びと』平成二〇年度地域史フォーラム、二〇〇八年
（8）村山　卓「東京都鵜の木光明寺遺跡出土板碑の変遷」（『立正史学』第一〇四号、二〇〇八年）
（9）高橋好信「新発見の板碑石材採石遺跡（小川町下里割谷）」（シンポジュウム実行委員会編『板碑が語る中世―造立とその背景―』二〇年度シンポジュウム、二〇〇九年）
（10）磯野治司「板碑生産と石工をめぐる形式学的試論」（『考古学論究』第一二号、二〇〇九年）
（11）千々和実「板碑工作と中世商品的供給源の一考察」（『上武大学論集』3、一九七一年）
（12）実際の資料は七六三基採取しているが紀年銘が判明した板碑が一〇八基ということになる。
（13）倉田恵津子「武蔵型板碑の生産と流通システム」（『松戸市立博物紀要』第二号、一九九五年）に掲載される「板碑生産及び流通概念図」に示された（c）に相当する部分における石工の製作活動であり、短期間に画一的な絵柄の蓮華座をもつ多数の板碑製作がおこなわれたと考えられよう。
（14）註（1）に同じ。
（15）小此木輝之『中世寺院と関東武士』青史出版株式会社、二〇〇二年
（16）註（13）に同じ。

Ⅱ　北総台地と近世の開発

享保期佐倉牧における新田「開発」の特質

高見澤　美紀

はじめに―問題の所在―

江戸時代、下総台地上には西に小金牧、東に佐倉牧という幕府直営の牧場が存在した(1)(図1)。江戸幕府が所有した牧場はこの二牧と、享保期に再興された安房国嶺岡丘陵上の嶺岡牧、寛政期に新しく開設した駿河国愛鷹山上の愛鷹牧の、合計四牧であった。その主たる業務は江戸城厩への馬の供給である。

牧場といっても、牧草地を柵で囲んだ近代的な牧場のイメージからはかけ離れており、広大な台地上や丘陵上など、人家や田畑などとは自然地形によって隔てられた場所に、「野馬」と称する野生馬が群棲する箇所を牧場として設定した、といった程度のものであった。そのため馬産や飼育に人の手が加えられる、といったことはなかった。

しかし日常的な見廻りや、牧場内の普請、「野馬捕」と称された、年に一度程度行われる江戸城厩へ上げる馬の捕獲など牧場の管理・運営は、支配領主を越えた「牧附村(2)」等と呼ばれる周辺村々への多大な役負担の上に成り立っていた。こうした村々は牧場周辺という環境ゆえにさまざまな制約を課せられ、特に牧場内の新田開発は堅く禁止された。しかし時として幕府（政府）政策の名のもとに開発が奨励されることがあった。

下総台地上の牧場の開発は、①寛文・延宝期、②享保期、③幕末～明治期、の三期に大きく分けられる。①は幕府

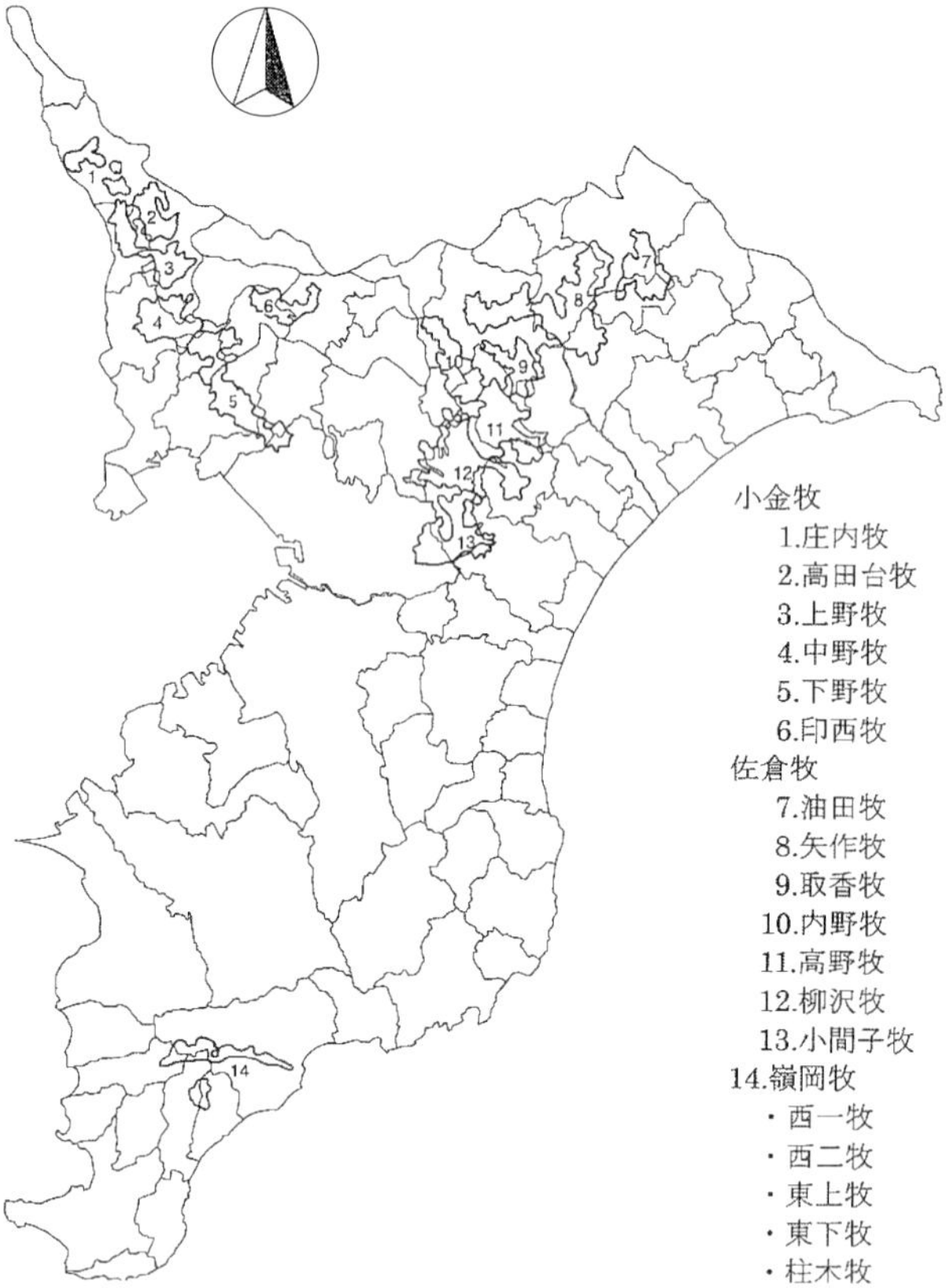

図１　幕府直営牧の位置
（『県内遺跡詳細分布調査報告書　房総の近世牧跡』〔千葉県教育委員会〕をもとに作成）

の新田開発奨励をうけた開発請負人により、庄内牧と印西牧の三分の二が消失する大規模な開発で、多くの村立新田が成立した。(3) ③では慶応二（一八六六）年に出された開墾奨励策を明治政府が窮民授産策として引き継ぎ、一部を残して牧地は開墾された。(4)

②の享保期は、幕府政策として代官小宮山杢進昌世支配のもと開発が進められた時期である。これについては、須田茂(5)・中村勝(6)の論考があり、特に中村論文ではこの新田が「林畑」という劣悪な耕作地であり、田畑への開発実態のないまま、のちに野馬入場となることから「享保改革の新田開発政策はこの下総の牧地の開発に関する限り失敗」と位置づけられ定説化し、多くの著述がこれに倣った。しかし近年、佐々木克哉(7)や白井豊(8)により、新田には植林が行われ、後年に薪炭林として利用されたことから再評価がなされている。かつて筆者も新田の利用が村にとって貨幣取得の重要な手段であることを明らかに

し、一概に「失敗」と位置づけることに疑問を呈した(9)。

しかし、享保期の新田開発に関する先行研究全般には、いくつかの問題点が指摘できる。まず、実際に開発された牧場の新田高が、全体としても、またどの村にどれくらい開発されたかという個別としても、数量的に明らかにされていないことである。当該地域の自治体史編纂事業による調査・刊行のおかげで、現在多くの新田検地帳を目にすることができるが、史料の存否もあり、すべてを揃えるのは非常に困難である。また、先行研究や自治体史では検討対象が一村から数ヵ村ということもあり、こうした数量的な把握はできていない。

次にあげられるのは、同時期に行われた新田開発、たとえば武蔵野新田などの開発状況や特徴を以て、牧場周辺の開発も同様の経緯をたどったと考えられている点である。武蔵野新田は代官井沢弥惣兵衛為永による代官見立新田として大規模な村立新田が開発される。牧場の開発も同様に代官小宮山杢進昌世が関わり、代官見立新田が成立したとされているが、開発された新田のほとんどが小規模な持添新田である。こうした違いについてはこれまであまり言及されてこなかった。さらに、開発の成否を論ずる際に、享保期より十年以上のちの願書や一件書類に依拠していることである。開発地の新田検地前後の様子などが具体的に明らかにされず、年月を経て「享保期に開発された新田」が論所となっていることで、享保期当時の新田開発の成否を問うことには疑問を感じる。

以上の問題点をふまえて、まず牧場周辺の新田開発を数量的に把握し、そして開発当時の史料から新田の具体的な開発過程や開発意図といったものを明らかにする必要がある。その上で、享保期佐倉牧における新田開発の特質を考えていくこととする。

一　享保期小金・佐倉牧の新田開発

まず、享保期の牧場支配と新田開発の経緯をみておきたい（表1）。享保期以前の牧場支配は、馬の管理・牧場の運営については江戸城の厩を管理した御馬預が行い、土地は幕府直轄地であるため代官が担当していた。つまり、牧場では馬と土地とで支配は二系統にわかれていたのである。[10]

享保期、ここに担当代官として入ってきたのが小宮山杢進昌世であった。彼は農政にたけており、「正界録」や「地方問答書」、「田園類説」などの著書もあり、[11]「地方巧者」とうたわれた人物である。享保六（一七二一）年閏七月二十七日に代官となった小宮山は、下総国の幕府領担当となっていたようで、十二月より牧場の実状調査を開始し、翌七年正月より佐倉牧の視察を始めた。その後小金牧に入り、六月二十八日には「見分御用仕廻」として帰謁、調査報告を行っている。[12]しかしこの時はまだ小宮山は牧場支配に関わってはいない。

享保七年七月に新田開発を奨励する高札[13]が日本橋に掲げられた直後、小宮山は牧場の新田開発の指揮を任されるとともに、小金・佐倉牧の支配についても申し渡しを受ける。[14]同時に馬預配下で牧場の現地管理者であり、「野馬奉行」と称される綿貫氏には、開発による馬産の減少も落ち度としない旨が申し渡されており、[15]小宮山による開発が牧場の業務に優先するものであったことがわかる。

同年八月には佐倉藩に内野牧・高野牧・柳沢牧の三牧が預けられ、[16]翌享保八年八月に至り、小宮山は小金牧のうち中野牧・下野牧の野馬に関する権限も委譲され、[17]この二牧は馬預の手を離れることとなる。この時から牧場の支配は、佐倉藩支配の牧、代官支配の牧、従来通り野馬と土地の支配が分割されている牧、の三通りに分かれていく。

表１　享保期の牧場支配と新田開発の経緯

享保６年（1721）	12月6日	代官小宮山昌世、下総国相馬郡布施村名主へ野馬立場原地について尋ね、牧場の実情調査を行う
	12月	綿貫夏右衛門、安房国嶺岡牧再興のため視察に入る
享保７年（1722）	正月11日	小宮山・代官石川伝兵衛某、佐倉牧の視察に向かう ・各村から村高／田畑反別／百姓林／村境などの覚書を提出させる ・細井広沢による牧実測図の作成
	3月～4月	佐倉牧の視察が終了、小金牧の視察に入る
	6月28日	「総州小金牧見分御用仕廻」のため帰謁、時服２を拝領
	7月26日	日本橋に新田開発奨励の高札が出される
	8月 9日	老中水野忠之より小宮山昌世・綿貫夏右衛門へ申渡 →小宮山へ佐倉・小金牧地支配／新田開発の指揮を任せる
	8月 9日	佐倉牧の内、内野牧・高野牧・柳沢牧が佐倉藩へ預けられる
	9月	私領地先の新田開発権、この新田地からの年貢徴収権を幕府が有する旨、触あり
享保８年（1723）	8月	小金牧場の内、中野牧・下野牧の野馬の儀を小宮山へ預ける →両牧は野馬・牧地とも小宮山支配となる
	11月	佐倉・小金牧周辺村々の領主118人へ申渡 →牧場御用地内の私領村持添新田を幕府領とし、小宮山の指揮に従うよう達あり
	11月	小金・佐倉新田場より若干の物成収納があり、小宮山への分一支給伺書が勘定所より出される
享保10年（1725）	3月27日	小金牧で将軍吉宗による鹿狩が行われる
	9月	小宮山、新田方・野馬方御用として60両・８人扶持を仰せ付けられる
享保11年（1726）	3月27日	小金牧で将軍吉宗による鹿狩が行われる
	8月	新田検地条目の制定
享保15年～16年（1730～31）		小金・佐倉野方新田検地の実施
享保17年（1732）	8月	小宮山が佐倉・小金牧の支配から離れ、関東郡代伊奈忠逵が引き継ぐ
享保18年（1733）		代官疋田泰永が小金・佐倉牧地／野方新田支配を引き継ぐ →以降代官の交替あり

（『御触書寛保集成』、『徳川実紀』、『地方凡例録』、『習志野市史』第３巻史料編（Ⅰ）、大谷貞夫「金ヶ作陣屋考」『國學院雑誌』98－11（1988年）、『千葉県の歴史』通史編近世Ⅰ、灼々亭文庫（大谷貞夫氏収集文書）「疋田文書」より作成）

こうした支配の錯綜は、寛政期に至り佐倉藩預かり以外の牧場がすべて小納戸頭取支配(18)となることで解消されることとなる。

新田開発については、享保八年十一月に小金・佐倉牧周辺村落の領主百十八人に対して、牧場内に開発される新田をすべて幕府領とする旨が申し渡される(19)。同時期には早くも年貢収納があり、小宮山に対して取箇の十分の一支給についての伺書が勘定所から提出されている(20)。

享保十一年八月には全三十二条の新田検地条目(21)が制定され、第二十四条には、竹木・葭が生えている場所、また芝地を新田にする場合、田畑になる場所は地主を決

佐倉野方新田取箇一覧

	畑		4ヶ年取永差引（貫）				草銭場（畝）	草永（貫）
享保16年	畑高（石）	取永（貫）	享保19年	享保18年	享保17年	享保16年		
＋12.711	5469.714	313.304	－13.353	－26.498	－37.561	－24.143	13513.00	6.455
＋3.814	3032.558	118.528	＋1.768	＋0.723	－0.851	＋0.033	15486.24	3.651
	8501.272	431.832					28999.24	10.106

（灼々亭文庫（大谷貞夫氏収集文書）「疋田文書」より作成）

め検地を行うこと、田畑にならない場所は林畑とするか、山野銭を申しつけるようにと定められている。林畑とは、『地方凡例録』によると「高受をいたし、楢・椚其外雑木等を仕立、薪に伐出す畑にて、山畑同然に下々畑の位も附がたく、林畑と云名目にて石盛・取箇も低く付る[22]」土地である。この新田検地条目に従って、小金・佐倉牧周辺に開発された新田は享保十五年から翌十六年にかけて検地を受け、新田検地帳を下付されているが、その多くは林畑の地目がつけられている。代官小宮山は、享保十七年に配下の不行跡[23]を理由として牧場の支配を離れることとなる。牧場は一旦関東郡代伊奈半左衛門忠逵に引き渡され、その後代官疋田庄九郎泰永以降、寛政に至るまで代官支配[24]が続いていく。

では、このように開発が進んだ新田高は、享保期当時には実際どれくらいあったのだろうか。享保二十年十月に作成された「下総国葛飾郡・印旛郡・香取郡・千葉郡・埴生郡、上総国武射郡・山辺郡　新田方享保廿卯歳検見取御取箇帳[25]」から牧場全体の新田高が明らかとなる（表2）。この史料は享保二十年十月に牧場支配についていた代官疋田庄九郎泰永から勘定所に提出されたものの下書きであり、小金・佐倉野方新田の年貢の集計が書かれている。

表2によると、小金牧で開発された「小金野方新田」は下総国印旛郡・葛飾郡・千葉郡の一国三郡、佐倉牧で開発された「佐倉野方新田」は下総国印旛郡・埴生郡・香取郡、上総国武射郡・山辺郡の二国五郡、合計二国七郡百九十七ヵ村に及ぶ開発であったことがわかる。その新田高合計は八千六百十一石余の小規模なものであった。同時期に開発された武蔵野新田は武蔵国四郡八十二ヵ村で、十一万二千石余、同じ下総国内の飯沼新田は三郡三十一ヵ村

表2　享保20年　小金・

新　田	検見取高（石）	田				4ヶ年取米差引（石）		
		田高（石）	取箇不附分（石）	残高（石）	取米（石）	享保19年	享保18年	享保17年
小金野方	5560.891	91.177	0.669	90.508	21.397	＋6.055	－0.292	＋1.444
佐倉野方	3050.273	17.715	—	—	3.814	＋1.011	＋0.377	－1.021
合　計	8611.164	108.892	0.669		25.211			

で一万四千三百八十八石余であることと比べて、小金・佐倉野方新田では、開発を行った村数は多いが、一村あたりの開発は非常に小規模であるといえる。さらに、田畑の開発割合は田一・三％、畑（畑・林畑）九十八・七％と、圧倒的に畑が多いことがわかる。

また「四ヶ年取米差引」・「四ヶ年取永差引」では享保十六年から十九年の過去四年間の取米・永との増減比較が記されている。田方についてみると、十六年に比較して二十年には小金は十二石余、佐倉は三石八斗一升四合の増加となっている。つまり、十六年の取米は小金は約八石、佐倉は取米なし、となっていることがわかる。佐倉野方新田はこの年に検地をうけている村がほとんどであることから、いまだ田方からの年貢収納が開始されていなかった時期と考えられる。また、小金・佐倉双方とも十九年に落ち込みがあるものの、二十年には回復しており、田方の年貢収納は一程度安定していたといえる。一方、畑方は小金・佐倉とも十七年にピークを迎えたのち、減少傾向にあった。二十年に佐倉では取永の増加があるものの、小金は最も低い取永となり、十七年との差は三十七貫五百文余となっている。

草銭場の記載もあるが、町歩は小金より佐倉が多いものの、草銭自体は小金の方が佐倉より高額となっている。これは田畑にも当てはまり、小金の方が佐倉より年貢率が若干高いためと思われる。こうした差異は佐倉牧と小金牧の地形的要因の違いによるものとも考えられる。

次に、佐倉牧で開発された「佐倉野方新田」を「小金・佐倉拾三牧野役高帳」[26]（表3）から、より詳しくみていきたい。この史料の前半には、小金・佐倉牧の野役高が牧ごとに記載されており、佐倉牧で野役を勤める村数は二百八ヵ村、村高合計は六万九千九百六十二石余となっ

表3　佐倉野方新田一覧

番号	牧毎番号	郡名	新田名	村分	村立新田	新田高（石）	反別（畝）	反別内訳		石盛				酉取米（石）	酉取永（文）	草銭（文）	草銭反別（畝）	備考
								田（畝）	畑（畝）	田下々	畑下々	林畑	屋敷					
1	1	印旛郡	篠山新田	—	○	32.292	1664.18	—	—	—	3	2	5	—	1347.7	11.8	58.24	内野牧内に成立
2	2	印旛郡	今倉新田	—	○	23.994	1199.21	—	—	—	2	2	—	—	1027.1	15.7	78.15	内野牧内に成立
3	3	印旛郡	飯田新田	台方村分	○	65.782	3289.03	—	—	—	2	2	—	—	2649.2	123.6	412.03	松御林１０町歩（飯田新田６ヵ村入会１ヵ所）
4	4	印旛郡		公津新田分		20.706	1035.09	—	—	—	2	2	—	—	834.5	11.3	37.15	
5	5	印旛郡		下方村分		68.136	3406.24	—	—	—	—	—	—	—	2745.6	179.9	599.24	
6	6	印旛郡		恵弁須村分		26.972	1345.24	5.18	1340.06	5	2	2	—	0.073	101146.7	—	—	
7	7	印旛郡		大袋村分		26.838	1341.27	—	—	—	2	2	—	—	1088.5	34.0	113.12	
8	8	印旛郡		飯中村分		8.920	446.00	—	—	—	—	—	—	—	356.8	—	—	
9	9	印旛郡	飯中新田	—		35.984	1799.06	—	—	—	—	2	—	—	1439.4	22.5	112.00	
10	10	印旛郡	船形新田	—		17.654	882.21	—	—	—	2	2	—	—	737.9	—	—	
11	11	印旛郡	八代新田	—		3.042	152.03	—	—	—	—	2	—	—	121.7	—	—	
12	12	印旛郡	日吉倉新田	—		23.168	1498.27	—	—	—	—	2・1	—	—	926.7	6.3	31.12	
13	13	印旛郡	久能新田	—		10.682	1068.06	—	—	—	—	1	—	—	427.1	—	—	
14	14	印旛郡	大和新田	—		21.951	2195.03	—	—	—	—	—	—	—	878.0	—	—	
15	15	印旛郡	根木名新田	—		29.329	2932.27	—	—	—	—	—	—	—	1173.2	—	—	
16	16	印旛郡	立沢新田	—		94.667	4739.00	—	—	—	2	2・1	5	—	3353.0	—	—	
17	17	印旛郡	中沢新田	—		64.054	3202.21	—	—	—	2	2	—	—	2328.3	50.6	252.27	
18	18	印旛郡	新橋新田	—		19.440	971.03	—	—	—	2	2	5	—	792.7	12.4	51.21	
19	19	印旛郡	上岩橋新田	—		38.060	1903.00	—	—	—	2	2	—	—	1336.7	33.7	168.18	
20	20	印旛郡	高野新田	—		25.758	1037.27	—	—	—	—	—	—	—	726.5	—	—	石盛「二」とのみ記載
21	21	印旛郡	坪山新田	—	○	6.721	623.24	—	—	—	2	1	—	—	297.8	23.2	116.00	
22	22	印旛郡	関山新田	—	○	3.794	320.12	—	—	—	2	2	5	—	184.3	■.6	13.06	柳沢牧内に成立
23	23	印旛郡	戸山新田	—	○	113.501	1109.18	—	—	—	2	2	—	—	635.7	0.8	4.06	上勝田村・大関新田・榎戸新田の入会地
24	24	印旛郡	上勝田新田	—		7.253	725.09	—	—	—	—	1	—	—	200.1	11.0	55.06	
25	25	印旛郡	飯積新田	—		6.792	679.06	—	—	—	—	1	—	—	271.7	3.7	17.21	
26	26	印旛郡	上別所新田	—		1.092	109.06	—	—	—	—	1	—	—	43.7	—	—	
27	27	印旛郡	米戸新田	—		12.668	633.12	—	—	—	—	1	—	—	506.7	—	—	
28	28	印旛郡	岩富新田	—		2.577	725.02	—	—	—	—	1	—	—	290.1	11.0	55.06	
29	29	印旛郡	岩富町新田	—		0.291	29.03	—	—	—	—	1	—	—	11.6	—	—	
30	30	印旛郡	岡田新田	—		1.291	128.18	—	—	—	—	—	—	—	51.4	—	—	
31	31	印旛郡	七曲新田	—		1.949	194.27	—	—	—	—	—	—	—	78.0	—	—	
32	32	印旛郡	用草新田	—		2.287	228.21	—	—	—	—	—	—	—	91.5	—	—	
		印旛郡合計	27ヵ村		6ヵ村	713.640	41232.27	5.18	41227.09					0.073	28003.1	541.1	2124.12	松御林 10 町歩 1 ヵ所
33	1	埴生郡	山口新田	—		30.346	1517.09	—	—	—	2	2	—	—	1265.7	—	—	
34	2	埴生郡	郷部新田	—		19.210	960.15	—	—	—	—	—	—	—	768.4	16.4	54.18	
35	3	埴生郡	成田新田	—		19.856	992.24	—	—	—	2	2	—	—	817.2	93.3	311.03	

36	4	埴生郡	成木新田	—	○	103.170	5131.06	24	5107.06	3	2	2	5	0.080	4038.1	121.1	605.15	内野牧内に成立／成田・柏木・宝田村より開発者が出る
37	5	埴生郡	駒井野新田	—		30.845	1954.05	—	—	—	2	2	—	—	1233.8	13.8	69.06	
38	6	埴生郡	卯西新田	—	○	42.806	2352.00	—	—	—	2	2	—	—	1748.0	37.0	123.06	内野牧内に成立
39	7	埴生郡	久米新田	—		17.520	1705.06	—	—	—	—	1	—	—	682.1	59.1	295.18	
40	8	埴生郡	小菅新田	—		12.622	1267.06	—	—	—	—	1	—	—	506.9	21.2	106.03	
41	9	埴生郡	川栗新田	—		15.887	1588.21	—	—	—	—	1	—	—	635.5	19.6	98.00	
42	10	埴生郡	畑田新田	—		8.549	854.27	—	—	—	—	—	—	—	342.0	2.7	13.09	
43	11	埴生郡	小泉新田	—		39.672	1967.27	17.18	1967.27	3	2	2	5	0.145	1976.8	—	—	
44	12	埴生郡	両水新田	西泉村分	○	27.632	1381.18	—	—	—	2	2	—	—	1134.4	110.2	367.09	
45	13	埴生郡	東泉新田	—		26.998	1349.27	—	—	—	2	2	—	—	1105.1	98.5	328.12	
46	14	埴生郡	芦田新田	—		8.802	440.03	—	—	—	—	2	—	—	352.1	■8.1	127.00	
47	15	埴生郡	赤荻新田	—		17.276	863.24	—	—	—	2	2	—	—	739.6	42.6	141.27	
48	16	埴生郡	長田新田	—		12.286	614.09	—	—	—	2	2	—	—	637.2	3.1	15.18	
49	17	埴生郡	東野新田	—		1.350	67.15	—	—	—	—	2	—	—	54.0	—	—	東金山村持添
50	18	埴生郡	和関新田	和田村分	○	3.504	175.06	—	—	—	—	2	—	—	140.2	1.5	5.00	
51	19	埴生郡		関戸村分		4.110	205.15	—	—	—	—	2	—	—	164.4	14.7	49.03	
52	20	埴生郡		下金山村分		5.742	287.03	—	—	—	—	—	—	—	229.7	6.2	20.18	
53	21	埴生郡	野毛平新田	—		4.744	221.21	—	—	—	3	2	—	—	214.6	—	—	
54	22	埴生郡	堀内新田	—		6.581	658.03	—	—	—	—	—	—	—	263.2	3.4	17.00	
55	23	埴生郡	取香新田	—		9.192	459.18	—	—	—	—	2	—	—	367.7	66.6	221.27	
		埴生郡合計	22ヵ村		4ヵ村	472.562	27016.12	41.18	26974.24					0.225	19416.7	769.1	2970.12	
56	1	香取郡	一鍬田新田	—		35.708	1780.06	10.12	1769.24	3	—	2	—	0.140	1061.9	195.9	979.15	
57	2	香取郡	飯笹新田	—		36.539	1823.27	6.03	1617.24	3	—	2	—	0.082	1090.7	48.0	239.24	
58	3	香取郡	沢新田	—		35.932	1761.15	70.06	1691.09	3	—	2	—	0.826	1353.0	—	—	
59	4	香取郡	伊地山新田	—		14.723	1059.21	—	—	—	—	2・1	—	—	588.9	2.2	10.24	
60	5	香取郡	福田新田	—		28.435	1583.21	—	—	—	—	2・1	—	—	1137.4	1.8	8.27	
61	6	香取郡	本矢作新田	—		47.664	2521.21	74.03	2447.18	3	—	2・1	—	1.200	1817.6	9.3	46.15	
62	7	香取郡	大崎新田	—		35.210	1760.15	—	—	—	—	2	—	—	1056.3	6.2	81.06	
63	8	香取郡	観音新田	—		15.696	784.24	—	—	—	—	2	—	—	470.9	5.8	78.24	
64	9	香取郡	鳥羽新田	—		3.480	174.00	—	—	—	—	2	—	—	104.4	8.5	42.21	
65	10	香取郡	所新田	—		55.756	2787.24	—	—	—	2	2	—	—	2178.7	49.1	245.18	
66	11	香取郡	村田新田	—		115.860	5793.00	—	—	—	2	2	—	—	4066.0	48.3	161.00	矢作牧内に成立
67	12	香取郡	堀籠新田	—		68.544	3427.06	—	—	—	2	2	—	—	2408.7	51.1	255.09	
68	13	香取郡	南田新田	南敷村分	○	9.020	430.21	40.18	390.03	3	—	2	—	—	312.1	2.6	8.21	
69	14	香取郡		桜田村分		30.373	1445.18	146.03	1299.15	3	2	2	—	1.972	1045.9	79.7	265.21	
70	15	香取郡	敷里新田	馬乗里村分	○	13.548	677.12	—	—	—	—	2	—	—	541.9	—	—	
71	16	香取郡		南敷村分		11.816	590.24	—	—	—	—	2	—	—	472.6	34.3	114.09	
72	17	香取郡		南敷村分		40.302	2015.03	—	—	—	3	1	—	—	16335.9	—	—	
73	18	香取郡		馬乗里村分		32.154	1670.21	—	—	—	2	2	—	—	1262.0	39.3	130.24	
74	19	香取郡	横山新田	—		44.346	2217.09	—	—	—	2	2	—	—	1776.7	26.1	87.00	
75	20	香取郡	一坪田新田	—		49.574	2478.21	—	—	—	—	2	—	—	1983.0	134.1	446.27	

番号	牧毎番号	郡名	新田名	村分	村立新田	新田高（石）	反別（畝）	反別内訳 田（畝）	反別内訳 畑（畝）	石盛 田下々	石盛 畑下々	石盛 林畑	石盛 屋敷	西取米（石）	西取永（文）	草銭（文）	草銭反別（畝）	備考
76	21	香取郡	前林新田	—		■6.083	4558.21	—	—	—	—	2・1	—	—	2634.4	205.1	1025.15	
77	22	香取郡	吉岡新田	—		86.030	4227.12	—	—	—	2	2	2	—	3017.6	200.5	1002.21	屋敷石盛はママ
78	23	香取郡	助沢新田	—		18.766	1876.18	—	—	—	—	1	—	—	■50.6	3.4	16.24	
79	24	香取郡	岩部新田	—		76.611	6174.12	—	—	—	—	2・1	—	—	3064.5	123.1	410.06	
80	25	香取郡	高萩新田	—		41.919	4191.27	—	—	—	—	1	—	—	1576.8	36.5	182.15	
81	26	香取郡	返田新田	—		19.951	1995.03	—	—	—	—	—	—	—	798.0	7.0	35.00	
82	27	香取郡	下小野新田	—		30.672	3067.60	—	—	—	—	—	—	—	1226.9	12.6	62.27	
83	28	香取郡	大根新田	—		17.138	1713.24	—	—	—	—	—	—	—	585.5	—	—	
		香取郡合計	24ヵ村		2ヵ村	1101.850	64526.12	347.15	64178.27					4.829	40217.8	1350.5	5939.03	
84	1	武射郡	板中新田	板川村分	○	57.994	2871.90	31.09	2840.00	3	2	2	5	0.465	2070.5	8.0	26.21	
85	2	武射郡		中津田村分		105.247	5142.18	164.15	4978.03	3	2	2	5	1.630	3804.7	266.7	889.03	
86	3	武射郡	高田新田	—		80.616	4027.60	—	—	—	2	2	5	—	3480.1	32.1	160.21	
87	4	武射郡	横田新田	—		6.842	342.03	—	—	—	2	2	—	—	279.3	—	—	
88	5	武射郡	横谷新田	埴谷村分	○	4.686	234.09	—	—	—	—	—	—	—	164.0	—	—	
89	6	武射郡	坂志岡新田	—		32.302	1609.03	—	—	—	2	2	5	—	1360.7	—	—	
90	7	武射郡	香山新田	—	○	108.461	5416.18	—	—	—	2	2	5	—	3510.6	—	—	取香牧内に成立
91	8	武射郡	横田新田	—		12.468	1225.24	—	—	—	2	1	—	—	511.3	—	—	
92	9	武射郡	沖渡新田	—		50.042	2502.03	—	—	—	2	2	—	—	1792.6	—	—	
93	10	武射郡	埴谷新田	—		41.544	4154.12	—	—	—	—	1	—	—	1561.8	211.5	1057.21	
94	11	武射郡	木原新田	—		25.759	2575.27	—	—	—	—	1	—	—	1030.4	107.0	534.27	
95	12	武射郡	実門新田	—		3.110	287.27	—	—	—	2	1	—	—	138.2	3.8	19.06	
96	13	武射郡	武勝新田	—		3.436	343.18	—	—	—	—	1	—	—	171.1	—	—	
		武射郡合計	12ヵ村		3ヵ村	532.507	30732.27	195.24	30537.03					2.095	19976.0	655.7	2777.03	
97	1	山辺郡	極楽寺新田	—		27.721	2772.03	—	—	—	—	1	—	—	1385.100	62.6	313.06	
98	2	山辺郡	雨坪新田	—		1.653	165.09	—	—	—	—	1	—	—	82.7	2.1	10.09	
99	3	山辺郡	布田新田	—		11.257	1125.21	—	—	—	—	1	—	—	562.9	38.4	191.24	
100	4	山辺郡	上草新田	—		2.432	243.06	—	—	—	—	1	—	—	121.6	—	—	
101	5	山辺郡	三ヶ尻新田	—		4.963	496.09	—	—	—	—	1	—	—	248.2	12.8	64.00	
102	6	山辺郡	瀧沢新田	—		31.874	3187.12	—	—	—	—	1	—	—	1593.7	46.1	730.18	
103	7	山辺郡	油井新田	—		33.276	3307.18	—	—	—	2	1	—	—	1671.8	19.7	98.21	
104	8	山辺郡	瀧新田	—		40.238	3866.12	—	—	—	2	1	—	—	2074.9	—	—	
105	9	山辺郡	丹尾新田	—		6.451	645.03	—	—	—	—	1	—	—	322.6	—	—	
106	10	山辺郡	山田新田	—		10.808	1080.24	—	—	—	—	1	—	—	540.4	—	—	
107	11	山辺郡	松ノ郷新田	—		41.004	4100.12	—	—	—	—	—	—	—	2050.2	15.2	76.00	
		山辺郡合計	11ヵ村			211.677	20990.09	—	—					—	10655.1	296.9	1484.18	
		総計	96ヵ村		15ヵ村	3027.236	184498.27	590.15	183980.12					7.222	118268.7	3613.3	15295.18	松御林10町歩1ヶ所

（—は記載なし。■は欠損による不明分。灼々亭文庫（大谷貞夫氏収集文書）「疋田文書」より作成）

ている。その後には郡ごとに享保期に開発され代官支配地となっている新田高が記載されている。[27]新田高の記載形式は次のようになっている。

【史料1】

佐倉新田

（中略）

新橋新田

高拾九石四斗四升
　此反別九町七反壱畝三歩
畑　下々二　林二　屋敷五
　酉取永七百九拾弐文七分
　外
一、永拾文四分　　草銭
　此反別五反壱畝廿壱歩

上岩橋新田

高三拾八石六升
　此反別拾九町三畝歩
畑　三　林二
　酉取永壱貫三三六文七分
　外

一、永三拾三文七分　　　　　　　　　　　　草銭
　此反別壱町六反八畝拾八歩
（中略）
高弐石弐斗八升七合　　　　　　　　　　用草新田
　此反別弐町弐反八畝廿壱歩
　酉取永九拾壱文五分
（後略）

この史料は作成年を欠いているが、続きに記される「小金町助郷」村高の中に「寛保弐年」との記載があること、「酉」取米・永の酉年が前年の寛保元（一七四一）年と考えられることから、成立時期は寛保二年と推定しておきたい。開発から十年ほど経過しているが、管見の限り最も開発期に近い時点で全体を把握できるものであるため、この史料を使用して数量的な詳細をみていくこととする。

寛保二年当時、新田は九十六ヵ村、高合計は三千二十七石余となっている。佐倉野方新田では畑が圧倒的に多いことは前述した通りだが、畑の地目は下々畑と林畑に限られていることがわかる。加えて、林畑の石盛は一と二にわけられており、下々畑と同等の評価を得る林畑が存在したことが明らかとなる。さらに持添新田は八十五％を占めており、従来言われてきた通り圧倒的に持添新田が多い。持添新田とはいえ、岩富新田（印旛郡）の二石余から村田新田（香取郡）の百十五石までと、開発規模はさまざまである。

一方、少数でありながらも開発された村立新田については、いくつかのケースに分けられる。まず成木新田（埴生郡）は、開発請負人によって開発された村立新田である。近隣村の成田村・柏木村・宝田村より開発請負人が出て、

田・下々畑・林畑・屋敷地を含む百三石余の開発が行われている。戸山新田（印旛郡）は上勝田村・大関村・榎戸村三ヵ村の、卯酉新田（埴生郡）は西吉倉村・東吉倉村二ヵ村の入会地をそれぞれ新田として開発した。牧場内には周辺村落の入会地が存在しており、これを新田としたものである。また、飯田新田（印旛郡）は村立新田として開発されるが、開発に関わった台方村分・公津新田分・下方村分・恵弁須村分・大袋村分・飯中村分と分割されている。これは和関新田（埴生郡）、南田新田、敷里新田（ともに香取郡）なども同様であり、村立新田の形を取りながらも、実際には各村の持添新田同様であったことが窺えよう。

二　「植出林反別改帳」にみる新田の成立過程

では、牧場周辺の持添新田はどのように開発されていったのか、その成立過程をみていこう。従来、この新田地は「持たされた」新田といわれてきた。それは、代官小宮山杢進昌世による開発が代官見立新田であったとすることに起因している。こうした記述は多くの自治体史においても同様であり、たとえば『成田市史』では「小宮山杢之進は、幕府の新田開発政策に基づいて、小金・佐倉牧の周辺で開発が可能な場所を見立てて農民に開発させた代官である」[28]としている。加えて、開発された新田は可耕地とはなりえない「林畑」がほとんどであったこと、野馬不入、つまり野馬を入れない新田地の場合、新たに野馬除土手の普請が必要となるため、新たな役負担が増加していったことから、開発村々にとっては一方的に「持たされた」不要な新田と考えられてきた。[29]しかし、農民にとって不要な土地があるだろうか。そこで、改めてその成立過程を、代官小宮山の動向からではなく、新田を持った村側の史料をもとにして検討していきたい（図２）。

【史料2】(30)

（表紙）

「　享保七年

下総国印旛郡柳沢牧植出シ林反別改帳

寅十一月　　印旛郡　用草村　」

覚

かさべ台道陸神

一林五畝四歩　　　　真福寺㊞

同所墓所

一同三畝拾歩　　　　同　寺㊞

同所

一同四反三畝拾五歩　　　　久左衛門㊞

同所

一同八反六町八歩　　　　杢右衛門㊞

同所

一同六反六畝弐拾五歩　　　　孫右衛門㊞

同所

一同六反三畝歩　　　　武兵衛㊞

林合弐町六反八畝弐歩

右者、下総国印旛郡柳沢牧野附用草村、御用地牧場之内江植出シ林仕置候処ニ、今度御吟味之上、只今迄持主ニ而罷在候者共、則持主ニ被遊被下候ニ付、名主・組頭・持主立合、反別相改、名寄帳面小前印形仕差上申候、書面之通少茂相違無御座候、以上

享保七年寅十一月

下総国印旛郡用草村

名　主　久左衛門㊞

組　頭　彦兵衛㊞

同　杢右衛門㊞

同　武兵衛㊞

百姓代　孫右衛門㊞

小宮山杢進様

御役所

□□(虫損)下総国印旛郡稲葉丹後守知行所用草村百姓共御用地之内江植出林致置候、銘々持主此度下検地仕名寄帳指出候、反別之通向後持主ニ仕、追而検地申付候迄者御年貢之儀林壱反ニ永拾文宛之積を以、右反別之通当卯年より定免ニ可相納者也

享保八年卯四月　　小宮山杢進㊞

下総国印旛郡用草村

名　主

組　頭

【史料3】(31)

(表紙)
「　享保七年
　下総国印旛郡内野牧植出林反別改帳
　寅ノ十一月　　印旛郡　上岩橋村」

覚

㊞一、松林四反八畝拾六歩　　持　主　直右衛門㊞

右者下総国印旛郡内野牧野附上岩橋村御用地牧場之内江最上社地植出シ林仕置候処、今度御吟味之上、只今迄持主ニ而罷在候者、則持主ニ被遊被下候ニ付、名主・組頭・持主立合反別相改、帳面ニ仕立印形仕指上申候、書面之通少茂相違無御座候、以上

享保七年寅十一月

下総国印旛郡上岩橋村
持　主　直右衛門㊞
名　主　惣右衛門㊞
組　頭　庄　兵　衛㊞
同　　　清　兵　衛㊞
惣百性代　新　兵　衛㊞

小宮山杢進様
　御役所

右書面之下総国印旛郡稲葉丹後守知行所上岩橋村百姓御用地之内江植出林致置候分持主此度下検地仕、帳面差出候、反別之通向後持主ニ仕、追而検地申付候迄者年貢之儀林壱反ニ永拾五文宛之積を以、右反別之通当卯ノ年より定免ニ可相納者也

享保八年卯四月　　小宮山杢進㊞

下総国印旛郡上岩橋村
名主
組頭
百姓

【史料2】は柳沢牧野附の用草村が、【史料3】は内野牧野附の上岩橋村が、それぞれ享保七年十一月に小宮山杢進昌世役所へ提出したものである。どちらも文面はよく似ており、覚として林の反別と持主が書かれたのち、この林が「御用地牧場之内江」「植出シ林仕置」いたものであることを記している。つまり、これらの村では以前から墓所や百姓林などとして牧地を利用していたことが窺える。牧地の開発利用は、前述したとおり堅く禁じられているものであった。しかし、この時小宮山からは「只今持主ニ而罷在候者共、則持主ニ被遊被下候」と申し渡されたのである。

以前からの牧地利用については小間子牧野附の極楽寺村でも確認できる。享保十一年四月に出された畑屋敷改[32]には、「(前略)右者拾ヶ年以前より切開畑ニ仕候所ニ、只今迄御注進不仕候ニ付、今度名主孫左衛門・組頭次郎右衛門御改奉願候ニ付、被為仰付持主(後略)」とあり、すでに十年以上も前から開発利用しており、これは処罰に値するため隠していたことが窺える。しかし、今回名主・組頭より改めを願い出でたため、その持主に仰せつけられた、となっている。つまり、本来処罰対象であるべき牧地内の植え出しなどの開発を、村側から申し出ることで許可し、

持主として認める、ということが行われていたのである。さらに、「植出林反別改帳」には後半に、享保八年四月に小宮山から返却された際の文面が記載されている。そこには「銘々持主此度下検地仕、名寄帳指出候」とあり、村方から提出した反別改帳を下検地名寄帳として、反別の通り今後持主とする旨が記されている。続けて、「追而検地申付候迄、御年貢之儀林壱反ニ永拾文（史料3では拾五文）宛之積を以、右反別之通、当卯年より定免ニ可相納者也」として、新田検地が行われるまでの間、享保八年から定免年貢を課すことが記されている。つまり、今回申告させたこの既存の利用地を「新田開発」地とすることにしたのである。また、新田検地を行うまでの間に課した定免年貢が、享保八年という早い時期の年貢収納につながっていくこととなる。

「植出林反別改帳」は用草村・上岩橋村から提出された二冊だけではなく、柳沢牧附の上別所村・上勝田村にもその所在が確認できる。[33]その書式・文面はほぼ同様であることから、これらの村々でも同様の状況にあったことが窺える。では「植出林反別改帳」はどのようにして作成されたのだろうか。小宮山は牧場視察の際、百姓林などの把握をおこない、周辺の詳細な絵図を作成した。[34]従来、小宮山はこの絵図をもとに新田地を見立てて開発を行ったとされているることから、「植出林反別改帳」はこの視察の際に牧内へ植え出しを行っている各村に対して個別に提出を命じたものとも考えられる。しかし、内野牧附の新橋村には次のような史料が残されている。

【史料4[35]】

乍恐以書付奉願候御事

一、此度牧野附村々御廻状ニ付、内野牧村かこい土手候ニ前々より百性林に植立置候場所、弐反歩余御座候処ニ、此度其持主江被下置難有奉存候、依之来ル卯ノ年より御年貢御上納被　仰付被下候ハヽ、難有可奉存候、以上

下総国印旛郡佐倉領新橋村
名　主　甚五兵衛㊞
組　頭　八郎兵衛㊞
同　　　庄　三　郎㊞
百性代　喜右衛門㊞

享保七年寅

小宮山杢進様

この史料は、享保七年に新橋村から小宮山宛に出された新田地の年貢上納についての願書である。この中に「前々より百性林に植立候場所」「此度其持主江被下置」とあり、新橋村でも「植出林反別改帳」を提出した村々と同様の状況にあったことが窺える。そしてこの旨は「此度牧野附村々御廻状」によって知らされたとある。つまり、以前から利用していた地所をこれからその持主とする旨は、牧野附村全体へ「廻状」として出されたことがわかる。

つまり、佐倉野方新田は、村々が以前からおこなっていた、本来禁じられた牧地内の開発利用地を、今回申し出れば処罰なくそのまま持主と認めるという廻状による条件提示で成立したものであり、これがこの地域の新田開発の大きな特質ということができる。小宮山の視察は周辺村落の牧地内利用の実態を把握するものであり、この時に周辺村落による既存の開発利用が多いことに注目したのではないか。本来であれば咎めるべきものを、小宮山は「開発」と追認する道を選んだのである。これは、厳密な意味では小宮山が主導で新田地を見立て推進した開発ではないということであり、さらには、農民側が自発的に以前から開発し利用していた地所ということから考えると、一方的に「持たされた」新田ではない、ということもできよう。また、周辺村落による小規模な持添新田が圧倒的に多いという特徴は、こうした以前からの植え出し林に新田開発の端緒があったゆえである。さらに、【史料２】・【史料３】の奥書

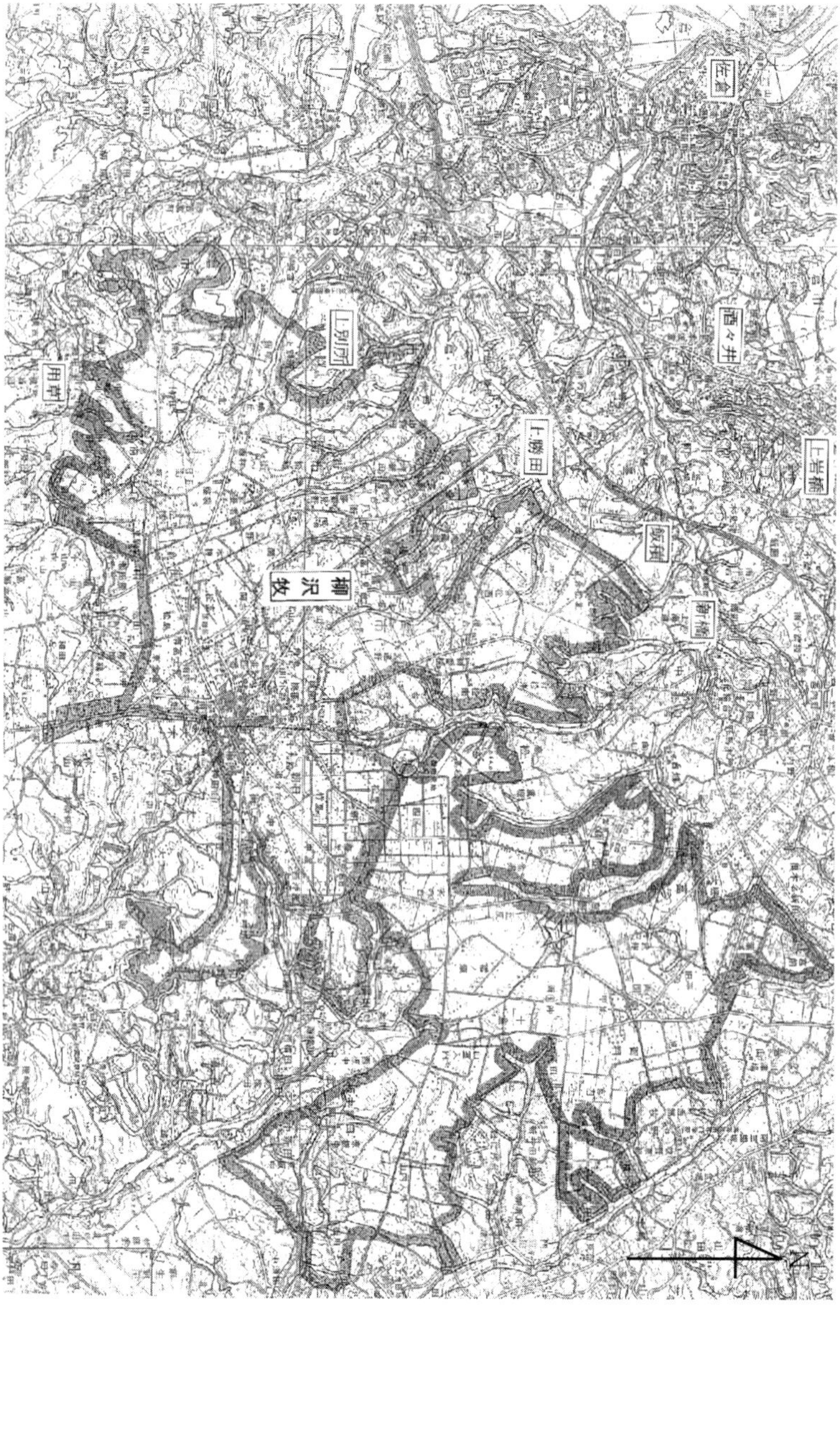

図2　高野牧・柳沢牧周辺図

（『印旛郡市文化財センター発掘調査報告書第199集　千葉県富里市流谷野馬土手―北総中央Ⅰ期地区埋蔵文化財調査』〔2003年〕をもとに作成）

と同様に【史料4】においても「来ル卯ノ年」＝享保八年からの年貢上納を願い出ている。この地域の新田検地が享保十六年前後であるにもかかわらず、享保八年十一月に小宮山への十分の一支給伺い(36)が出されたのには、こうした定免年貢の上納があったためと考えられる。

三　新田検地と村々の開発動向

牧場周辺村々による牧場内利用の追認以降から新田検地までの開発動向を追っていこう。享保七年十一月に「下総国印旛郡柳沢牧植出シ林反別改帳」（【史料2】）を提出している用草村では、一寺院と四名が二町六反八畝二歩を申告し、翌享保八年より年貢納入を行った。享保十六年五月には新田検地を請け、この時作成された検地帳(37)によれば合計二町二反八畝二十一歩が四名に高請けされている。この若干の減少は、「植出林反別改帳」にみえる道陸神地・墓所が「見捨」地となったためである。用草村では植え出林分とほぼ同量の新田検地が行われ、新田は以前から利用してきた個人の所有のみとなっている。同じく、享保七年十一月に「下総国印旛郡内野牧植出林反別帳」（【史料3】）を提出した上岩橋村は、この時松林四反八畝十六歩の持主直右衛門のみが申告し、享保八年より年貢を納入した。ところが、享保十二年六月に作成された「佐倉内野牧御新田請所反別名寄帳(38)」には次のようにある。

【史料5】

（表紙）

「　享保拾弐丁未年

佐倉内野牧　御新田請所反別名寄帳

六月　　　上岩橋村　」

（中略）

合反別三拾六町七反廿九歩

内

六町九反六畝歩　畑

弐拾九町弐反六畝十三歩　林

四反六畝廿歩　畑林境屋敷

四畝壱歩　御野馬入定持居屋敷

七畝弐歩　伊篠新田作場屋敷

四反八畝拾六歩　卯ノ改出シ

是ハ卯ノ年より永七拾三文御年貢御上納仕来り候

一、御請所より川岸迄　道法壱里十五丁

右之通、名主・組頭立合、此度相改候所、少も相違無御座候

享保十弐未年

六月

上岩橋村

名主　庄兵衛

組頭　彦兵衛

同　清右衛門

惣百姓代　新兵衛

小宮山杢進様

御役所

これによると、上岩橋村には三十六町七反二十九歩の新田地が存在しており、そのうち、六町九反六畝が畑、二十九町二反六畝十三歩が林、そして四反八畝十六歩は享保八年より年貢を上納している「卯ノ改出」となっている。中略とした部分には、畑が一律八畝歩に分割され、寺院を含む七十九筆に分けられた事が記されている。同様に林は三反三畝歩ずつが八十七筆、一反弱ずつが三筆、四反以上は享保八年の「卯ノ改出」分であり、この持主は「植出林反別改帳」と同じ、直右衛門となっている。つまり、上岩橋村では、「植出林反別改帳」の提出以後、植え出林周辺に新たな新田地を設定していった。そして、享保八年分については以前からの利用者を持主とするものの、新規に設定された新田地はその多くを均等に分割、所持していたのである。

上岩橋村のように、既存の開発地以上に新規に設定された新田地が、どのように村へ引き渡されていったのか、その経緯を新橋村の事例からみていきたい。新橋村では、前項にあげた享保七年の願書（【史料4】）に、「前々より百性林ニ植立置候場所、弐反歩余御座候」とあり、内野牧内への以前からの植え出しは二反歩程としている。この分を「植出林反別改帳」として提出しているかは不明だが、翌享保八年八月には新田引き渡しに際しての証文が小宮山に提出されている。

【史料6】[39]

差上申証文之事

一、①今度佐倉内野牧原地村□(虫損)之所、新畑林ニ開発奉願候所ニ、御吟味之上願之通被　仰付、則此度地所御割合境目御極メ、傍示杭御打、尤往還之分道鋪御除キ、ⓐ反別拾三町五反八セ四歩御引渡、慥ニ請取申候、末々迄境目急度相守、御用地又ハ外之地江少茂切広ヶ申間敷候事

一、②右請所之内有之候往還居村より上岩橋村江之道壱筋、酒々井町江之道壱筋、長延六百九拾四間・幅四間、此度

御吟味之上道幅御極メ被下、則右道鋪歩請所之内御除被下候間、末々迄道幅狭メ不申候様ニ相守可申旨奉畏候

一、③右地所高持百性迄村中江割取候様ニ被　仰付渡奉畏候、ⓑ高持百性割方者反別格別高下無之様ニ相談之上、相応之高下ニ仕、尤高持百性・水呑百性迄只今迄野役・村役勤方之格ニ随入相応ニ割取可申旨被　仰渡、是又奉畏候、物而地所割合之儀ニ付、名主・組頭・百性我意を立、不埒之致シ方仕、物百性不得心之筋有之歟、又ハ小百性欲ヶ間敷、心得違ニ而竃割合不相応之望有之ハ、名主・組頭初、発頭立候願人と小百性引分仕においてハ地所御取上被遊候積、尤品ニより御吟味之上無筋申方之分地所不被下、其上曲事ニ可被仰付旨被仰渡奉畏候、村中大小小百性申合違礼無之様可仕候事

一、④右御請□(虫損)仕原地拾三町五反八セ四歩、内最初奉願候通り畑・林町歩之格ヲ以随分開発可□(虫損)地所ニ、来ル辰ノ年より午年迄三ヶ年ニ急度開発仕、四年目未ノ年ニ御検地ヲ請可申候、尤畑・林共相応之石盛ヲ以石高御請仕、来ル未ノ年より土地相応之御年貢被仰付次第ニ上納可仕候、勿論高掛・諸役共少も無滞相勤可申候、開発之義物百性随分情ヲ出し三ヶ年之内畑之分不残開発仕、林之分も不残木ヲ植立壱セ分も荒地ニ而差置申間敷候、畑之義村中物百性随分情出し、余慶開候様ニ可仕旨被　仰渡奉畏候、少も畑多ク仕立御為ニ罷成候様ニ可仕候、若百性無情ニ而御検地之節荒地ニ而差置候共、御請仕候町歩不残御検地石高御請、御年貢・高掛諸役共少も無滞急度相勤可申候、万一難渋仕候ハ、書面之地所御取上ヶ、其上如何様之曲事ニも可被　仰付候、其節一言御訟訴申上間敷候事

一、⑤此度右所(マヽ)御引渡被下候上ハ、ⓒ拙者共義御料所持添之百性ニ罷成候ニ付、不依何事ニ御仕置筋・諸御法度之趣少も違背(無脱カ)急度相守可申旨被仰渡奉畏候、為後日名主・組頭・物百性連判証文差上申候、依而如件

享保八年卯八月

下総国印旛郡新橋村
甚五兵衛
庄　三　郎
喜右衛門

小宮山杢進様

この史料では新橋村の新林畑は反別十三町五反八畝四歩と記されており（傍線部ⓐ）、【史料4】の「二反歩余」に比べて大幅な増加となっている。小宮山からの廻状をうけ、上岩橋村同様に既存の利用地を含む新田地の開発を願い出たものである。まず第一条では新田地の地所引き渡し手順が示される。村より開発の願い出を行い、吟味の上、願いどおり許可される。その後、地所境界を決定し、傍示杭を打ち、新田内の道敷分を除き、新田地所の引渡が行われる。村では受け取りの際に境界の遵守と、牧場内や近隣地への切り広げを行わないことを約束している。次いで第二条では、新田内にあった上岩橋村・酒々井町への往還について、地所引き渡し前に道幅を決定し、この道敷分を新田地から除外することとしている。また、第四条で村では地所引渡後、享保九〜十一年の三年間での開発、四年目の同十二年に検地を請け、年貢納入を行うとしているが、実際の新田検地は享保十六年のことである。「畑之義（中略）余慶開候様」や「少も畑多仕立」などの文言からは、幕府の新田開発政策の意図を汲んだ村側の姿勢が窺える。

ここで注目したいのが第三条である。この時、新田は村中で地所を割り取るように仰せ付けられる（傍線部ⓑ）。この割り取りは野役・村役勤方の格相応に行うこととなっており、割り取り方について不正があった場合は地所の取り上げと処罰対象となることも仰せ渡されている。上岩橋村の新田地においても以前からの利用地を除いた新田地が一律に分割されていることから、牧場周辺における新規の新田地は村中での割り取りが原則であったと考えられる。

佐倉牧の周辺村落の開発は、代官小宮山から廻状が出され、それに応えて牧場内部の利用地を申告し、「植出林反別改帳」の提出を行う。これを下検地帳とすることで認可されるとともに年貢が賦課されていく。その後本検地が享保十六年に実施される、という経緯をたどる。本検地では廻状通り、これまでの利用者が持主と認められ、その上既存の利用地以上の新田地を願い出る村もあった。こうした新田地からは墓所・溜池などの「見捨」地・道敷が除外されたうえで、新田地を一律に分割し、村中請として引き渡されていたことがわかる。

以前からの利用地のみを新田地として持った用草村、以前からの利用地に周辺地所を加えて開発を行った上岩橋村や新橋村、このほかにも村の秣場を開発した村、全く新規に開発を行った村などもあり、一概に持添新田といってもさまざまな開発動向が認められる。牧場周辺村々の農民は禁止されているにもかかわらず牧場内部への植え出しをおこなった。それが享保期に至り新田開発の奨励のなかで、この植え出し林は新田として「開発」したと追認された。それは開発禁止の処罰を免れただけでなく、さらにより多くの地所を持つ契機となっていく。こうした農民の動向からは、下総台地・幕府直営牧場周辺という環境にありながらも、その環境をいかに自らの生活に取り込んで利用していくかという積極的な姿勢が窺えよう。

おわりに

本稿では、享保期佐倉牧における新田開発の数量的把握を行い、こうした新田がどのように成立し開発されていったのかを検討し、その特質を明らかにした。それは、従来言われてきたように、開発とは名ばかりの、田畑などの可耕地はほんのわずかで、ほとんどが林畑という植え出し林ではあったが、実は周辺村々の農民たちが以前から内密に利用してきた地所を、代官小宮山が申告させることによって成立した新田「開発」地であったことである。そのため、同じ時期の他の地域での新田開発とは異なり、多くが開発請負人ではなく周辺村落による小規模な持添新田で、その地目のほとんどは林畑であり、鍬下年季の設定もないため享保八年からと年貢収納が早い、という特徴を持つ。

新田開発地のその後についても触れておこう。用草村では、巳七月の「林畑御新田松虫喰書上帳[40]」に「（前略）拾ヶ年以前□□（虫損）松苗木植立候処ニ、丑年より松虫附段々喰枯（後略）」とある。この史料は年未詳ではあるが、十年以上前に新田地へ一反当たり三百本の松苗植え立てを行っていたが、五年前から松喰虫の被害が発生しており[41]、皆枯れ・半枯れの状態となったことが記されている。この松苗の植え立て意図は明らかではないが、一歩に一本というかなりこみあった状態であることから、成木まで待たずに利用することを考えていたのではないだろうか。上岩橋村・新橋村では後年に薪炭の産出が行われており、特に新橋村では「御国産炭」と呼ばれた佐倉藩専売品の佐倉炭を産出していたことがわかっている[42]。ただし、新田地を持った村々すべてがこのように利用したとは限らず、開発動向同様にその利用も村々の事情によってさまざまであったと考えるべきであろう。

さらに、新橋村ではこの新田を持つことによって【史料6】の第五条にあるように「拙者共義、御料所持添之百性ニ罷成候」（傍線部ⓒ）との認識をも持つこととなる。おそらくこうした証文を提出した村は新橋村に限らず、佐倉牧周辺の多くの村々が同様の認識を持ったことが考えられる。領主と幕府の二重支配を受けたことも、この地域の特質といえる。牧場周辺村落がこうした認識を持つことで、幕府は改めて牧場に関する役負担の正当性を得ることとなったのである。この時期は代官小宮山支配下の中野牧で二回の将軍鹿狩が行われ、この鹿狩実施も周辺村落への役負担に拠っていた[43]。新田開発によって役負担の正当性を持つとともに、将軍が来ることによって代官の権威が高められる、といった相互作用が働いていたのではないだろうか。また安房国嶺岡牧の再興、駿河国愛鷹牧の見分など[44]、享保期の幕府直営牧をめぐる諸相は、幕府の一連の動向から検討する必要があろう。これらは今後の課題としておきたい。

註

(1) 牧場の研究は高橋源一郎「徳川氏の下総牧場に就きて」(『歴史地理』四四―一・二・五、一九二四年)に始まるが、荒居英次「近世における幕府牧の研究」(『日本歴史』二〇二、一九六五年)が画期となり、松下邦夫による『松戸市史』中巻などに代表される牧場近隣の自治体史編集、大谷貞夫「野馬奉行考」(『國學院雜誌』八九―一一、一九八八年)に始まる一連の研究(同著『江戸幕府の直営牧』岩田書院、二〇〇九年、に牧場関係論文はすべて所収)が進められた。近年では久留島浩「近世下総の牧に関する一考察」(入間田宣夫編『牧の考古学』高志書院、二〇〇八年)、高木謙一「近世下総国における「野」の認識変容と「牧」の成立」(『駒沢史学』第七四号、二〇一〇年)などがある。

(2) 牧場役を勤めた村々の呼称には「牧附(付)村」、「牧続村」、「野附(付)村」、「野続村」などがある。

(3) 寛文期の新田開発については、佐々木克哉「下総台地の開発と新田村落」(『千葉県の歴史』通史編近世Ⅰ、二〇〇七年)、菅野貞男「小金庄内牧の新田開発」(『房総の牧』三号、一九八五年)など。

(4) 明治開墾期については、原直史「慶応二年開墾奨励令と房総農民」(吉田伸之・渡辺尚志編『近世房総地域史研究』東京大学出版、一九九三年)、白浜兵三「佐倉牧跡における集落の形成過程」(『千葉大学教育学部研究紀要』三三、一九八四年)、壇谷健蔵「明治維新に於ける窮民授産と地主の成立―下総小金牧・佐倉牧を中心として―」(『房総史学』三、一九六〇年)など。

(5) 「享保期佐倉牧付新田の開発と農民層」(『地方史研究』一九二、一九八四年)

(6) 「幕府の牧支配体制と原地新田の開発―小金・佐倉牧の享保期開発を中心に―」(小笠原長和編『東国の社会と文化』梓出版、一九八五年)

(7) 「下総台地の開発と新田村落」(『千葉県の歴史』通史編近世Ⅰ、二〇〇七年)、「近世下総台地の造林と植生」(根岸茂

夫他編『近世の環境と開発』思文閣出版、二〇一〇年）
（8）「享保期の下総台地西部における林畑開発の意義―小金牧（中野牧）を事例に―」（『地理誌叢』四五－二、二〇〇四年）、「下総台地西部の牧とその周辺における薪炭林化―寛政期以降の変容―」（『歴史地理学』四九―二、二〇〇七年）、「明治10年代における下総台地西部の土地利用と薪炭生産―迅速測図と『偵察録』の分析を通して―」（『歴史地理学』二一一、二〇〇二年）
（9）「幕末における幕府牧の境界争論と村落の動向」（『國學院大學大学院紀要』二六、一九九五年）、「房総の牧場と村々」（『千葉県の歴史』通史編近世Ⅰ、二〇〇七年）
（10）牧場の地面と野馬との支配が異なる点は前掲中村論文の指摘による。牧場の支配変遷については拙稿「房総の牧場と村々」（『千葉県の歴史』通史編近世Ⅰ、二〇〇七年）など。
（11）「正界録」・「地方問答書」（『近世地方経済史料』第八巻所収）、「田園類説」（『続々群書類従 第七法制部』所収）
（12）大谷貞夫「金ヶ作陣屋考」（『鎌ヶ谷市史研究』創刊号、一九八八年）
（13）『御触書寛保集成』五五
（14）『御触書寛保集成』一三五七（一）
（15）『御触書寛保集成』一三五七（二）
（16）享保七（一七二二）年にこの三牧を預かった佐倉藩主は稲葉丹後守正知であるが、翌八年に老中松平左近将監乗邑、さらに延享三（一七四六）年には堀田相模守正亮へ交替していく。
（17）『御触書寛保集成』一三四五
（18）小納戸頭取岩本石見守正倫による支配が始まったのは寛政五（一七九三）年である。当時岩本はまだ部屋住みでありながら次々と昇進していくが、彼の姉「御富之方」が十一代将軍家斉の生母であったためとされる。岩本は「野馬方役所」を構え牧場支配にあたり、嶺岡牧で育成した白牛の乳を使った薬「白牛酪」を考案、製造・販売を行った。岩本以降小納戸頭取牧場掛による支配は幕末まで続いた。
（19）『御触書寛保集成』一三六一

(20) 享保八年十一月、「勘定奉行衆より申上候書付」として次のような伺書が出される。「新田開発為仕候御代官ハ、御取箇の内分一被下候儀奉伺候処、其身一代十分一可被下旨、先達て被仰渡候、就夫小宮山杢之進支配所小金佐倉新田場の内、当卯年より少々御物成相納る間、此納分の十分一、先づ当年より可被下筋に奉存候、総て御代官見立相窺開発仕立候新田の分は、右の通り御取箇附其年より、多少に限らず十分の一可被下候儀に奉存候、外請負人に申付候て開発為仕候新田は、御物成残らず上納仕、其所の御代官へは十分一は被下間敷儀に御座候、依之申上候、以上」（大石慎三郎校訂『地方凡例録』下巻二三ページ、東京堂出版、一九九五年）

(21) 『日本財政経済史料』第二巻

(22) 「田畑名目之事」（前掲註20『地方凡例録』上巻一〇二ページ）

(23) 『新訂寛政重修諸家譜』巻二十二によると、「享保十七年八月二十四日支配所牧場の普請を配下のもの一人にまかせしにより、不正のはからひをなし、金子を貪るにいたる。これ昌世が等閑なるがいたすところなりとて支配所を減じて出仕をとゞめられ、十一月十七日ゆるさる」とある。

(24) 前掲註（12）に同じ

(25) 灼々亭文庫（大谷貞夫氏収集文書）「疋田文書」。「疋田文書」は大谷貞夫氏が二〇〇三年に古書店から購入した史料群である。おそらく享保十九年から牧場支配についた代官疋田庄九郎泰永の配下にあった人物が作成、所蔵したものと思われる。

(26) 灼々亭文庫（大谷貞夫氏収集文書）「疋田文書」。同史料は佐々木克哉「下総台地の開発と新田村落」（前掲註7）に印西牧野方新田分が使用されている。

(27) この新田高の記載は小金・佐倉の牧場周辺に限らず、担当していた幕府領に開発された新田も含まれている。

(28) 『成田市史』中世・近世編　四〇四ページ

(29) 前掲中村論文三七〇ページ

(30) 佐倉市所蔵文書

(31) 佐倉市所蔵文書

(32) 佐倉市所蔵文書
(33) 佐倉市所蔵文書
(34) 白井豊「享保期の下総台地西部における林畑開発の意義―小金牧（中野牧）を事例に―」（前掲註8）
(35) 佐倉市所蔵文書
(36) 享保八年段階での逸早い小宮山への褒賞は、他の地域で新田開発に関わる代官らにとっての目標・励みとなり、幕府の新田開発政策を推進する一端を担ったと考えられる。
(37) 用草区有文書「下総国印旛郡用草村新田検地帳」（『八街市史』資料編 近世一所収）
(38) 佐倉市所蔵文書
(39) 佐倉市所蔵文書
(40) 佐倉市所蔵文書
(41) この時、用草村では半枯三千本、皆枯三千八百本の被害が出ている。下総国内の松林においては、しばしば松喰虫による被害が認められる。根崎光男「近世後期における下総台地西部村落の地域環境と生業―下総国葛飾郡藤原新田の松喰虫喰い荒らし一件を通して―」（『法政大学人間環境論集』一一―二、二〇〇二年）
(42) 佐倉市所蔵文書
(43) 将軍吉宗による鹿狩は享保十年・十一年に行われる。拙稿「享保改革期における将軍狩猟と旗本政策」（『千葉史学』第三十号、一九九七年）、同「将軍家の鹿狩」（『千葉県の歴史』資料編近世Ⅰ、二〇〇六年）など。
(44) 愛鷹牧の実際の開設は寛政期ではあるが、享保期にも代官小宮山昌世・幕府馬預諏訪部文左衛門の配下が見分を行っており（『静岡県史料』第一輯）、開設への動きがあったことが窺える。

［付記］本稿使用の史料閲覧に際しては、大谷正子氏、佐倉市史編さん担当土佐博文氏に便宜をはかっていただいた。記して謝意を表したい。

在地村役人の視点から見る天保期の印旛沼堀割普請

佐々木　克哉

はじめに

現在の千葉県北部、旧下総国に位置する印旛沼は、戦前まで利根川の遊水池の役割を果たしていた。そのため、沼周辺の村々では、洪水被害が絶えなかった。この印旛沼と東京湾の間に堀割を通し、沼の水を抜き干拓地にする計画は、江戸時代に四度計画され、天明期と天保期に開削が試みられるも、難工事のため失敗を重ねた。沼が干拓され水害が克服されるには、堀割に近代的な大型水門と機場が設置される戦後昭和四十年代まで待たねばならなかった。

江戸時代の印旛沼堀割普請に関する研究は、特に天保期の研究成果を得ている。堀割普請は天保改革の主要政策の一つと位置付けられ、明治期に編さんされた織田完之『印旛沼経緯記』(1)を基本史料に水運・水害対策・新田開発の三点を主な目的として、それを内政や対外的危機との関連において政治的意図などが議論されてきた(2)。

近年、こうした基礎研究に立脚した新たな成果を生んでいる。鏑木行廣氏は、幕府役人や手伝い普請に参加した庄内藩士の日記史料などから普請の実態を解明した(3)。また、普請箇所にあたる自治体の史料調査が進む中で(4)、小代捗氏による普請の前段階における水野家家臣から在地村役人へ宛てた書状の紹介は貴重な成果であろう(5)。また、木龍克己氏は、普請役格として現地を見分した二宮金次郎の登用～計画書提出までを明らかにした。登用をめぐる幕府（篠

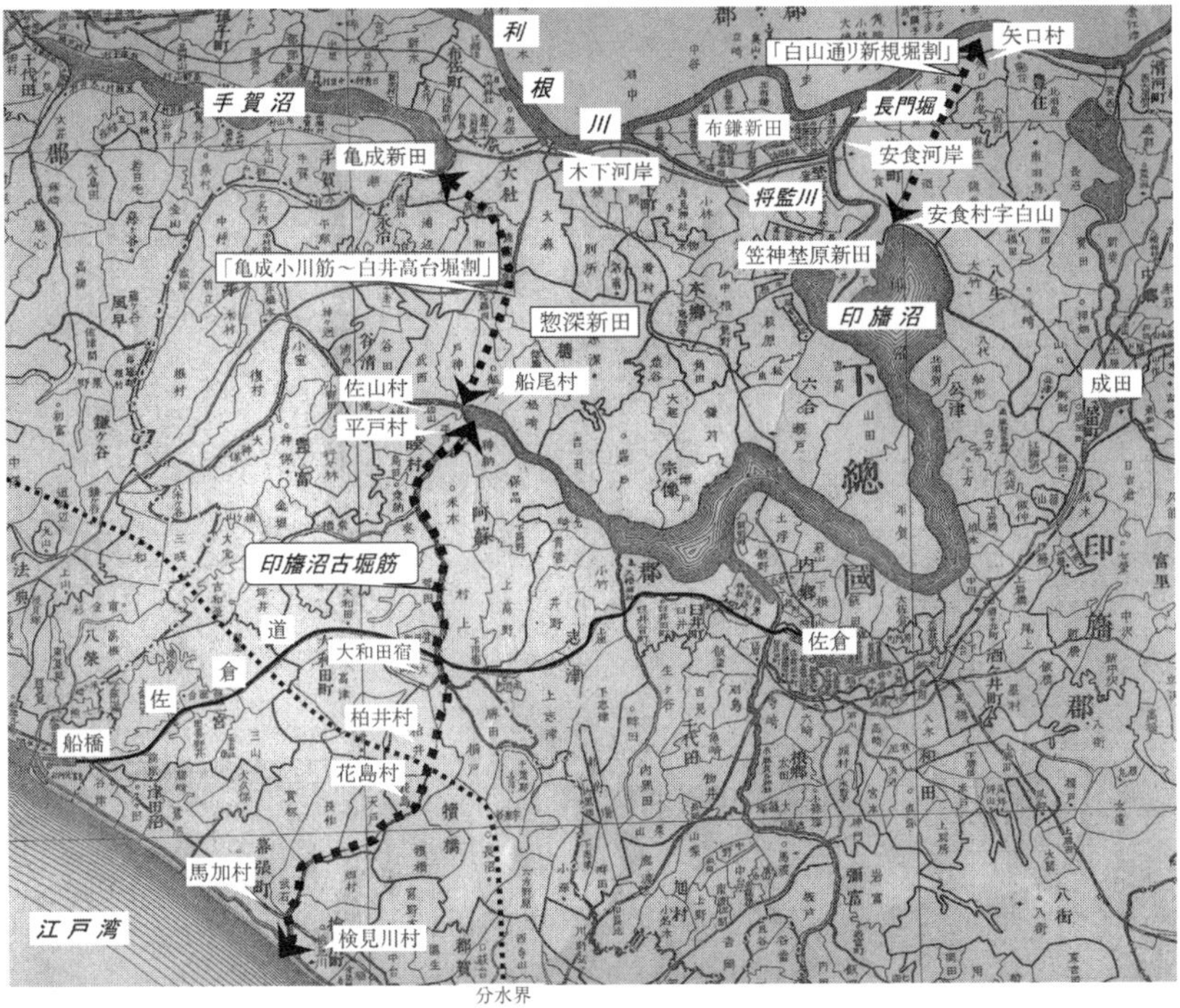

図１　関係地図

（千葉県文書館所蔵おとづれ文庫文書ホ-106「千葉県管内実測全図」〔明治27年〕より作成）

田藤四郎）と二宮の経緯の分析は評価されよう。二宮の計画が、農村復興を軸とした長期計画であったことは、従来より知られているが、普請に対する在地の要望を示す実証をしないまま、尊徳全集の記述から復興仕法を地域の視点としたことに疑問は残る[6]。つまり、政治的意図の検討に立脚した在地の視点からの検討が、残された課題と言えよう。

そこで本論では、堀割普請の概要と小代氏・木龍氏の研究により進展をみせた、普請開始前（天保十一～十三年）の堀割ルート選定時における幕府と浜松藩・在地の動向を、在地村役人の視点から検討してみたい。

天保十四年から翌年にかけて実施された普請には、地元千葉郡・印旛郡の有力百姓が世話役を務めるほか、手伝い普請を命じられていた五大名は、江戸の町人や関東の有力百姓に人足の雇い方などを請け負わせた。その中には、計画段階から各方面の求めに応じ情報提供するものもいた。印旛沼北西面の台地上に位置する惣深新田（千葉県印西市）名主もその一人である。惣深新田名主は、天明期の普請で請負人に名を連ねた経緯を持つ村で、天保十一年から老中水野忠邦の浜松藩領に編入され、印旛沼普請で重要な役割を担った。こうした人物の行動に焦点をあてることで、普請に対する地元の要望も明らかにしたい。

一　印旛沼周辺村々の要望

田沼時代、幕府代官宮村孫左衛門が、印旛沼干拓による新田開発を計画する。[7]利根川と印旛沼を結ぶ長門堀を締め切り、印旛郡平戸村から千葉郡検見川村の間に新堀を開削し、印旛沼の水を江戸湾へ排水する計画で、安永九年（一七八〇）八月、印旛郡惣深新田名主平左衛門（香取家）と千葉郡島田村名主治郎兵衛が開発請負人として「下総国印旛郡印旛沼見立御新田大積リ」と称される見積書を作成した。この計画は、宮村による代官見立新田の性格が強く、天明二年（一七八二）から普請が開始された。翌年七月の浅間山の大噴火により普請が中断するも、堀割の開削、干拓地の新開共に順調に進捗した。しかし、天明六年（一七八六）七月の長雨と利根川の大洪水により、普請諸施設が破壊し新開地も流失、同年八月二十二日に田沼意次が蟄居すると、二十四日に普請は中止となる。

このように、天明期の普請は、政治情勢の変化や天候要因により失敗したが、平戸村から検見川村までの堀割は開通しており、通船可能な状態になった。そのためであろうか、田沼政権に続く松平定信政権下で、堀割普請の再開が検討されていたことが分かる。寛政三年（一七九一）正月、天明期の普請見積を提出した惣深新田名主平左衛門が、普請再開の願書を支配代官浅岡彦四郎を通じて松平定信へ提出する。[8]その内容は幕府領私領ともに、①水難除去が可能、②御普請が不要になる、③新田開発が進む、④通船が可能となり河岸が発達し運上金が上がる点から、幕府・周辺村々共に利益となるという内容であった。【史料1】は、のちに名主を務める源兵衛（清田家）による天保期の写しだが、文末の但書きからは、出願の経緯が明らかとなる。

【史料1】

右書付一通者印旛沼新堀割之節惣深新田名主平左衛門請負頭取之事ニ付、従　執政松平越中守様蒙御内問候故、則　御支配御代官浅岡彦四郎様へ御届之上　越中守様御公用人吉村又八様江右之一通差上申上候其本紙之控書ニ御座候、以上

天保四年巳四月

この出願は、老中松平定信の「御内問」により行われており、田沼政権に引き続く定信政権下でも、普請が検討されたことがうかがえる。同様に、寛政八（一七九六）年には、埜原新田のうち下井新田名主庄左衛門が、長門堀の締め切りと埜地の開発請負を出願している[9]。しかし、定信政権下では普請は実施されることはなく、沼周辺村々の住環境が変わることは無かった。

このように、天明期の印旛沼堀割普請は、沼を干拓し新田を開発することが目的であった。そのため、利根川と印旛沼を分離する長門堀の締め切りが前提で、これは水難に苦しむ印旛沼縁村の望みでもあった。

一九世紀に入り、浅間山の大噴火などの影響で、利根川の河床が上昇し通船障害・水害が問題となり、印旛沼堀割を含む、利根川分水路計画の実現が急務な状況になり、各方面から計画実現の機運が高まりをみせるようになる。文化元年（一八〇四）五月には、旗本（小普請）松田金兵衛が、鹿島灘分水路を計画し、流域湖沼の干拓請負を幕府へ出願した[10]。また文化十年（一八一三）には、下利根川流域村々・江戸商人の一八名が、印旛沼古堀割の堀浚いを懇願

した。[11]このように、通船障害や水難除去などを目的とした堀割普請の再開が高まる中、文政十二年（一八二九）には、印旛沼縁村の行動が確認できる。九月、埜原新田のうち中田切新田名主清右衛門と惣深新田名主源兵衛が、森覚蔵代官へ対し「下総国印旛郡埴生郡千葉郡三郡惣代」として長門堀の締め切りを出願した。[12]願書に年代は記されていないが、この時に作成され惣代源兵衛へ提出されたと思われる「長門堀〆切願連印帳」の年代から、文政十二年と推測した。連印したのは印旛沼に面した印旛・千葉・埴生三郡の四六名で、ここでは連印帳から沼縁村々の願いを確認しておこう。[13]

【史料2】

一札

私共村々之義先年違近年打続数度満水之度毎囲堤押切、既ニ文政六未年より当丑年迄七ヶ年之間ニ四度囲堤押切田畑一円皆水腐仕村々小前一同必至与困窮仕、依之以来農業渡世ニ得而者相続相成兼耕作蒔仕附之情力を失ひ当惑仕候ニ付、此度組合一同評儀之上天明年中印旛沼御新開之砌安食ト杭新田渡場より安食村鷲之宮下江〆切堤古形有之候場所此節堤築渡〆切候願仕、右願成就仕候而者手賀沼・長沼同様ニ罷成、然ル上ハ無難ニ永続可相成存候間、此段御支配森覚蔵様江前書之始末別紙之通り願書奉差上候処、願書相納候上ニ而印旛沼縁水難村々掛合之上疾与取極一同相願可申旨被仰聞候趣を以御掛合御座候処、私共村々之儀も前書同様水難ニ而度々難儀困窮仕候義ニ付、右願之通り堤〆切普請被成下候ハヽ、永年水難之患相遁レ小前一同安心仕有難仕合奉存候（後略）

「別紙之通り願書」が、清右衛門と源兵衛から森覚蔵へ宛て提出された願書と考えられ、連印帳は、周辺村々による願書への同意を約定したものであった。周辺村々の願いは、「安食ト杭新田渡場より……」とある長門堀の締め切りで、これにより「手賀沼・長沼同様ニ罷成」とある。当時の手賀沼は、金山・六軒などの落堀（排水路）と、附属

する圦樋を御普請で管理することで、発作新田などの干拓地の維持していた。(14)

埜原新田のうち中田切新田など、印旛沼縁村の人々も、安定した耕地の維持を願っていた訳だが、源兵衛が名主を務める惣深新田は、沼には直接面していない標高二〇《メートル》の台地上にあった。惣深新田は、天明期の普請を請け負った村ではあったが、なぜ台地上の村の名主が惣代を務め、普請再開を願ったのであろうか。その理由の一端がうかがえる史料がある。天保三年三月、利根川に面する印旛郡小林新田の半六なる者も、森覚蔵へ対し、堀割の再普請を出願する。願書では、再普請が実現すれば「佐倉鹿嶋橋より野付村々落合、其上平戸橋又ハ佐山橋并上村沼村々之悪水無滞落行候…」とあるように、「野付村々」つまり台地上の村々までもが安定した排水が可能になるとしている。(15)台地上に位置する惣深新田は、印旛沼へ通じる谷津田を保持しているため、印旛沼が増水すると排水が滞るのである。つまり、縁村水難除去と悪水路確保が、沼周辺村々の要望であった。さらに、干拓化は耕地拡大が望める。その証に、翌天保四年二月、源兵衛は同村平左衛門、隣村松崎村重左衛門との間に、印旛沼新開地の請負議定を取り結んでいる。(16)

【史料3】

為取替申儀定一札之事

一、去辰年中国々御高調被仰出、猶又川々附洲・寄洲其外試作等私ニ新開致居候場所其外干揚地等御高入ニ茂可相成場所有之候ハヽ、不隠置可申立旨御趣意之村触被仰出候、然処当国印旛沼之義者、縦横大町歩之大沼ニ而、当時作付并干揚地等夥敷有之候ニ付、此度我等一同評義之上右之場所御上様江御注進申上御高請ニ相成候様御願可申上旨義定仕、出府中物代之もの江願仰付□□外一日銀四両弐分之積ヲ以其度々ニ割合無滞差出シ可申筈取極メ申候、然上者毛頭違変仕間敷候、依之一同連印申処如件（後略）

冒頭の「去辰年中国々御高調」は天保郷帳改訂取調のことで、この調査は高外地も調査する方針であった。「当時作付升干揚地等夥敷有之」とあるように、沼縁部の干拓化が進んでいたことがうかがえる。つまり、天明期の普請以降、ある程度の新開可能地が拡大し、水難除去を求める惣代としての源兵衛は、郷帳改訂で明らかとなった高外地の開発請負をも目論んでいたことがわかる。

このように、天明期の普請以降、沼の干拓化が地域の要望であり続け、惣深新田名主は、その要望を代表する役割を担っていたのである。その惣深新田が、天保改革期に堀割普請を進める水野忠邦の浜松藩領となる。

二　浜松藩士と代宮篠田藤四郎への情報提供

天保十年三月十八日、水野・浜松藩は一万石を加増される。北島正元校訂『丕揚録』の補註には、この加増は将軍代替りに際し老中へ対する在京賄料として近江国蒲生・坂田・浅井三郡のうちに一万石を加増されたとしている。[17]しかし同年十～十一月時点での実際の加増地は、近江国内と下総国内の一万石であった。惣深新田の天保十年十月年貢割付状[18]の発給者は「杉椒」こと水野忠邦であり、惣深新田名主役の経歴を記述した「草深里名主伝来帳」[19]には、十一月二十五日から浜松藩領になったと記録されている。また、浜松藩領の遠江国長上郡有玉下村高林家文書にある「諸用記」[20]天保十年十月十二日の代官所通達には、加増地を「高六千石　下総国印旛郡・海上郡・香取郡、高四千石　近江国甲賀郡・蒲生郡・野州郡」と伝えており、やはり天保十年の十月・十一月の段階で下総国と近江国に一万石の加増地を得たことが確認できる。『丕揚録』の補註には、加増を受けた天保十年三月の段階では、近江・遠江両国内に一万石という説明と、近江国内に一万石という説明があり、その内訳は定かではない。しかし実際の加増地は、近江・下総両国であることから、三月から十月にかけて、加増地の変動がおこなわれたことも考えられる。

ともあれ、印旛沼堀割普請が実施される地域が、普請を主導する水野・浜松藩領になった。印旛郡内の加増地は、惣深新田（二七七四石余）、布鎌新田二十か村（二六九二石余）、埜原新田のうち下井新田や中田切新田など十か村（六八五石余）、今井新田（一二二石余）、亀成新田（一八三石余）であった。水野は、領内の荒廃農村で復興仕法を展開し、惣深新田名主源兵衛（清田家）は、藩の全額出資による農村復興仕法の中心的役割も果たした。天保十二・十三年に各五件の新百姓を取り立て、弘化二年、その功績を認められ、苗字帯刀を許可され印旛郡内取締役に就任した。(21)

このように天保改革期に浜松藩領となり、領内の農村復興仕法に深くかかわることになった惣深新田名主は、印旛沼堀割普請に向けた動きとも無関係ではいられなくなった。浜松藩士は、印旛沼堀割計画に際し、支配地となった惣深新田名主源兵衛の素性を忠邦へ報告していることが、忠邦の手記「菊園雑録稿一」からうかがえる。(22)

【史料４】

一、印旛沼水抜之事　下総国惣深新田名主源兵衛、此者先代平左衛門事田沼氏奉職中印旛沼新開之義、千葉郡検見川表へ新川堀割天明二寅年八月御普請鍬入之節、人足差配方行届候旨を以新開頭取ニ被　命、元来平左衛門ハ右様之義切者ニて相勤候由、当時源兵衛事も天文地理学にも六ヶ年計も苦しミ候由、彼辺地理之義能取調居候由

麻清奏

この記事の年代は記されていないが、前後の記事内容から天保十一年の一月から七月頃と推定される。源兵衛のことを藩主に報告した「麻清」は、浜松藩勘定奉行朝生清太郎吉韡である。(23)朝生はこの後、堀割普請計画案をめぐって源兵衛との関わりを持つことになる。「先代平左衛門」は、天明期の堀割普請で目論見書を提出した平左衛門（香取家）のことである。こうした過去の村と村役人にまつわる経緯を考慮しつつ、源兵衛の「天文地理学」といった素養

に裏打ちされた「彼辺地理之義能取調居」という「印旛沼水抜」に向けた実務面に注目している。

以下、堀割普請に至る経緯を、現在清田家に伝わる書状史料から、源兵衛の動向に焦点をあて解き明かしていく。書状という性格上、年欠であったり、原状も失われているが、月日や内容から年代を推測し、やや大胆ではあるが、時系列的に追ってみたい。

『印旛沼経緯記』によると、天保十一年十一月、幕府勘定所は組頭五味与三郎・勘定楢原謙十郎・勘定吟味方下役大竹伊兵衛作成の原案を基に、印旛沼周辺や下利根川流域の実地見分を開始した。五味と楢原の印旛沼周辺の見分から、天明期の古堀割は一〇〇間（およそ一八〇《メートル》）につき一寸二分（およそ三・六《センチ》）という緩やかな勾配であるため、堀割内の水流が弱く次第に土砂で埋まってしまう可能性が強いとし、検見川村への印旛沼放水路計画は「彼是不容易儀」との見解を得るに至る。さらに、「沼廻地理相弁候者」の意見から、手賀沼から印旛沼を通り、埴生郡矢口村から下利根川に排水する堀割の開削を行なえば、手賀沼・印旛沼のうち半分近くの排水が可能となり、新田開発と水難除去につながるという情報を得ている。(24) このとき見分に源兵衛が参加し、水野家へ見分の内容を伝えていたことが、天保十二年閏正月朝生清太郎書状からうかがえる。(25)

【史料5】

去月廿六日付之貴書、当朔日夕刻馬喰町桂木屋藤兵衛方ゟ相達致披見候（中略）

一、去月中旬ゟ御勘定・御普請方印旛・手賀両沼水路等所々見分有之、又白山通り新規掘割水抜等之儀、工夫内見分等有之、其場所夫々命に依而案内等相勤被申候旨、尚又未出役無之方も有之、追々出役にも相成、右水抜場所水盛も有之由ニ而、貴兄事他行等差控居可申旨被申渡候由、其委細貴毫之趣逐一致承知候、右貴兄書之条々則極内ニ而　上江　御聴ニ入置候間、内々乍御心得可有之候、此段ハ極内之義ニ而出役之方々なとへ響

き候てハ不宜候間其旨御承知可有之候、右御申越有之候書面之外、其後出役之向も有之、場所見分或ハ水盛等取掛リニ相成候義有之たる事ニ候哉致承知度候之間、去月廿六日付書付之外、場所見分或ハ水盛等之儀有之候ハヽ、先書之如く日付・場所等に至る迄、其次第模様等委細御申越可被成候、此方にても大ニ極内　御含ニも相成候義ニ候之条、不洩様御書取拙者方迄有無早々御申越可被成候（後略）

源兵衛が伝えた前年十一月の見分内容は、「去月廿六日付之貴書」に書かれていたと思われる。「白山通リ新規掘割」とは、前年十一月の勘定所役人が「沼廻地理相弁候者」から聞いた安食村字白山～矢口村迄の堀割案のことである。この計画は、天保三年五月、下井新田庄左衛門他二名が、水行直掛役人へ出願している。これは、長門堀を締め切ると、沼内の漁猟へ悪影響を与えるため、その副案として出願したものである。[26]庄左衛門（吉植家）は、下井新田の名主を務めるかたわら、印藩沼全域の河岸問屋株を持つ人物で、源兵衛と同じ浜松藩領名主として、堀割普請で重要な役割を果たすことになる。

注目すべきは、朝生が源兵衛へ対し、現地見分で得た情報の事実を、口外しないように申し聞かせていることである。「上江　御聴ニ入置」、つまり藩主忠邦へ伝える内容のため、勘定所役人などの「出役之方々」への口外を禁じているのである。

翌天保十三年四月からは、源兵衛と、後に普請の現地責任者の一人となる代官篠田藤四郎との関係も確認できる。天保十三年は、五月と八月に印旛沼・手賀沼・息栖など利根川分水路調査の現地見分が、十月には印旛沼古堀割にあたる花島・柏井村で試掘が実施され、十一月には普請役格に登用された二宮金次郎も現地見分を実施するなど、普請開始を翌年に控えた重要な年であった。

四月三日、篠田の支配地が、陸奥・下野・常陸から房総三国へ変更された。同年四月十五日と思われる源兵衛宛て

「千代与兵衛改徳右衛門」書状から、支配地替えと篠田と源兵衛の関係が明らかとなる。(27)

【史料6】

（前略）然者御代官篠田藤四郎御事、今般下総国・上総国・安房国右三ヶ国御支配被仰付候間、兼而御内談首尾能万端都合能相成候間御悦可被成下候、右当月三日被仰付、去ル十日不残御引渡相済候間早速可申上候処、御宿元此節甚無人ニ付、大延引仕奉恐入候、尤御備場御受取申上候、近日江戸表御出立ニ付、其節ハ場所御見分被遊候儀与奉存候、其節者御案内被成下候様□□奉願上候、尤右見分之儀ハ極々内々ニ而麦作御見分与唱川筋へ御通行之積り御座候而、御代官様通行道筋未相分り不申、何も検見川より御見分与奉存候間、之筋御出張御案内可被成下先者右申上候、余々御目懸り置可申上候、以上

篠田の支配替えにより「兼而御内談」したことが都合よくゆくことを、祝いを込めて知らせている。さらに、近日中に「極々内々」で行われる篠田の見分では、検見川からの案内を、源兵衛へ依頼している。この書状からは、普請計画について、浜松藩士から口外を禁じられている中で、篠田関係者とも「内談」していた源兵衛の置かれた状況が推測できる。さらに同年四月二十六日と思われる源兵衛宛て「万屋与兵衛」書状からは、現地情報の収集さらには下見が実施されたこともうかがえる。(28)

【史料7】

（前略）然者先達而者大勢罷越長々御世話罷成有難仕合奉存候、其節御頼申上候村々地頭姓名書御調之上御遣被下有難慥ニ落手仕候、尤犢橋村之儀者地頭姓名相分兼候おもむき承知仕候（中略）

尚々乍筆末　　御家内中様江宜滞留中御礼厚申上候、呉々も□□上候、且又　朝生様其外之者へ宜申伝へく旨承知仕候、以上

追而申上候、御地御模様相変り候儀も有之候ハヽ、早速又御御知可被下候様御頼申上候、以上

包紙上書には「下総惣深　清田源兵衛様　貴答　万屋与兵衛」とあることから、源兵衛からの書状に対する返書であることが分かる。内容から、源兵衛へ堀割周辺村の領主姓名の調査を依頼し、その報告に対する礼状と思われる。また、清田家に逗留したこと、さらには、浜松藩士朝生とのつながりも推測できる内容である。

さて、ここで問題となるのが差出人の「万屋与兵衛」と「千代与兵衛改徳右衛門」「万屋与兵衛」だが、その素性は不明である。書状の内容から、親子と思われるが、判然としない。【史料7】の包紙裏書「四月廿六日　江戸新肴町」や、後述する【史料10】の包紙裏書「十月二日朝改　従江戸京橋」からは、江戸商人万屋与兵衛（徳右衛門）とも推測できる。[29]ともあれ、篠田サイドに立ち源兵衛の窓口を果たしていることは確かである。

篠田の見分は、五月に実施された。寅年（天保十三）五月二十二日、源兵衛宛篠田手付鈴木庄三郎書状[30]から、同日、篠田藤四郎が検見川村に到着し、翌二十三日から堀割筋を見分、源兵衛が案内していることが判明している。包紙上書の差出人表記「検見川村御用先　篠田藤四郎手附鈴木庄三郎」から、篠田は既に検見川村に手代を常駐させており、さらに見分行程に関して「藤四郎様今廿二日検見川村着、明廿三日ゟ同村出立其御地泊之積被為存候間其段御承知可被下候」とあることから、源兵衛宅への宿泊を予定していたことが分かる。

三　堀割ルートの選定を巡って—現地見分や水盛での役割—

源兵衛が、名主を務める惣深新田の領主である水野家と、代官篠田へ情報を提供する中、両者は異なる堀割ルート案を計画しており、それぞれ源兵衛へ対し理解を求めていることがわかる。天保十三年七月二十八日と思われる、朝

生清太郎書状からは、水野家が手賀沼縁村の亀成新田〜平戸村への堀割ルートの正当性について、源兵衛へ理解を求める[31]。

【史料8】

（前略）先般ハ印旛・手賀・息栖堀割等篠田様御見分等ニ付、御出役御太儀御座候、（中略）

一、廿八日千代氏より内用有之上書到来、中ニ来月六日出立ニ而御勘定御奉行梶野土佐守様、御勘定吟味役并御勘定五味与三郎様・宮田官郎様、御普請役村上貞助様外弐人、御代官篠田藤四郎様・関安右衛門様・平岡文次郎様外三人、此度利根川水引御見分として検見川・息栖村御堀割場所御見分被成候様被　仰付候趣、右ニ付内実殊之外多様罷在候由、尚又御代官御世話ニ而、千代悴之名前ニ而検見川表へ此度家作候様内命之趣と相違候、就而ハ此間中手代喜助も同所へ罷越居候由、定而御逢も被成候事ニ而候半歟、既ニ大工も三、四人手代差添、今日差遣候由、右様家作之事迄も篠田公より世話有之趣にてハ、御同人も最早内実ハ大義も夫々内達行届き、手に被握候事と相察し候、貴兄年来之愁眉も開らけ可申候条、弥以御油断なく御励勤肝要と存候、就而ハ（続く）

「先般」とは五月に実施された代官篠田の見分のことであろうか、源兵衛の出役をねぎらっている。朝生が「千代氏より内用」で知りえた八月に予定されている勘定奉行梶野・篠田等の見分の準備状況を源兵衛へ伝えている。篠田が「千代倅之名前」で検見川へ家作を命じていることに触れ、これは「内命」であるが現地で準備している手代喜助には篠田の「内達」が行き届いている可能性を示唆している。つまり、この段階では、印旛沼古堀割普請は公表されていないのである。さらに朝生は、普請が「貴兄年来之愁眉も開らけ可申候条」であるとし、源兵衛の水野家への忠勤を促している。続く文章から、朝生が亀成新田からの新たな堀割ルート案を考えていたことがわかる。

就而ハ先日御内話之節手賀沼水落之儀、亀成小川筋より白井高台を堀割、検見川へ落し候事、御代官手代共之水盛にてハ、検見川の方へ流レ匂（勾、以下同じ）配有之、篠田様御水盛にてハ匂配無之、依而前々御普請之振之如く、木下シ通リ安食前検見川筋へ流し可落との御勘考なるよし、是ハ全ク堀割御入用多分ニ及ひ候ゆへの御差略なるへく被察候、一応ハ御尤なる筋ニも候へとも、手賀沼水面より検見川の方可高道理無之（中略）因て虚実の二機を考へて、押し来る利根川の水勢を幸ひに亀成川より白井通リ検見川へ流し候へハ、敵の攻さる搦手より城兵の落行くか如くならんや（続く）

手賀沼→亀成新田→白井高台→平戸→検見川ルート調査のため、代官手代と篠田藤四郎が土地の勾配を計測する水盛を実施していたことが確認できる。亀成新田からの堀割ルート案は、手賀沼縁村亀成新田から谷津を通り「白井高台」とされる台地部分を開削して印旛沼古堀筋の入口にあたる平戸村までに新たな堀割を開削する計画で、実現すれば、手賀沼の水を、印旛沼を経由することなく江戸湾へ排水できる計画であった。手賀沼から検見川への勾配を計測した結果、代官手代は検見川への勾配が確認できたのに対し、当時試堀の責任者であった篠田藤四郎の計測からは勾配が確認できなかったとする。

その結果、亀成新田からの堀割計画は見送られ、従来通りの印旛沼を経由する計画を採用するに至る。これに対し、朝生は篠田の計測結果に疑問を呈す。朝生は、利根川の水勢をいかした亀成新田からの堀割案を考えていたようで、続く文章からは、篠田案に対する対抗意識と源兵衛へ理解を求める姿勢がうかがえる。

貴兄抔ハ元来其地に住居して常変の水勢素り案内の事に候へハ、かゝる国土の地体御取直しの機に当リ、郷（嚮）導として被召使候上ハ、常変の利害に渉リ、今般　公辺　御制裁の御主制、万世迄諸民相唱へ被遊方心底に残し不置して、御為第一ニ粉骨砕身して可被申上義専要之義と存候、（中略）能々御勘考置候而御精勤有之候様存候由し愚察趣　御為筋之義ゆへ、密ニ貴兄迄極内申述候、千代氏も万事功者なりといへとも、貴地の変勢ハいまた見さる

ゆへ、強而の開口もなる間敷候儘、此度申進置候（後略）

水野家が普請計画に際し、事情に通じている源兵衛を「郷導」つまり案内人としたことは「今般　公辺　御制裁の御主制」つまり堀割普請計画には重要な役割を果たすため、更なる精勤を促すとともに、篠田と源兵衛との関係を牽制するかのように、「千代氏」を引き合いに出し、この内容の口外を禁じている。この書状でも水野家は、源兵衛からの情報漏洩を禁じているが、篠田からの情報は千代を通じて源兵衛へ伝わっていたことがわかる。同年十月二日と思われる源兵衛宛「万屋与兵衛」書状からは、【史料8】で問題になっている水盛の内容であろうか、実施時期は定かではないが、その結果を源兵衛へ伝えている。(32)

【史料9】

（前略）然者此間中者大勢罷越種々御厚情、殊ニ検見川迄御案内御手伝被成下重々毎度□難有仕合奉存候、猶また御勘定之儀も具ニ与兵衛江申聞置御序之節差上可申候、之旨厚く御礼申上候様申付候

一、帰府早々野帳取調候処、左ニ申上候

佐山より亀成堀割之方

高合九丈壱尺八寸

低合九丈六尺三寸

引去　四尺五寸　下ル

右佐山之方存外低方少く被存候、しかしなから葎薮なとにて高低見悪き処多分ニ御座候故、右様成行候儀も難計奉存候、以来水盛有之節ハ、山雑木薮なと伐払不申而ハ極而むつかしく可有之奉存候（後略）

「佐山より亀成堀割」は亀成新田～佐山村に相当するルートで、「右佐山之方存外低方少く被存候」とは、佐山より

手賀沼が四尺五寸（およそ一・三五メートル）標高が低いという意味であろう。つまり、【史料8】で検見川（佐山）方向に勾配が無いとする篠田の水盛結果と合致する内容である。同日、源兵衛宛「千代与兵衛寿助」の書状でも、水盛実施が知らされている。(33)

【史料10】

一、御役所願筋之儀不遠之内御普請方御立会御水盛御座候由御内意ニ付、猶また万端御世話ニ可相成下候、尤弥御進発相極申候ハ丶、早速御沙汰も其御地江可有御座候得とも、此方よりも早急可申上候、平戸橋筋御見分有之候上ニ而船尾川筋水盛御座候儀も難計奉存候、右ニ付而ハ堀割筋雑木山藪葎之類御伐払被置候方可然哉ニ奉存候、早急ニと申候ハ丶、持主共困り入可申儀も難計奉存候、是ハ貴君様迄御心配之為申上候間、御賢慮之程恐入候得とも先ツ拙文之旨申上候（後略）

「平戸橋筋御見分有之候上ニ而船尾川筋水盛」が概ね亀成新田ルートの水盛と思われる。前掲【史料9】に「山雑木藪など伐払不申而ハ極而むつかしく」とあるように、正確な水盛実施のために「雑木山藪葎之類」の刈り取りを依頼されていることがわかる。

十月は、篠田藤四郎が千葉郡柏井・花島村で試掘を実施した月であった。同月には、二宮金次郎が普請役格に登用され、翌十一月にかけて、普請役猪俣英次郎・林又七郎とともに現地見分を実施する。二宮の日記には、十月二十二日に馬加村で篠田、梶野らと面会、試掘現場を検分した後の十一月三日「大和田宿昼食、船尾村名主佐助方へ止宿、手賀沼悪水抜目論見堀地先村々呼出御趣意筋申聞候事」(34)とある。このとき、源兵衛が呼び出されたことがわかる。十一月二日、二宮・猪俣・林は、「申談御用之儀有之間、此書付披見次第船尾村旅宿へ可罷出候、其節此書付可相返候、以上」(35)として、源兵衛の船尾村への出頭を命じている。このとき源兵衛が二宮らに提出したと思われるのが「印旛沼縁水難村々書上」[36]で、内容は沼縁七九か村・高三万七三二九石四升三合余、外に布鎌新田と埜原新田の反高場の書上である。裏表紙には、「寅十一月、印旛沼・手賀沼御普請役衆御見分之節、御案内之仰渡其節御尋ニ付、水難村々取調奉差上候」とあるように、出頭に際し、水難村々を何らかのかたちで伝えていたことがうかがえる。

二宮の同日の日記には、在地にて目論見帳の下書き作成とある。同じく翌日の記載に「船尾村名主佐助方出立同村印旛村（沼）落口神崎橋より手賀沼悪水落堀目論見見分として其筋村々罷通り泉村名主〔空白〕方へ立寄致休足夫より同堀筋致見分亀成村百姓吉右衛門方…」[37]とあるように、亀成新田〜平戸村ルートの見分を実施したことがわかる。帰府後、二宮は在地が望む長門堀の締め切りを前提とした普請計画をまとめる。水難村々の村高などの具体的な数字は、源兵衛からの情報を参考にしたと考えられるが、計画は受け入れられなかった。また、亀成新田〜平戸村ルートの見分は、いまだ堀割ルートが決まっていない段階で、篠田が二宮へ指示したものと思われるが、計画案に盛り込まれることはなかった。

おわりに

天保十四年五月四日、利根川分水路計画は、篠田が責任者に命じられ天明期の印旛沼古堀割を再び普請することに決定した。通船を目的とする普請には、長門堀の締め切りという在地の希望は反映されなかったのである。この決定を伝えた、同年五月十日と思われる惣深新田清田源兵衛・下井新田吉植庄左衛門宛て「千代徳右衛門」書状がある。[38]

【史料11】

（前略）然者永々御心配被下候印旛堀割之条、御下知済ニ相成申候ニ付、此段御安心被下候様態々以飛脚御在所江

為御知申上候処、今日源兵衛殿運□にて得拝顔候之由承知仕候、残念之至ニ奉存候、先ニ是迄御厚情取扱被成下候甲斐有之御同前大慶ニ奉存候御悦可被下候、先者不取敢此段申上候御承引可被下候、いまた取懸リまてニハ余程間も可有之与存候へとも、御心得のため申上置候、猶また此辺御通行御立寄可被下候、先者書外拝眉万々可申上候

天保十四年七月二十三日に開始された堀割普請で、源兵衛と庄左衛門は、五藩による手伝普請の現地での人足・資材の調達を取りまとめる「五ヶ所惣取締方見廻リ役頭取」を勤め、また源兵衛の実弟惣深新田組頭平左衛門は、一の手（沼津藩）場所引請を勤めた。いずれも、周辺村々を含んだ地域の土地把握を必要としていたことは言うまでも無い。

しかし、五藩による普請は二月足らずで中止となる。閏九月一日、水野は出仕停止となり、同十三日、水野の老中罷免により五藩による手伝い普請が中止され、公儀普請となり、源兵衛・庄左衛門は普請責任者として引き続き従事するも、翌天保十五年五月の本丸全焼により、堀割普請は完全に中止となる。同年六月二十一日、水野が老中に復職すると、翌弘化二年正月、源兵衛は、下総国千葉郡二十三か村、同国印旛郡五十三か村・同国埴生郡九か村・同国相馬郡十五か村を代表し普請の再開を目安箱へ訴願する。内容は、下利根川通りの「廻船手都合宜敷御要害ニ茂罷成、別而水損場村々数拾万石御救ニ相成、広太之御慈悲与難有仕合奉存候、此上御憐愍之御沙汰ヲ以古堀筋御普請之儀御取懸り被為　仰付御普請成就仕候」とあるように、通船・水難除去のための普請再開を求める内容で、地元の潜在的な要望である長門堀の締め切りは明記されなかった。実はこの訴願、水野家儒官川澄萬治明儀[39]の要請によるものであったことが末文から判明する[40]。

【史料12】

右ハ水野家之儒官川澄公より極内意ニ付、正月廿一日御評定所御箱江訴状入候事、再度二月廿一日御箱江訴状入候事

弘化二年巳二月廿二日、水野越前守様御義、去暮中より御病気ニ付御役御免之願差上候処、右同日願之通り御役御免被仰出候由ニ付、御領分江茂右之趣御触流有之候、扨残念之事ニハ越前様御役御免ニ相成候而ハ、印旛沼堀割御普請之義ハ常時有之御休と相見へ候事

水野家の要請による訴願ではあったが、「扨残念之事」からわかるように、源兵衛は、堀割普請の実施を望んでいたことがうかがえる。弘化二年二月二十二日、再び水野が老中を罷免、同年九月には隠居を命じられ、減封のうえ山形転封となる。これにより、惣深新田ほか浜松藩下総分領は幕領へ支配替えとなり、浜松藩・代官篠田・二宮など、各方面からの求めに応じた源兵衛の役割も終わることとなった。

源兵衛は、水難除去を掲げ地域の要望を代表する役割を任う一方で、新開地の開発請負を目論む側面もあった。こうした多面性は、沼縁に暮らす人々に共通することであろう。水難に苦しむ姿がある一方で、利用可能であった江戸湾へ抜ける堀割を利用した舟運は活発化していた。無株の舟運が増えることで、下井新田庄左衛門の河岸問屋としての存在を脅かすこともあったように、政策に関わらず、したたかに生活環境の場を利用し続ける住民の姿も見られたのである。(41)

註

（1）織田完之『印旛沼経緯記　外編』（一八九三年）

(2) 藤田覚『幕藩制国家の政治史的研究』(校倉書房、一九八七年)
(3) 鏑木行廣『天保改革と印旛沼普請』(同成社、二〇〇一年)
(4) 千葉市史編纂委員会編『天保期の印旛沼堀割普請』(千葉市、一九九八年)
(5) 小代捗「天保一四年印旛沼堀割普請をめぐる事前事後の動向について」(『千葉いまむかし』一一、一九九八年)
(6) 木龍克己「二宮尊徳と利根川分水路調査―天保一三年の動向を事例として―」(『地方史研究』三二一、二〇〇六年)
(7) 前掲註(1)、大谷貞夫『近世日本治水史の研究』(雄山閣、一九八六年)。
(8) 印西市清田家文書(『印西町史』史料集近世編四　三八四頁以下所収)。
(9) 『本埜村史』史料編近世編二　埜原新田関係(一九七八年)、八三頁以下所収。
(10) 大谷貞夫『近世日本治水史の研究』(雄山閣、一九八六年)。
(11) 前掲註(10)
(12) 印西市清田家文書(『印西町史』史料集近世編四　三九七頁以下所収)。
(13) 印西市清田家文書(『印西町史』史料集近世編四　三八七頁以下所収)。
(14) 山本忠良『近世印西の新田』(崙書房、一九九三年)、千葉県文書館所蔵印西市発作手賀沼土地改良区文書。
(15) 船橋市西図書館所蔵H水利普請一六
(16) 印西市清田家文書二〇七五。
(17) 北島正元校訂『丕揚録・公徳辨・藩秘録』(近藤出版社、一九七一年)三六三頁
(18) 印西市清田家文書二一四
(19) 印西市清田家文書四八五
(20) 浜松市立中央図書館蔵高林家文書(三一、五‐五‐BK)
(21) 拙稿「天保改革期水野・浜松藩下総領における農村復興仕法」(『千葉県史研究第十一号別冊近世特集号　房総の近世2』二〇〇三年)。
(22) 首都大学東京図書情報センター所蔵水野家文書「菊園雑録稿一」

(23) 首都大学東京図書情報センター所蔵水野家文書「庶士伝後編」(『山形市史資料』第七一～七三号所収)。
(24) 前掲註(1)
(25) 印西市清田家文書(『天保期の印旛沼堀割普請』一七頁以下所収)
(26) 『本埜村史』史料編近世編二　埜原新田関係(一九七八年)、三八一頁以下所収。
(27) 印西市清田家文書三〇六五
(28) 印西市清田家文書三一一四
(29) 『諸問屋名前帳』には、炭薪仲買として「万屋徳右衛門」の名前がある。
(30) 印西市清田家文書三〇四七
(31) 印西市清田家文書(『天保期の印旛沼堀割普請』一九頁以下所収)
(32) 印西市清田家文書三三四六
(33) 印西市清田家文書三三四七
(34) 二宮尊徳偉業宣揚会編『二宮尊徳全集』第三巻日記(一九二七年)、九九六頁以下所収。
(35) 印西市清田家文書三〇五四
(36) 印西市清田家文書二九三
(37) 前掲註(34)
(38) 印西市清田家文書三〇五九
(39) 前掲註(23)
(40) 印西市清田家文書三三二
(41) 鏑木行廣「天保期印旛沼普請後の堀割とその役割」(『成田市史研究』三四、二〇一〇年)

近世下総における検地と土地認識
―佐倉藩領の在地把握と弘化期隠田出入一件を中心に―

高木　謙一

はじめに

近世における検地の研究は、太閤検地論争以来の膨大な成果が蓄積されている。[1] しかし近年では、池上裕子氏[2]によって太閤検地の「画期的政策」という位置づけや「石高制＝生産高」という通説に対して問題を提起している。また、中野達哉氏[3]は武蔵国における天正期から元禄・宝永期までの検地の分析を通して、検地が実質的な石高掌握ではなく、土地に対する公的な評価を決める手段として機能していたと述べている。氏の実証により、近世初期検地の意義が根本から問い直されたのである。本稿の目的は、近年の先行研究に鑑みて、下総国佐倉藩領を対象として当地域における検地の意義を再検討するとともに、近世前期における領主の土地把握及び領民の土地認識について考察することである。

下総国における初期検地の研究は、堀江俊次・川名登両氏による「下総における近世初期徳川検地について」[4]の成果があり、以降近年まで永く注目されていない。両氏は天正十九年（一五九一）から寛永二十年（一六四三）までの検地帳九四冊を収集・整理した上で、幕藩体制の権力構造を解明することを試みており、検地帳の分析から、「関東入国当初の徳川氏には、短期間に基礎構造の確立がせまられたため、知行割を急ぎつつ、土地生産力の把握が必要であった」としている。さらに、「土地生産力の評価については、石盛りは高く、その高さに照応した高い貢租が要求された」と見解を述べている。しかし両氏の研究は、当時盛んに議論がなされていた小農自立化政策論・徳川権力論に終始してしまい、検地の目的や石高の設定、徳川氏の在地把握の基本的性格について具体的に捉えられてはいない。

次に、下総国佐倉藩の研究動向であるが、木村礎氏らによる譜代藩研究[5]が進められるなかで、佐倉藩の知行形態や家臣団の構造など多くの成果をもたらしている[6]。氏は城付農村における農業経営について、散田を中心とする諸問題に着目し、近世後期の農村構造変質を分析している[7]。管見の限りでは佐倉藩領の村々に関する個別研究は少ないが、須田茂氏[8]による埴生郡二五村を対象とした年貢地払制度の研究があげられる。

これらの研究は、堀田佐倉藩の原史料が延享三年（一七四六）以降のものであるため、いずれも後期堀田時代の分析であり、藩成立過程の全貌を構造的に解明するのは不可能とされていた[9]。しかし近年、自治体史編纂の成果によって、佐倉藩領の土地に関する史料が蓄積されてきたが、改めて近世前期の検地や年貢割付状などを分析した藩領の考察は、未だ進められてない。

そこで、本稿では佐倉藩の城付領である印旛・埴生・千葉三郡のうち、近世前期における印旛郡の村々を中心に、検地や年貢割付状の分析を通して藩領の在地把握の実態について考察したい。また、この時設定された村高と有高の差が、村々においてどのような影響を及ぼしたのかをみていく。弘化五年（一八四八）に印旛郡下砂村（現、八街市）で、他領に売り渡した土地を隠田と称し、それへの年貢の賦課を求め、請け戻そうとする争論が起こった[10]。この一件が、なぜ起こりえたのかを検討することで当地域における百姓の高請地所持意識[11]について考察していくこととする。

一　佐倉藩領における検地と土地把握

それではまず、堀江・川名両氏が収集した検地を基礎とし、佐倉藩領における近世初期検地について実情を把握していきたい。

（一）近世初期検地

管見の限りでは表1にあるように、初期検地は天正十九年から寛永八年までに三五件が確認できる。[12]なお、藩領における初期検地を網羅するため、検地が実際に行われた時期は佐倉藩領でなくとも、後世同藩領になった村々や同藩領である可能性があった村々も含めている。

天正十九年二月に行われた検地は、帳名に「白井庄」・「印東庄」の文言がみられ、徳川氏の家臣である北条氏勝（玉縄北条氏）が一万石を与えられて岩富城主となり、領内検地を行った村々としてまとまりがみられる。また大谷貞夫氏の分析[13]によれば、金山郷（現、成田市）で行われた検地によって定められた石盛は、成田市域の村々に残る「村明細帳」類に記載が確認できることから、検地帳の存在が確認されないものの、当地域において検地が広く実施されていたことを示している。しかし、印旛郡の村々で検地を行った役人には、香取郡木内庄や東庄の村々で多くの検地を担った代官吉田佐太郎[14]のような存在がなく関連性はみられないが、万延元年（一八六〇）印旛郡砂村の「懐中諸用向控帳[15]」（菅野三男家文書）には、「一、天正十九年一同御縄入　内田村（現、佐倉市）・勢田村・吉田村・砂村（以上現、八街市）」とあり、成田市域の村々と同様に、佐倉市や八街市域においても広く実施されていたことを裏付けている。

天正検地以降は、文禄三年（一五九四）、慶長七年（一六〇二）・同九年、寛永八年というそれぞれの段階において、現成田市域の村々を中心に検地が実施されている。成田市域の村々の多くは、元禄十四年（一七〇一）に越後国高田（現、上越市）から稲葉征往が移封してきた際に佐倉藩領に加えられた村々である。また、享保八年（一七二三）に藩主稲葉正知が山城国淀（現、京都市）へ移封し、引き続き淀藩領の支配を受けていた傾向がみられる。

以上のように表1の分析により、佐倉藩領となった多くの村々では初期検地が広く行われていたことが確認できた。しかし、城付領の中心である印旛・千葉・埴生郡の村々が比較的少なく、成田市域の村々が多かった。これは、

領主変遷
天正18年北条氏勝（岩富藩）領となる。寛永19年に佐倉藩領となり、「寛文朱印留」では同藩領で、以後幕末まで続く。
天正18年北条氏勝（岩富藩）領になったみられる。「寛文朱印留」では佐倉藩領で、以後幕末まで同藩領。
天正18年北条氏勝（岩富藩）領となる。寛永19年に佐倉藩領となり、「寛文朱印留」では同藩領で、以後幕末まで続く。
近世初頭には岩富領に含まれていた。「寛文朱印留」では佐倉藩領で、以後幕末まで続く。
検地役人木村因幡守は岩富城主北条氏勝の家臣であった。「寛文朱印留」でも大輪村として佐倉藩領で、幕末まで同じ。ただし切添新田は幕府領。
「寛文朱印留」では埴生郡之内として佐倉藩領。以降、幕末まで同藩領か。享保16年の検地によって高請された切添新田は幕府領。
元禄13年頃には佐倉藩領。以後変わらず。
寛文8年の鷹場五郷組合帳では幕府領で椿組に属した。元禄13年頃には幕府領、安永7年村明細帳には「私領入会ニて御座候」とあり、相給支配となっていた。弘化2年関東取締出役控帳では佐倉藩領・旗本西尾領・同飯河領。
元禄13年頃には佐倉藩領と旗本日根野領の相給。翌14年に全村佐倉藩領となり幕末に至る。
天正19年から寛永8年の間に上下に分村した。「寛文朱印留」では佐倉藩領。元禄13年頃には同藩領。享保8年山城淀藩領、延享3年三卿の田安領となり幕末に至る。
佐倉藩による万治3年の田畑地詰帳にみえる。元禄13年頃は佐倉藩領のほか竜角寺領。享保8年より山城淀藩領。
本佐倉城主千葉勝胤が建立した。
「寛文朱印留」では佐倉藩領。元禄13年頃には同藩領。享保8年山城淀藩領、延享3年三卿の田安領となり幕末に至る。
「寛文朱印留」では佐倉藩領。元禄13年頃には同藩領。享保8年山城淀藩領、延享3年三卿の田安領となり幕末に至る。
寛文4年の井上政清領知目録（寛文朱印留）に村名がみえ、高岡藩領であった。元禄13年頃には高岡藩領と幕府領の相給。高岡藩の支配は幕末まで続く。
初め佐倉藩領で、寛永15年から旗本松平領、寛文3年から幕府領、延宝8年には再び佐倉藩領と変遷し、享保8年山城淀藩領となる。
安永元年「村明細帳」によれば、初め幕府領であったが、のちに佐倉藩領となる。元禄13年頃には佐倉藩領と龍正院領。享保8年山城淀藩領となり、幕末に至る。
「寛文朱印留」では佐倉藩領。元禄13年頃には同藩領。享保8年山城淀藩領、延享3年三卿の田安領となり幕末に至る。
初め佐倉藩領で、寛文3年から幕府領、元禄11年には旗本杉田両と同中川領の相給、同14年に再び佐倉藩領となり、享保8年以降は山城淀藩領。
初め佐倉藩領で、寛文3年から幕府領、元禄11年には旗本六氏の相給、同14年に再び佐倉藩領となり、享保8年以降は山城淀藩領。
元禄13年頃には旗本仙石・小長谷両氏の相給。同14年以降は佐倉藩領。
元和4年当時は旗本八氏の相給。寛永2年には旗本榊原領・同新見領・同土屋領の知行地があった。元禄9年榊原領は幕府領になり、同13年頃は旗本六氏の相給。同14年に佐倉藩領となり幕末に至る。
初め幕府領であったが、元禄11年より旗本三氏の相給。元禄14年に佐倉藩領となり、享保8年以降は山城淀藩領。
「寛文朱印留」では佐倉藩領。元禄13年頃には同藩領。享保8年山城淀藩領、延享3年三卿の田安領となり幕末に至る。
慶長9年当時は香取郡に属し佐倉藩領。「寛文朱印留」でも同藩領で、幕末まで同じ。ただし切添新田は幕府領。
No.18に同じ
慶長9年の検地以来、天保14年印旛沼干拓のため幕府領となった一時期を除き佐倉藩領。
近世初期から佐倉藩領であるが、享保16年開発の切添新田は幕府領。
文政7年検地帳写には「久野民部少輔様御代御縄」とあり、近世初頭は久野宗能の子宗朝領であったとみられる。宝永4年の新田検地帳には「元和年中開発土井大炊頭様御代御縄」とあり、慶長15年に佐倉藩領になったとみられる。万治3年から寛文元年にかけて幕府領、以降佐倉藩領。
寛永19年に佐倉藩領となり、万治3年から寛文元年にかけて一時的に幕府領であったほかは幕末まで同藩領。
No.19に同じ
No.16に同じ
No.25に同じ
No.7に同じ
No.10に同じ

表1　佐倉藩領における近世初期検地

	年月日	村名	現行名	表題	検地役人
1	天正19年閏正月21日	内田村	佐倉市	(内田村水帳)	
2	天正19年2月7日	寒風村	佐倉市	下総国白井庄寒風村御縄打水帳	
3	天正19年2月14日	高崎村	佐倉市	下総国印東庄高崎村御縄打水帳	
4	天正19年2月20日	用草村	八街市	下総国白井庄持草村御縄入水帳	荘介、矢□、横□
5	天正19年2月21日	大和村	富里市	下総国印東庄大輪御縄水帳	木村因幡守、会田但馬守
6	天正19年2月21日	川栗郷	成田市	下総国香取郡遠山之庄御縄水帳 (川栗御縄打水帳)	木村因幡守、会田但馬守
7	天正19年2月晦日	東金山村	成田市	下総国香取之郡金山郷御縄打之水帳	石藤右衛門允、筆天野次郎右衛門尉
8	天正19年6月25日 ～7月1日	椿村	匝瑳市 (旧八日 市場市)	下総国匝瑳郡南条庄椿村御縄打水帳	与悟源三郎、内藤新二郎、松沢忠二郎
9	天正19年9月5,7日	馬場村	成田市	下総国香取郡遠山荘馬場村御縄打水帳	岩井惣七、朝比奈彦平、宮寺弥五助、 筆飯島甚四郎
10	天正19年9月24日 ～29日	福田郷	成田市	下総国香取郡埴生庄福田郷御縄打水帳	田辺十郎左衛門、保延彦平、田尻権平
11	天正19年11月2日 ～4日	竜角寺郷	栄町	下総国埴生郡竜角寺之郷水帳	安形
12	天正19年11月吉日	勝胤寺	佐倉市	勝胤寺領帳	
13	文禄3年6月27日	大室村	成田市	(下総国香取郡大室村検地帳)	太田宮内丞、阿部惣十郎、井上善三
14	文禄3年6月27日 ～7月2日	土室村	成田市	下総国香取郡土室村御縄打水帳	山内記、関猪右、今庄左
15	文禄3年7月1日	虫生村	横芝光町	下総国匝瑳郡佐倉領之内虫生［　］水帳	
16	文禄3年7月8日	磯部郷	成田市	下総国香取郡磯辺之郷御縄打水帳	山内、今庄、関猪
17	文禄3年7月10日	滑川村	成田市 (旧下総町)	下総国香取郡滑川村御縄打水帳	山内、今庄
18	文禄3年8月7日	佐野村	成田市	下総埴生庄佐野村御縄水帳	幡治郎、朝弥次、佐篠、林茂左衛門、 雨宮惣蔵、渡辺田獄
19	文禄3年8月7日	長沼村	成田市	下総国香取郡埴生庄長沼村御縄打水帳	
20	文禄3年8月8日	北羽鳥村	成田市	下総国香取郡埴生庄羽鳥郷御縄打村水帳	佐弥蔵、朝弥次、幡次郎左
21	慶長7年7月23日 ～28日	平賀村	印旛村	下総国印旛郡平賀村田畑水帳	丸市左衛門、小川孫蔵、吉田佐内、綿貫彦右
22	慶長7年7月27日	鎌刈村	印旛村	(下総国印旛郡鎌苅村検地帳)	
23	慶長7年7月27日	竹袋村	印西市	(下総国印旛郡竹袋村検地帳)	浜田弥八、鈴木助三、片岡忠助、 原田又右衛門尉
24	慶長7年8月5,6日	南羽鳥村	成田市	下総国南方之羽取御縄之水帳	加藤作兵衛、服部吉平、佐瀬惣十郎、 中山善太郎、伊藤太郎作
25	慶長9年8月2日	久能村	富里市	(下総国印旛郡久能村検地帳)	桑原茂兵衛
26	慶長9年8月5日	佐野村	成田市	下総国佐倉領埴生庄佐野之村御縄打水帳	伊藤佐太夫、小泉五三郎、天野理兵衛、 久瀬又作、武井七兵衛
27	慶長9年8月22,23日	北須賀村	成田市	下総国印東庄北須賀之郷御縄打水帳	村山常右衛門、山岡五右衛門、池田九郎、 山野儀助
28	慶長9年8月24日	船形村	成田市	下総国印東庄舟形村御縄水帳	
29	慶長9年8月26日	飯野村	佐倉市	下総国印旛郡飯野村御縄帳	加藤作兵衛、安井理右衛門、池上太郎右衛門、 吉田小平治
30	慶長9年閏8月1日	土浮村	佐倉市	(下総国) 佐倉領土浮村水帳	
31	寛永8年7月28日	長沼村	成田市	下総国香取郡埴生庄長沼村御縄打水帳	堀拾太夫、斎藤五郎左衛門、小倉清左衛門
32	寛永8年7月28日	磯部郷	成田市	(下総国香取郡磯辺之郷御縄打水帳)	関戸九衛門、幸田甚兵衛、田口七左衛門
33	寛永8年8月15日	久能村	富里市	下総国印旛郡印東庄久能村御縄打水帳	堀拾太夫、斎藤五郎左衛門、小倉清左衛門
34	寛永8年8月19日	東金山村	成田市	下総国埴生之庄東金山村御縄打水帳	奥野采女、岡本作右衛門
35	寛永8年9月7日	上福田村	成田市	(下総国) 埴生庄御領御縄打写帳上福田村	山下与兵衛、長谷川五郎左衛門

佐倉藩の支配を寛文期以降幕末まで一貫して受けていた村よりも、領主変遷に伴い一時的に佐倉藩領になったため、検地つまり土地把握が必要となった村の方が多いことを示している。

（二）近世前期検地

次に、初期検地が行われた後の検地をみていきたい。対象地は印旛郡の村々のうち、現佐倉市・現八街市域の村々とした。前期佐倉藩領といえば、寛永十九年に堀田正盛が藩主となり、慶安四年（一六五一）八月に子の正信が家督を継いだが、万治三年（一六六〇）十一月に改易となった時期である。

表2は、佐倉市・八街市域の村々に残されている検地帳の一覧である。[16] 用草村や城村の帳名には「地詰」と書かれており、勢田村には「御案内」とあることから、恐らく岩富町や東吉田村などの「検地帳写」も同様な地詰帳と考えてよいだろう。これらの帳面は、初期検地帳を書き改めたものではなく実際に一筆毎の丈量を行っており、すでに石高が確立されていたが何か必要があって再検地が実施された様相が窺える。また検地帳は残っていないものの、印旛郡砂村の「懐中諸用向控帳」[17] にも、「慶安元年申子年　一、堀田上野亮様　御縄入也　高弐百五十九石三斗壱升八合」というような記述がみられるため、同時期に多くの村で行われた可能性がある。

また、印旛郡公津村（現、成田市）でも承応三年に再検地が実施されており、

表2　印旛郡における近世前期検地（佐倉市・八街市）

村名	現行名	年代	表題
米戸村	佐倉市	慶安3年	（米戸村検地水帳写）
青菅村	佐倉市	承応2年10月	下総国葛飾郡青菅村田畑改帳
用草村	八街市	承応3年2月	下総国印旛郡用草村地詰帳
城村	佐倉市	万治3年2月	下総国印旛郡印東庄六崎ノ内城村地詰帳
勢田村	八街市	万治3年8月	千葉組瀬田村田方御案内帳
岩富町	佐倉市	万治3年	印旛郡岩富町方検地帳
内田村	佐倉市	万治3年	（下総国印旛郡内田村検地帳）
東吉田村	八街市	（万治3年）	御水帳

その結果全体で一五七石余増加し、玄米二五一俵の増収となり、農民の負担が強化されたという。[18]「前期堀田時代」の佐倉藩領では、大庄屋が小検見を行い、それを藩庁に報告し、郡奉行や代官がそれを参考にして年貢の収納量を決定していた。[19]表2にあげた村々が、公津村同様に年貢増徴を目的として再検地が行われた可能性は否定できない。ともあれ初期検地以降、佐倉藩による土地把握の土台が確立されたのは、慶安～万治年間（「前期堀田時代」）における再検地によるものと考えることができる。

（三）土地把握の実態

前節で佐倉藩領の土地把握の基礎は、慶安～万治年間における再検地によるものであると述べた。ここではその検証として、印旛郡東吉田村・用草村・勢田村・下砂村（以上現、八街市）を対象地とし、年貢割付状を主に分析して、土地把握の実態を明らかにしたい。なお、本節で扱う史料の典拠は、全て『八街市史』資料編近世一・同近世二からとしている。

1　東吉田村

表3の「御水帳」は表2にもあげた帳面と同じもので、万治三年東吉田村の再検地のデータである。田畑合「二二五石四斗六升四合」で、永荒高一八石余を加算すると都合「二四四石一斗八升二合」になる。表4の享和三年（一八〇三）名寄帳には、本田分「二〇〇石四斗四升二合」に申起新田「二五石二升二合」を加えると、「二二五石四斗六升四合」となり、表3の田畑合高と一致する。したがって、万治三年から享和三年まで田畑高は一貫して変化がないことがわかる。また、永荒高一八石余は双方にみられるが、新たに「五三石三斗三升八合」という不足分が現れ、都合「二九七石五斗二升」としている。この高不足五三石余はいつ発生し、どのようなものであるのかを以降検証していくこととする。

表3　万治３年（月日不詳）　御水帳

上田	2町	1反		19歩	
中田	3町	1反	7畝	17歩	
下田	16町	7反	1畝	19歩	
面積	21町	9反	9畝	25歩	
〆	186石	7斗	1升	8合	
上畑		5反	1畝	1歩	
中畑	2町	5反		27歩	
下畑	4町	5反	2畝	5歩	
屋敷		5反	5畝	10歩	
面積	8町		9畝	13歩	
〆	38石	7斗	4升	6合	
高合	225石	4斗	6升	4合	
高都合	244石	1斗	8升	2合	永荒18石7斗1升8合

表4　享和３年６月　東吉田村本田申新田名寄帳

高	297石	5斗	2升		
永荒	18石	7斗	1升	8合	
高不足	53石	3斗	3升	8合	
本田分	200石	4斗	4升	2合	
申ノ起新田	25石		2升	2合	

表5　正保４年10月　東金領吉田村亥物成可納割付之事

田畑辻	297石	5斗	2升		
有高	207石		7升	1合	永引・亥ノ日損

表6　万治３年10月　千葉組吉田村子御物成可納割付之事

田畑辻	297石	5斗	2升		
庚子地詰高不足	53石	3斗	3升	8合	
残	225石	4斗	6升	4合	永引
有高	169石	5斗		4合	

表5・表6は、東吉田村の年貢割付状の数値を一部表にしたものである。正保四年（一六四七）には、田畑辻二九七石余、有高二〇七石余とあり不足分はみられないが、万治三年になると、表6のように先の高不足「五三石三斗三升八合」が「庚子地詰高不足」という名称で記載されている。「庚子」年は万治三年と比定でき、「庚子地詰高不足」は万治三年の再検地の結果、不足分となった値であると推測される。表3の「御水帳」には「庚子地詰高不足」の記載はみられないが、正保四年の割付には田畑辻二九七石余とあることから、すでに高不足五三石余を差し引いて残分である「二四四石一斗八升二合」のみを記載したと考えられる。

万治三年の割付によれば、東吉田村の田畑辻二九七石から永引一八石余、高不足五三石余、検見引五五石余を差し引いた結果、有高は一六九石余と大きな差を生じている。年貢については、有高一六九石に対して賦課されているので実情に見合った年貢を賦課しているといえる。

このように万治三年以降、「庚子地詰高不足」は「無地高不足引」と名称を変えて、「五三石三斗三升八合」の数値に変化はなく東吉田村の表高二九七石余から、永引高とを差し引く慣習が成立する。その残り分から税率を賦課する記載形式は、万治三年から幕末まで変わらずに続いていく。

2　用草村

用草村では、天正十九年に検地が実施された後、表2にあるように承応三年二月には地詰が行われており、「下総国印旛郡用草村地詰帳」二冊が現存している。この帳面には、東吉田村の「御水帳」同様に土地一筆毎に丈量が行われているが、面積だけで村高や年貢高の記載がない。

次に年貢割付状だが、正保三年十月には田畑辻三五二石余に永引・不作分を差し引いた三二六石余が有高として記載されている。一方、寛文三年十月の割付には、村高三四一石余に対して、永引・旱損引に加えて「午より高不足引」を差し引いている。寛文三年以降、「午より高不足引」三七石余を村高から差し引くことが慣習となるのだが、この値は東吉田村の「庚子地詰高不足」と同じ類のものなのであろうか。用草村で地詰が行われた承応三年は、「午年」にあたるので、承応三年に再検地した際に算出された不足分である可能性がある。現在のところ、これ以上の史料根拠が見当たらないため、今後の課題としたい。

3　下砂村（砂村）

下砂村には、初期検地帳が残されていないどころか、土地台帳の類がほとんど現存していないため、東吉田村・用草村のように地詰が行われた様相を具体的にみることができない。しかし先にあげたように「懐中諸用向控帳」には、内田村他三ヵ村同様に天正検地が行われ、慶安元年にも藩主堀田上野亮（正盛）による「御縄入」の記載を事実とするならば、東吉田村と同じ類の事例として含めることができる。

正保四年の年貢割付状には、田畑辻二五三石から永引二二石余を差し引いた有高二〇〇石余が記載されている。一方、貞享二年（一六八五）十一月の割付には、「無地高不足引」の文言がみられ、田方一八七石余のうち「無地高不足引」が三石余、畑方六六石余のうち同じく二石余それぞれ分けて書かれている。この記載は、前の二村同様に宝暦十一年（一七六一）まで引き続いていることが確認できる。

4　勢田村

勢田村は下砂村と同様に土地台帳の類がほとんど現存していないが、天正検地が「懐中諸用向控帳」で確認できる。それ以降は表2にあるように、万治三年の「千葉組之内瀬田村田方御案内帳」がみられる。帳名には「御案内帳」と書かれているが、地詰帳同様の記載形式で田方一〇七石余とあり、再検地したものと推測できる。

年貢割付状についてだが、最も古いものが寛文十一年のものであるため、再検地前後の比較検討ができない。しかしながら、同文書に「無地高不足ニ引」一五石余の記載が確認できることから、前三村同様再検地が行われた後に算出された可能性がある。

以上ように、印旛郡東吉田村他三村の地詰帳や年貢割付状を分析し、各村における再検地後の不足分について多数みることができた。佐倉藩領の土地把握は慶安～万治年間に行われ、その結果多くの村で表高と実情に差があることが検出された。この検証は、大谷氏による成田市域の村々の事例(20)と相違はなく、佐倉藩領の年貢徴収体制の見直しが図られた画期として位置づけることができる。

二　弘化期隠田出入一件と土地認識

次に視点を移して、慶安～万治年間に行われた藩領の土地把握が、在地の村々においてどのような影響を及ぼしたのかを、弘化五年に起こった隠田出入一件を通して、百姓の土地認識について具体的に考察していくこととする。まず、一件の経緯について史料を順に追って整理していきたい。弘化五年正月、印旛郡下砂村七郎左衛門が割元仲田五郎左衛門・石原僖五郎に対し、元文三年（一七三八）に久四郎へ売り渡した下田二七歩、隠田上田五畝歩、隠開発地一畝歩程について先祖所持地を理由に請け戻しを願い出ている。

【史料1】[21]

乍恐以書付御訴訟奉申上候

一御知行所印旛郡下砂村百姓重郎兵衛去七月死失仕、男子百太郎煩付、代分家重太郎実父七郎左衛門奉申上候、元文三午年村方久四郎江下田廿七歩、外ニ隠田上田五畝歩幷隠開発地凡壱畝歩程、右田地廿七歩相添永代売渡、然処右田地先年堀田備中守様御領分同郡小谷流村百姓清吉方江右久四郎より売渡候処、右もの私先祖所持地ニ有之候間、他江売渡代金何程ニ而も私方へ請(戻脱カ)度、何卒隠田上田五畝歩幷ニ隠し開発地有体御訴訟奉申上候、相当之御取箇ニ被仰付被下置候ハヽ、右之隠地明白ニ相成、先祖旧悪も相晴候得共、者誠ニ難有仕合ニ奉存候、右ニ付下田廿七歩・隠田上田五畝歩・隠し開発地とも受戻し度、右体ニ仕度、是悲(非)受戻し筈(呉)候様数度頼入及掛合候処、一円聞入呉不申、右体無年貢地御他給様御領分江売渡置、弥経年根(限)ヲ流地ニ相成候而者、往々御田地ニ相抱り、且私義年来　御地頭所様蒙御恩沢ヲ、乍左前願之次第打捨置候而者重々恐入、誠ニ愚身之私驚入当惑仕罷居候得共、大切之御田地不被成容易義ト存、不顧恐多此段奉訴訟候、何卒御上様之以御慈悲ヲ御見分被成下候上、幾重ニも御憐愍之御沙汰被下置候ハヽ、御広大之御慈と難有仕合ニ奉存候、猶委細之義者、御尋之節乍恐口上ニ而奉申上候、以上

弘化五申年正月

下砂村

重郎兵衛死失仕り
男子百太郎煩ニ付
分家重太郎実父
訴訟人代　七郎左衛門

組頭　清兵衛
同　太郎右衛門
同　善右衛門

右之通り訴出候間、取次印形仕奉差上候、以上

仲田五郎左衛門殿
石原傳五郎殿

七郎左衛門は、隠田・隠開発地の有体を明白にし、相当の取箇を仰せつけられることで、先祖の旧悪を晴らしたいといい、無年貢地は他領（佐倉藩領小谷流村百姓清吉）に売り渡されており、流地になれば大切な田地が容易ではな

くなると主張している。

この七郎左衛門の訴状に対して、同年同月に乙治郎が割元に返答書を提出している。

【史料2】[22]

乍恐返答書ヲ以奉申上候

一御知行所印旛郡下砂村百姓久四郎煩ニ付、忰乙治郎奉申上候、同村百姓七郎左衛門より申立候義者、元文三午年村方久四郎江下田廿七歩、外ニ隠田上田五畝歩并隠開発地凡壱畝歩程、右田地廿七歩相添永代売渡、然処右田地先年堀田備中守様御領分同国同郡小谷流村百姓清吉方へ右久四郎より売渡候処、私先祖所持ニ有之候間、他江売渡代金何程ニ而も私方へ請度、何卒隠田上田五畝歩并隠し開発地有体ニ相応之御取箇被仰付被下置候ハヽ、先祖旧悪も相晴、誠ニ難有仕合ニ奉存候、右ニ付下田廿七歩・隠田上田五畝歩・隠開発地とも受戻し有体ニ仕度段、掛合ニおよひ候処、一円聞入不申、右体無年貢地御他領様御領分江売渡置、弥経年限流地ニ相成候而者、御田地ニ相抱候旨申立候ニ付、乍恐左ニ返答書ヲ以奉申上候

此段字新堤谷津上田五畝廿三歩・同所下田廿七歩之場所、去ル元文之度同村百姓百太郎先祖より買添所持ニ有之、然処去ル弘化四未年十一月中請戻し度段、掛合有之候得共、質流地永代證文ニ書改、凡百十二ヶ年来相立、今更往古より之取極相破難差戻しと相断候ニ付、右野心ニ差含隠田上田五畝歩并隠開発地凡壱畝歩程相添売渡候様申立候得共、私所持之内隠田又者隠開発抔と申不正之場所決而無之、勿論下田廿七歩之内江山崩有之、四ヶ年已来前再発仕候得共、全く御縄受之内ニ御座候処、七郎左衛門より謀計被申立候段、残念至極奉存候間、村水帳御披見之上、場所御地押被成下候様奉願上候、元来七郎左衛門儀者常々農業渡世不仕、悪事而已目論見小前之もの江種々難題ヲ申掛、村方難義ニ相成候事共相企候ニ付、去ル弘化三午年村方一同連印之願書差上候処、

御知行所吉倉村倉右衛門・富田村武兵衛取扱ニ立入、村方江誤（謝）一札差出し隠居仕、已来何事就而も差障不申筈之処、今般訴訟方百太郎病気抔と偽り、横合より隠田并隠開発地有之候抔と申立候義、一円難得其意難渋至極仕候、何卒格別之以御慈悲ヲ前願之次第、逸々御吟味被成下置候様偏ニ奉願上候、委細之義者御尋之節、乍恐口上ヲ以奉申上候、以上

弘化五申年正月

御知行所印旛郡下砂村

百姓久四郎煩ニ付
乙治郎

親類惣代　久治郎

組合惣代　太郎左衛門

右之通り返答書差出候間、取次印形仕奉差上候、以上

組頭　清兵衛

同断　太郎右衛門

同断　善右衛門

仲田五郎左衛門殿

石原僖五郎殿

七郎左衛門より訴えられた久四郎の子である乙治郎は、字新堤上田五畝二三歩、同所下田二七歩が元文期に本家の百太郎より買い添え所持していたものだといい、弘化四年十一月に請け戻しの要求があったが、質流地永代証文に書

き改められてから一一二年が経っており、今更往古の取り決めを破れないと断ったと主張する。また、所持地のうちに隠田、隠開発地等という不正の場所はなく、下田二七歩も山崩れに遭ったが、四年前に開発して再度縄受地となっていると反論した。また、七郎左衛門の人格については、農業渡世を行わず、悪事のみ目論見、難題を申し掛けて村方を難儀させている。弘化三年に詫書を差し出させて隠居となったが、今般のように本家の百太郎が病気と偽り、隠田や隠開発地等と申し立てていると悪評を加えている。

以上のようなそれぞれの主張の結果、上砂村・吉倉村（共に現、八街市）の名主を立会いとして同年二月に議定書が作成された。

【史料3】[23]

議定一札之事

一当村百性善三郎・七郎左衛門・久四郎田畑争論之義ニ付、先達而中御屋敷様江願書奉差上候義も有之候処、則御割元様江場所御見分被　仰付、且御出役御糺之上、夫々江返答書可差出旨被申渡奉差上候処、双方御呼出しニ相成、再応御利解被仰聞、既ニ　御地頭所様江差出しニも相成所、立会上砂村名主重左衛門・吉倉村名主倉右衛門取扱ニ立入、熟談内済仕候趣意、左ニ規定いたし置候

一当村字新堤谷津ニ而、去ル元文度村方重郎右衛門より同久四郎江売渡候古證文上田五畝歩之義、七郎左衛門隠田とハ申出候得共、其時之名主全廿三歩書落、五畝弐拾三歩之御田地相違無御座、然者同所上田壱反七畝十八歩之内壱俵半入・同所下田弐拾七歩壱俵入江相添、弐俵半入と号、御他領小谷流村百性清吉方江久四郎売渡候義ニ御座候

一前書下田弐拾七歩川附江山崩仕候ニ付、開発切添いたし候、尤此度久四郎より相当之御取箇被　仰付度可願上筈

（中略）

右之通り重左衛門・倉右衛門立入、村役人・親類・組合一同立会之上御取扱被下候儀、少も悲（非）分無御座熟談内済、双方共聊変心仕間敷候、為後日尤（ママ）右一件之義、御割元様より　御屋敷様江之願下ヶ相済候迄議定連印仕差出し申処、仍而如件

弘化五申二月日

下砂村

当人　善三郎㊞

親類惣代　久治郎㊞

当人　七郎左衛門㊞

組合惣代　五郎兵衛㊞

当人　久四郎㊞

親類惣代　久二郎㊞

組合惣代

病気ニ付出ス　太郎左衛門㊞

組頭　清兵衛㊞

同

御屋敷御用ニ付

当日落印　太郎右衛門

同　善右衛門㊞

上砂村名主

重左衛門殿

吉倉村名主

倉右衛門殿

まず、田畑争論については割元が検分を行い、御出役による取り調べがあり、双方を呼び出して再度理解を仰せ聞かせたことが書かれている。そして、上砂村名主重左衛門・吉倉村名主倉右衛門立会の下、熟談内済とした議定が行われた。

議定の内容は以下にまとめられる。①古證文隠田上田五畝歩は、その時の名主が二三歩を書き落とし、字新堤谷津上田五畝二三歩の土地であることは相違がない。②上田一反七畝一八歩の内一俵半入・下田二七歩一俵入、合わせて二俵半入として他領の百姓清吉へ売り渡された。③下田二七歩は山崩れに遭うので、開発して切り添え地とし、相当の取箇を仰せつけられるように久四郎が願い出ている。

この結果をみると、乙治郎（久四郎側）の主張が全面的に認められ、七郎左衛門の訴願は棄却されたようにみえる。しかしながら、次にあげる同年三月訴訟人七郎左衛門・相手乙治郎等が、割元に提出した吟味下げ願いの内容をみるとそうではなかったことがわかる。

【史料4[24]】

乍恐以書付奉歎願候

御知行所印旛郡下砂村百姓百太郎煩ニ付代分家重太郎父七郎左衛門、同村百姓久四郎相手取、元文三午年下田弐

拾七歩・上田五畝歩〆弐ヶ所百太郎先祖より永代売渡候処、猶相手久四郎より堀田相模守御領分同国同郡小谷流村清吉と申ものへ売渡シ、然ル処右田地続キ隠田上田五畝歩・隠し開発地凡壱畝歩有之、無年貢地相済(添)、御他領江売渡し候而ハ奉恐入、右ハ七郎左衛門先祖所持地ニ有之候間、他江売渡候義ニ御座候者、代金何程ニ而も差出し請戻し、隠田幷隠し開発地とも明白ニ御取箇奉願上度、其外品々御訴奉申上候ニ付、相手久四郎煩ニ付悴乙次郎返答書差上候義ハ、字新堤ニ而上田五せ弐拾三歩・同所下田弐拾七歩之場所、元文之度百太郎先祖より買済(添)所持ニ有之候処、去ル弘化四未十一月中七郎左衛門右田地請戻し度旨掛合有之候得共、質流地永代證文ニ書改メ凡百拾弐ヶ年来相立、今更往古之取極メを相破り差戻しかたく旨、且上田五せ歩幷隠し開発地凡壱畝歩相済(添)売渡し候様申立候得とも、久四郎所持之内隠田又者隠し開発地抔と申不正之場所無之、勿論下田弐拾七歩之内山くづれ有之、四ヶ年以前開発いたし候得共、全御縄受之場所有之候処、七郎左衛門謀計申立候者、其外品々答上双方申論中場所為見分と各々方被成御越、私共一同立合夫々場所御見分之上、追而御吟味御座可有処、隣村立会名主上砂村重左衛門・吉倉村倉右衛門両人取扱へ立入双方得と承り糺し候処、訴訟人七郎左衛門ニ而ハ相手久四郎所持之諸證文面ニ上田五畝歩と書記し有之候得とも、右田地ハ村方諸帳面ニ無之、猶又同人より小谷流村清吉へ前書下田弐拾七歩之田地売渡し、右ハ悉ク場広ニ有之候間、右田地之内五畝歩之地所有之、殊ニ川附ニ有之隠し開発地とも七郎左衛門先祖下田弐拾七歩へ無年貢地相済(添)売渡候義と相心得、右様不正之場所御他領江久四郎より売渡し候而ハ奉恐入候ニ付、代金何程ニ而も差戻し請戻し、相当之御取箇奉願上度御訴訟奉申上候得とも、久四郎ニ而ハ右田地去未年十一月中請戻し同人所持ニ相成候上ハ、七郎左衛門方ニおゐても申分無之、且隠田と申立候義ハ久四郎方ニ而下田弐拾七歩江外田地之内三枚相済(添)、不正之売方いたし、猶同人所持之證文ニ村方諸帳面ニ無之畝歩書加有之候間、七郎左衛門方ニ而ハ全ク無年貢地と相心得不取留義御訴奉申上奉恐入、相手久四郎方ニ而も大切之御田地江、外所持之壱反七せ拾八歩之場所田数三枚下田二十七歩ヘ差加、御年貢御上納ニ差詰リ候迚場広ニいたし、御他領ヘ不正之売方いたし候より七郎左衛門疑惑いたし事起リ候義、久四郎義も奉恐入、且且川附切済(添)田地之義者追而御取箇可奉願上旨申之、訴答今更先非後悔重々奉恐入、此上御吟味請候而ハ如何様御咎メ可被仰付も難計、訴答之もの共者勿論、小谷流村清吉へ売渡候田地證文江印形いたし候村役人共迄奉恐入候間奉歎願候、御吟味中何共奉恐入候御願ニ者御座候得共、御吟味御下ケ被成下候様仕度奉願上候、然上者右田地一件ニ付、向後双方聊御願筋無御座候間、何卒格別之以御隣(憐)愍ヲ、先般奉差上候訴答願書御下ケ被成下候様奉願上候、右願之通リ御聞済被成下候ハヽ、一同難有仕合ニ奉存候、此段偏ニ御慈悲之御沙汰奉願上候、以上

弘化五年申三月

御知行所下砂村

百姓百太郎煩ニ付分家

百姓重太郎父

訴訟人　七郎左衛門

同村百姓久四郎煩ニ付悴

相手　乙次郎

親類惣代　久次郎

組合物代　太郎左衛門

組頭　清兵衛

同　太郎右衛門

同　善右衛門
吉倉村名主
取扱人　倉右衛門
上砂村名主
（取扱人）重左衛門

仲田五郎左衛門殿
石原　僖　五　郎殿

前書之通り御地頭所様江奉願上候処願下ケニ相成、双方共熟談内済仕候処、少も非分之義無御座、仍而連印仕差出し申候処、如件

（差出人右同につき略）

上砂村名主
重左衛門殿
吉倉村名主
倉右衛門殿

要約すると以下のようにまとめられる。①久四郎所持の諸證文面には上田五畝歩と書き記してあるが、村方諸帳面にはなく、不正の場所を他領の百姓に売り渡している。②久四郎は田地を去未（弘化四年）十二月に請け戻し、所持しているので七郎左衛門には申し分が無い。③「隠田」は、久四郎が下田二七歩に田地三枚を添え、村方諸帳面に無い畝歩を書き加えて不正の売り方を行ったので、七郎左衛門が「無年貢地」と要領を得ず訴えた。④川附切添田地

は、後で御取箇を願い出ている。

以上史料を通して一件の経過を詳しくみてきた。そこで争論の要点のまず一つとしてあげられるのが、隠田の原因について「議定書」と「吟味下げ願い」に相違がみられることである。「議定書」には、当時の名主が證文に二三歩を書き落としたことにより、七郎左衛門が「隠田」として訴えたとあった。一方「吟味下げ願い」では、久四郎が年貢上納に差し詰り、村方諸帳面に無い畝歩を書き加えて不正に売渡したことを七郎左衛門が疑惑を抱き、「隠田」として訴えたとある。争論の結果として、七郎左衛門の請け戻し願いは申し分なく棄却され、久四郎の不正の売渡しが確認された。つまり、両者に落ち度があったことを確認し、吟味下げで落着としたわけである。

もう一つ要点としてあげられるのが、争論の中で度々根拠として提示される「村方諸帳面」の記載である。七郎左衛門は先祖所持地を理由に請け戻しを主張し、乙治郎は往古の取り決めの遵守及び検地名請の事実により願いを拒否している。結果的に、七郎左衛門の訴願が棄却されたことにより、乙治郎の根拠が認められたことになるが、字新堤谷津上田五畝二三歩の「二三歩」を名主が書き落とし、以後隠蔽してきた（若しくは気づかなかった）ことや村方諸帳面に無い畝歩を書き加えて不正の売り方をしていた事実があり、百姓の土地認識の実情は曖昧な部分が多かったように窺える。

おわりに

印旛郡の村々では天正検地の後、慶安～万治年間（「前期堀田時代」）に再検地が実施された。この再検地により佐

表７　印旛郡・千葉郡村高変遷一覧（一部）

	村名	元禄郷帳	天保郷帳
印旛郡	岩　富	348.26100	351.19200
	内　田	362.34000	363.69000
	飯　塚	247.76500	255.19000
	宮　内	163.31200	164.21200
	七　曲	97.05000	106.07500
	岡　田	65.23000	66.51600
	西御門	127.79000	128.08300
	稲　葉	40.12000	41.62000
	根古谷	289.81000	295.47000
	大谷流	183.41600	194.11400
	小谷流	88.12300	91.45600
	用　草	357.50600	368.38800
	勢　田	147.37800	147.37800
	東吉田	297.52000	297.52000
	吉　倉	89.82280	89.82280
	砂	259.31800	259.31800
	上　砂	224.71400	224.71400
千葉郡	野　呂	391.14200	391.14200
	高　田	283.87000	283.87000
	五十土	51.52100	51.52100
	川　井	137.51400	137.51400
	佐　和	66.82400	66.82400
	高　根	301.72200	301.72200
	多部田	643.66300	643.66300
	北谷津	105.71800	108.47800
	中　田	583.45000	583.45000
	古　泉	170.57000	170.57000
	和　泉	178.53900	178.53900
	富　田	351.33420	351.33420
	上　泉	343.45000	343.45000
	下　泉	346.13500	346.13500

倉藩領の一円的な土地把握が行われ、村高や年貢高が改められた。その結果、印旛郡東吉田村（現、八街市）など一部の村々では、「高不足」が検出され、村高と生産高に大きな差が生じている。しかしながら、年貢については生産高に見合ったものが賦課されているため、被支配者側が減免願いをすることもそれほどなく、領主・領民双方が「高不足」の存在を容認しているようにも窺える。

近世後期あるいは明治期に至っても、村高が変わらず、一方で「高不足」が存在し認められ続けるのは、地域的・地形的なあらゆる視点から考察する余地が残されているが、表7[25]のように印旛郡・千葉郡の村々の傾向から検討すると、「領主変遷」の問題が一因としてあげられる。

表7をみると、村高不変の村々は印旛郡五村・千葉郡一四村であり、全て元禄十二年に旗本戸田氏領に移された村であることがわかる。したがって旗本戸田氏は、こうした村々の在地把握は特に実施せず（必要視せず）に引き継ぎ、慶安~万治年間に行われた再検地の状況のまま、幕末に至ったのである。

旗本戸田氏領では、文政十三年（一八三〇）に捨訴[26]が度々行われ、役人の宿賄いや割元の業務などが問われている。また天保八年（一八三七）には、勧農役所に派遣された代官倉林富之助・幡之助親子及び取締役（在地の割元・名主・問屋）の収賄に対する訴願運動[27]が起こっている。しかし、年貢減免の訴願運動や一揆、検見願いなどの史料は管見の限りみられない。つまり、「高不足」の存在は村々において問題にはならず、領主による再検地を必要としなかったと考えられる。

弘化期隠田出入一件は、このような領主の在地把握の実情に伴い、百姓の高請地所持意識も様々であったため、引き起こされた。したがって、近世の石高制は実情に見合っていなくとも機能していた事実が窺えるのである。

註

（1）安良城盛昭『幕藩体制の成立と構造』（御茶の水書房、一九五九年）、同『歴史学における理論と実証』（御茶の水書房、一九六九年）、北島正元『江戸幕府の権力構造』（岩波書店、一九六四年）、所理喜夫『徳川将軍権力の構造』（吉川弘文館、一九八四年）など。
（2）「検地と石高制」（歴史学研究会・日本史研究会編『日本史講座』第五巻　近世の形成、東京大学出版会、二〇〇四年）
（3）『近世の検地と地域社会』（吉川弘文館、二〇〇五年）
（4）「下総における近世初期徳川検地について」（『社会経済史学』二八―三、一九六三年）
（5）木村礎・杉本敏夫編『譜代藩政の展開と明治維新―下総佐倉藩―』（文雅堂銀行研究社、一九六三年）
（6）「堀田佐倉藩の家臣団と藩領」（『藩領と大名』木村礎著作集Ⅲ、名著出版、一九九七年）など。
（7）「江戸後期城附農村の諸問題」（『藩領と大名』木村礎著作集Ⅲ、名著出版、一九九七年）
（8）「近世後期下総佐倉藩領における年貢米地払制度」（『地方史研究』一五一、一九七八年）
（9）『藩領と大名』（Ⅱ譜代藩政と藩領、はしがき、六頁）
（10）『八街市史』資料編　近世二（八街市史編さん委員会、二〇一〇年）
（11）近世百姓の土地所有に関する研究は、白川部達夫『日本近世の村と百姓的世界』（校倉書房、一九九四年）、神谷智『近世における百姓の土地所有―中世から近代への展開』（校倉書房、二〇〇〇年）などを参照とする。

(12)「下総における近世初期徳川検地について」を基礎データとして、『千葉県史料 中世篇 諸家文書』所収「古検地帳目録」(千葉県史編纂審議会、一九六二年)、『佐倉市史』巻二(佐倉市史編さん委員会、一九七三年)、『成田市史』近世編史料集二 土地・貢租(成田市史編さん委員会、一九八五年)、『八街市史』資料編 近世一(八街市史編さん委員会、二〇〇二年)、『日本歴史地名大系 第一二巻』千葉県の地名(平凡社、一九九六年)以上の情報を加えて作成した。

(13)『成田市史』近世編史料集二 土地・貢租 解説(成田市史編さん委員会、一九八五年)を参照。

(14)前掲論文(4)のほかに、川名登「近世初期代官吉田佐太郎について」(『日本歴史』五一八号、一九九一年)、拙稿「近世初期代官吉田佐太郎に関する一考察」(『史学論集』三六号、駒澤大学大学院史学会、二〇〇六年)、盛本昌広「中近世移行期の香取地域」(『千葉県史研究』第一四号、千葉県史料研究財団、二〇〇六年)がある。

(15)『八街市史』資料編 近世二(八街市史編さん委員会、二〇一〇年)所収。

(16)『佐倉市史』巻二(佐倉市史編さん委員会、一九七三年)、『八街市史』資料編 近世二(八街市史編さん委員会、二〇一〇年)より作成。

(17)前掲史料(15)に同じ。

(18)『成田市史』によれば、公津村の年貢が台方村・下方村・大袋村・飯仲村・江弁須村の五ヵ村に分けて徴収されたため、実際の地分けをする上で何らかの問題が生じ、翌年再検地が実施された。なお、右の五ヵ村は承応二年に分村し(円城寺文書)、以後公津を冠称するようになる(『日本歴史地名大系 第一二巻』千葉県の地名)。

(19)布川組三五ヵ村の大庄屋であった布川村の新八郎・新四郎、大房村の彦左衛門、高須村の主水の四名は、寛永二十年八月八日から九月二十七日にかけて、小検見をし、村高と見捨高を記した帳簿を佐倉に提出した。物高一万三四三二石二斗七升一合のうち、高三二四九石九斗七升三合が検見の上捨て高として記されている(『利根町史』第二巻史料集、利根町教育委員会、一九八三年)。

(20)『成田市史』近世編史料集二 土地・貢租(成田史編さん委員会、一九八五年)

(21)『八街市史』資料編 近世二(八街市史編さん委員会、二〇一〇年)所収。

(22)・(23)・(24)前掲史料(21)に同じ。

（25）「元禄郷帳」・「天保郷帳」（『関東甲豆郷帳』、関東近世史研究会校訂、一九八八年）より作成。
（26）・（27）前掲史料（21）に同じ。

Ⅲ　近・現代の地域経済と生活空間

近代北総における貨物輸送—下利根川水運の衰退と成田鉄道—

高木　晋一郎

はじめに

北部を利根川中下流、西部を江戸川に接している北総地域にとって、これらの河川やその支流、分流などは、近世から近代にかけて貨物や旅客の重要な輸送路であった。年貢米をはじめ多種多様な貨物が利根川・江戸川の水運によって北総~江戸・東京間を輸送された。

旅客や貨物を輸送する手段としては、水運のほかに陸運が考えられるが、人力・畜力のみに依存する当時の輸送手段では、米穀などの重量貨物の輸送を担うことは非常に困難であり、それらの大部分が水運によって輸送された(1)。一方、旅客の移動には水運のみならず街道も利用されており、例えば江戸から成田山に向かう参詣者の中には、木下街道を北上し、木下から利根川を船で下ったり、成田街道を利用したりすることも多かった。明治初期には蒸気船が導入され、その後、後述の通り乗合馬車の路線も相次いで開業した。江戸・東京から北総地域に向かう旅人には、水運、陸運、そしてこれらの組合せと、移動手段に選択の余地があった。

北総地域に鉄道建設が計画されたのは、明治二〇年代初頭である。武総鉄道（本所~佐原）と総州鉄道（本所~銚子）の二社が出願したが、いずれも却下された。続いてこの二社の発起人らを中心に総武鉄道（本所~八街）が出願され、明治二二年（一八八九）に免許が下付された。恐慌などの影響で開業は遅れたが、明治二七年（一八九四）、市川〜佐倉間が開業し、同年内に本所（現・錦糸町）〜市川間を延伸、これが千葉県最初の鉄道路線となった。続いて、房総鉄道、成田鉄道などが明治三〇年代前半までに開業し、千葉県北部の主要鉄道路線網が概ね完成した。この時期、全国各地で鉄道開業が相次いだ。

かつて、鉄道の発達と内陸水運の衰退との関係については、文献によってその評価がまちまちであった。北総地域の場合、例えば『佐原市史』（一九六六）によると、「鉄道の開通は、町の性格を一変させるほどの強い影響力をもって」おり、佐原においては「これまで利根川舟運の交通機関に依存していた旅客と貨物は、比較的に低廉な運賃で大量の貨客をしかも迅速に輸送する鉄道に急速に移動し」、「鉄道の発達は、これまで商品流通の主導権を握っていた水運を圧倒的に駆逐したため、利根川舟運に大きく依存していた郷土〔佐原―引用者〕の商業は、ここに新しい機械文明の影響をまともにうけて、衰微をたどったのであろう」（七七二―七七五頁）とある。しかし同書は「〔鉄道の影響の―同〕波及は急速に襲ってきたものではなかった。全国的にも明治末年頃まで、貨物の大量輸送は水運に依存していた傾向が各地にみられ、利根川においても同四〇年代、かなりの活況を呈した」（七八四頁）とも説いており、鉄道開業直後の鉄道と水運との関係は曖昧になってしまっている。近年では、下利根川水運が鉄道開業後もすぐには衰退しなかったことを説く文献が多い(2)。しかし、それでは下利根川水運はいつ衰退したのか、そして衰退期の下利根川水運はどのような物資をどれほど輸送していたのか、そもそもほぼ並行している水運と鉄道がしばらくの間共存できたのは何故なのか、などといった疑問点が残される。それらを解明するためには、「水運と鉄道の競合」、或いは「水運から鉄道への輸送需要のシフト」という単純な図式ではなく、水運衰退の要因を立体的、複合的な視点から考察する必要があろう。

鉄道開業後の内陸水運と鉄道との関係は地域や時期により多様であり、鉄道開業直後ほどなく水運が衰退を見せた地域と、鉄道開業後もなお水運が重要な輸送手段として機能し続けた地域が存在する。(3)しかし、明治中後期の地方鉄道に関する研究が一定の進展を見せているのに対し、近代の内陸水運に関する研究は未だ不十分である。史料的な制約もあり、いわゆる鉄道熱期以降の内陸水運の実態の解明は進んでいない。(4)鉄道開業から水運の衰退にかけての両者の関係を解明することは、日本における交通の近代化の特質を見出す一助になるのではないだろうか。

一　明治中期までの北総における交通事情

（一）明治一〇年代までの利根川水運と陸上輸送

利根川水系には明治初期から蒸気船が導入された。明治四年（一八七一）の「利根川丸」就航後、「昌栄丸」「盛運丸」「衝鳳丸」などが相次いで就航し、激しく競合した。これら蒸気船による貨客輸送に進出したのは、廻船問屋や飛脚問屋など江戸時代以来交通に関わってきた者が多かったようである。(5)明治一〇年代後半に入ると、それら零細な業者は次第に淘汰され、江戸や上方の飛脚問屋仲間を前身とする内国通運と、銚子の地元資本を中心とする銚子汽船、木下の河岸問屋であった吉岡家の三者に統合されていった。その後明治二〇年代には上利根航路を内国通運、下利根航路を銚子汽船と吉岡家が運航するというように営業エリアの棲み分けができた。このような明治一〇年代の蒸気船運航会社間の競争と淘汰は、それだけ東京～北総地域間の輸送需要が高かったこと、同時に各運航会社の経営者にとって、その需要が蒸気船への投資に値すると判断されたことを示している。

これら初期の蒸気船運航会社が運賃や速度などの旅客サービスを競う反面、米などの重量貨物を中心とする貨物輸送は、大部分が近世以来の和船によって行われていた。利根川・江戸川の両岸には多数の河岸が発達し、特に佐原は北総~東京間の物流において、出荷・着荷・中継の拠点として機能していた。『千葉県統計書』明治二〇年版によると、同年、佐原河岸の貨物の取扱価格は「銚子港及河岸」を上回っており、県内の港湾の中では「寒川湾」に次ぐ規模であったことがわかる。(6) 取扱品目としては、発着ともに米が圧倒的に多く、それ以外に酒類（大半は味醂）・砂糖・繊維製品（太物）の発送や、砂糖・繊維製品（呉服・太物）の着荷があったようである。(7) 香取郡は米作地帯であり、米の生産量は県内最大規模であったが、発送品目のみならず到着品目にも米が含まれることから、佐原は出荷拠点のみならず、近隣の各地から米を集荷し江戸・東京方面へ発送する中継地としても重要であったことがわかる。江戸・東京から到着した砂糖や繊維製品が佐原から各地に発送されているのも、同様に佐原の中継地としての機能を示しているが、味醂は発送のみとなっている。これは、県内の味醂の生産地がほぼ佐原と流山に限られるためであると考えられる。

利根川水系の和船の中でも代表的なものは高瀬船と呼ばれた大型のもので、特に大きいものでは米五〇〇俵以上を積載することが可能であった。船体を細く、喫水を浅くして河川での航行に特化させ、海上輸送には適さなかった。高瀬船と呼ばれる川船は全国で見られたが、その多くは一〇石積程度であり、利根川水系のものは全国に例を見ない規模であったが、これは幕府・諸藩の廻米を輸送するためである。しかも利根川水系にはやはり大型の艜（ひらた）船が就航しており、同水系で二種類の大型船が使用されていたのも利根川水系の特色であった。(8) 東回り航路などを経由し海上輸送された物資の一部は銚子でこれらの川船に積み替えられ、利根川・江戸川経由で江戸まで輸送されたため、銚子は海上輸送と河川輸送との結節点としても機能していた。(9)

一方、江戸・東京~北総間の移動には、各街道も利用されていた。例えば明治初期、葛飾県鬼越村（現・千葉県市川市）の木下街道と成田道との交差点付近の通行人を記録した史料が残されており、[10]この史料から、幕末から明治初期における成田街道や木下街道の通行目的は、寺社参詣、商用、年貢米納入、そして個人的な娯楽など多岐に渡っていたことが窺われる（但し、参詣と商用での通行が大部分を占めていた）[11]。蒸気船による定期航路網が発達した明治一〇年代以降について、北総地域における長距離の街道輸送の具体像は詳らかでないが、東京〜千葉間（総房馬車会社）や東金〜八日市場間（早川軒馬車会社）など、千葉県内或いは東京と県内各地を結ぶ中長距離の乗合馬車の定期便が開設されており、特に東京〜千葉間は早朝から午後まで毎時一回ないし二回出発するなど利用者の多さが窺われ、[12]北総地域の主要道路が畜力による荷車や人力車の走行が可能なものであったことなどから、[13]街道の通行量も小さくなかったと推察される。

また、いわゆる「利根川東遷」など近世前期の治水工事以後、利根川下流域の流水量が増加し、それに伴い中流域の土砂の堆積量が増加した。更に天明期の浅間山噴火により土砂の堆積は急増し、関宿近辺には頻繁に浅瀬を生じ、大型船の航行に支障をきたすようになっていた。この問題を解決するため、喫水の小さい「長艀下」（「艀下船」）が利用されるようになり、小堀河岸がそれら艀舟の拠点となったが、渇水時にはこれらの艀舟も身動きがとれなくなった[14]。そのため、浅瀬を避けて利根川と江戸川の航路を短絡する陸路が発達した[15]。この陸路は江戸・東京に鮮魚など速達性を要する物資を輸送する目的にも利用されたため、「鮮魚（なま）街道」とも呼ばれていた。しかし、やはり陸路が重量貨物の大量輸送に適しなかったことは、のちに利根運河として結実する、江戸川と利根川を短絡する運河の開削が江戸時代から明治中期にかけて繰り返し計画され、また明治一〇年代には軽便鉄道も計画されていたことなどからも明らかであろう[16]。

（二）利根運河の営業開始と鉄道計画

江戸川と利根川を短絡する運河の計画が具体化したのは明治一〇年代後半である。その経緯の詳細については、紙幅の都合もあり本稿では省略するが、オランダ人の技師ムルデルが中心となり測量などを実施し、千葉県知事や茨城県知事らが運河開削計画を推進した。明治二〇年（一八八七）、利根運河会社が設立され、翌年、新川村（現・千葉県流山市）の本社で起工式が行われた。軟弱な地盤や湧水などにより工事は難航したが、明治二三年（一八九〇）六月、本社にて竣工式が行われた。なお、運河の営業は、竣工式に先立つ同年三月から開始されている。利根運河の営業開始により、東京～利根川下流域間の航路は約三八キロ短縮された。通水直後、蒸気船は利根運河の通航を許可されていなかったが、明治二六年（一八九三）より蒸気船も通航するようになった。しかし当初は、東京から利根川下流域の佐原・銚子方面への直行便は設定されておらず、東京近辺から利根川下流域まで船便で移動するには、利根運河の利根川側の河岸である船戸で乗り継ぐ必要があった。船戸から東京側は内国通運、佐原・銚子側は銚子汽船と吉岡家により運航されていた。明治二八年（一八九五）、東京（蛎殻町）から銚子への蒸気船による直行便が開始され、利便性は大幅に改善された。

一方、明治二〇年代には、東京と千葉県内各地を接続する鉄道の建設が求められるようになった。それ以前、実現しなかったものの利根川と江戸川の航路を短絡する軽便鉄道が構想されていたが[17]、本格的な計画の最初のものは、冒頭でも触れた通り、安井理民・田中玄蕃らによる総州鉄道（本所～銚子）と、小倉良則・伊能権之丞らによる武総鉄道（本所～佐原）である。明治二〇年代に入り鉄道建設が計画されるのは千葉県に限ったことではなく、全国で同様の計画が立案された。松方デフレ後、経済の回復、銀本位制導入などを経て資本主義的生産が加速すると、企業勃興期を迎えたが、その中心となったのが紡績と鉄道である。それ以前、鉄道路線は官設鉄道（開拓使所管の幌内鉄道を含む）のほか日本鉄道と阪堺鉄道（現・南海電気鉄道）のみであったが、明治二〇年代前半のいわゆる「第一次鉄道熱」期を通して、一二社の鉄道会社が開業した。特に、山陽鉄道や九州鉄道、関西鉄道といった大規模な鉄道路線の開通により、東海道線の全通と合わせて日本の幹線鉄道網の骨格が形成されつつあり、また営業キロ数、輸送量ともに私鉄が官鉄を上回った。しかし、この鉄道熱に際して全国で投機目的の泡沫的な鉄道計画が濫立し、結果的に多数の鉄道計画が実現に至らなかった（明治一八［一八八五］～同二五年の間に出願された鉄道会社は約五〇社である）。ほぼ同時期に出願された武総鉄道と総州鉄道も同時に却下されたが、これは鉄道局長井上勝の分析によるものであった。即ち、既存の幹線鉄道に接続しない独立の路線であること、また水運の利用者がすぐに鉄道に移行するとは考えにくいことなどを挙げ、十分な利益が見込めないと判断したのである[18]。

出願を却下された武総鉄道と総州鉄道の発起人らは、明治二二年（一八八九）、牧朴真を創立委員長として新たに総武鉄道を立ち上げ、水運との競合を避けるため区間を本所～八街に短縮した上で再度出願し、免許を下付された。その後恐慌に突入してしまったことなどから、着工は明治二六年、開業は翌二七年にずれ込んだが、建設計画自体は第一次鉄道熱期に認可されていたのである。

しかし、八街までの総武鉄道は、ルートから外れた成田や佐原の有力者にとって満足できるものではなかった[19]。小倉良則や石田精一郎らは改めて佐倉～成田～佐原間の北総鉄道を出願したが、短距離であるため収益が見込めないと判断され、却下された。その後、恐慌を経て明治二六年（一八九三）、再度ほぼ同じルートとなる佐倉～佐原間の下総鉄道を出願した。下総鉄道には、成田山貫首の三池照鳳、実業家の大倉喜八郎ら有力者が加わった。成田山参詣客輸送を意識して社名を成田鉄道と改称した同鉄道は[20]、参詣客輸送のほか佐原を拠点とする物資の輸送も重視していたことが出願書類から読み取れる。[21]出願書類に添付された営業計画では、年間の旅客収入約二万九〇〇〇円に対し、貨物収入は五万三五〇〇円と、旅客よりはるかに多額の貨物収入が見込まれていた。

また、明治二九年（一八九六）には日本鉄道土浦線（のちの海岸線、現・常磐線）が開通し、東京と水戸が鉄道で接続され、翌年には平（現・福島県いわき市）まで開通した。同路線は常磐炭田の石炭の輸送を主目的としていた。

二　鉄道開業から水運の衰退へ

（一）初期の成田鉄道

五大私鉄をはじめとする幹線鉄道網や、都市近郊鉄道が整備された第一次鉄道熱期に対し、明治二〇年代後半から三〇年代初頭にかけての第二次鉄道熱期には、地方鉄道路線の整備や幹線鉄道の延伸が進められた。千葉県内の総武鉄道はじめ房総鉄道、日本鉄道土浦線もこの時期に相次いで開通した。

成田鉄道も県内の他の鉄道路線とほぼ同時期、明治三〇年（一八九七）に佐倉〜成田間が開通し、翌年、佐原に達した。当初、旅客・貨物の合計で年間約八万二五〇〇円の営業収入が見込まれていたが、明治三一年にはその計画を上回る一〇万六一四一円（雑収入を除く）[22]となり、比較的順調に営業実績を上げていたようである。しかし、その内訳は当初の発起人らの目論見に反し、旅客収入が貨物収入を圧倒的に上回っていた。同年の営業収入の内訳は、旅客九万九三三八円、貨物六八〇三円（銭位四捨五入）であり、貨物収入は営業収入の六・四％に過ぎなかった。これは同じ千葉県内に路線を有する総武鉄道や房総鉄道、日本鉄道に比しても小さいが、同じく参詣客輸送を目的とする讃岐鉄道や参宮鉄道にも、成田鉄道と同様に貨物収入の割合が低い傾向が見られる。[23]貨物収入は国有化されるまで右肩上がりの増加を見せるが、営業収入の一〇%を上回ったのは明治三六年（一九〇三）であり、明治末に至って漸く二〇%に届く程度であった。

旅客輸送は成田山参詣客に加え、明治三四年の成田～我孫子間開通によって総武鉄道と日本鉄道土浦線とを連絡する機能が加わり、利用者数を下支えしていたと考えられる。特に成田駅は、佐倉方面・我孫子方面・佐原方面と三方向への結節点となり、明治三〇年代における乗車人員は年間三〇万人前後と、千葉県内でも千葉駅を上回る最大の規模であった。一方、貨物輸送の主力品目は農産物であり、明治三〇年代において全貨物輸送量の五〇%前後を占めていた。香取郡が県内最大の米作地帯であり、またその周辺地域からも米などの農産物が集積されていたことから、佐原における米の発送量は県内の鉄道駅の中でも有数の規模であった。また米以外では、酒類（清酒・味醂）や醤油などの醸造品、薪炭などが発送されており、いずれも取扱量は県内の全鉄道駅の中でも上位である（もっとも醤油については銚子と比較すると圧倒的に小さい）。酒類は主に香取郡の駅から、薪炭は主に印旛郡の駅から発送されていた。逆に東京から印旛郡・香取郡に輸送される品目には砂糖や肥料などがあり、いずれも佐原での取扱量は県内有数の規模である。砂糖は日清戦争後、台湾より安価な製品が移入されるとともに欧米の食文化を徐々に受容しつつあったこと、肥料はほぼ時期を同じくして人造肥料や清国産大豆粕の普及が進んだことなどが背景にあると考えられる。[24]

これら、成田鉄道により明治三〇年代に北総～東京間で輸送された品目のうち、米や醸造品、砂糖は、前章で触れた佐原河岸での取扱品目と共通しており、近世以来水運によって輸送されてきた物資の一部が明治三〇年代には鉄道に移行しつつあったことが窺われる。しかし、佐原から鉄道により発送された米の量は明治三〇年代後半の時点で年間五〇〇〇～七〇〇〇トン程度（郡《こおり》〔現・下総神崎〕からの発送量との合計では七〇〇〇～八〇〇〇トン）となっており、その後大正期に入ると一万トンを上回るが、明治二〇年時点で佐原河岸から水運で発送された米の量（年間二万七〇〇〇トン(25)を大幅に下回った。明治三〇年代における佐原河岸からの水運による輸送品目・輸送量については詳細なデータを欠くが、この時点では東京方面に出荷される米の大半は水運に依存していたものと考えられる。

もともと成田鉄道は、出願時に旅客収入を超える貨物収入を見込んでいた。しかし、初期の段階においては、結果的に成田鉄道の経営は計画を上回る旅客収入によって支えられていたのであり、明治三〇年代を通して営業収入に占める貨物の割合は数％から十数％程度であった。成田鉄道の経営陣も、荷主らが輸送手段を水運から鉄道に切り換えないことが貨物輸送量の伸び悩みの要因であることを認識しており、特約による運賃割引など荷主に対する営業努力によって顧客を確保しようとしていた[26]。

（二）水運を取り巻く状況の変化

北総地域に鉄道網が整備されつつあった明治三〇年代、米をはじめとする農産物は、未だ多くが水運によって輸送されていた。しかし、近世以来の下利根川水運を取り巻く状況は、明治中期頃より変化しつつあった。明治一八年（一八八五）、政府は同二〇年以降五〇〇石（一二五〇俵）積以上の木造和船の建造を禁止する布告を発した。高瀬船などの川船は大型のものでも数百俵積が中心であり、規制対象は主として内航海運に用いられた大型船であったが（五〇〇石積以上の高瀬船も存在した）、この施策は水運の近代化を推進しようとする政府の意図を反映している。しかし、五〇〇石未満の和船は引続き建造され続けたし、五〇〇石以上のものについても、従来の木造和船をベースに帆装などに西洋船の技術を取り入れた「合いの子船」が多数建造された。このような従来の和船に西洋型帆船の技術を取り入れた和洋折衷の帆船は、西洋型帆船の建造費・運航費が高額であったためにその長所を在来の和船に応用したものであり、昭和初期まで内航船として広く普及していた[27]。

利根川水系の近代治水は明治初期に始まる。明治七年（一八七四）、政府は利根川を直轄河川としたものの、財政事情などにより改修工事は遅れ、同一〇年、江戸川筋より順次工事が開始された[28]。利根川をはじめとする国内主要河川の改修に先立ち、雇外国人のオランダ人技師らからは低水工事のみならず高水工事をも重視する意見もあったが、河川水運の重要性、土木技術が未発達であったこと、財政基盤が未成熟であったことなどから低水工事を中心に実施され[29]、高水工事は府県の負担となっていた。しかし、明治前期を通して利根川流域をはじめ全国の主要水系において繰り返し水害が発生し、政府直轄による高水工事の要望は高まっていった。明治二九年（一八九六）、河川法が制定され、主要河川について政府の直轄による高水工事が推進されることとなった。利根川水系では、群馬県沼之上から河口までを三期に分け、明治三三年、利根川河口～佐原間の第一期改修工事が着工された。この下流域の第一期工事は明治四二年までの一〇年間であり、中流域の第二期工事は明治四〇年度に着工、上流域の第三期工事は明治四三年度に着工した。しかし、この河川法による改修工事は、大規模な洪水に十分に対応できるような本格的なものではなかった。より本格的な高水工事が開始されたのは、明治四三年（一九一〇）八月、台風による大水害が発生し、利根川・荒川流域に大規模な被害がもたらされたことを受けて、治水の方針が転換されてからのことである[30]。

これら大型和船の建造禁止布告や河川法による高水工事の開始が、鉄道の開通と並んで水運を衰退させる要因となったことは確かであろう。しかし、具体的にどれほどの影響が水運にもたらされたのであろうか。明治中後期における下利根川水運の輸送量に関して、数値的なデータはほとんど残されていない。しかし、利根運河通水以降、北総地域～東京間の大型和船・汽船は大部分が利根運河を経由していると考えられるため、利根運河の通航量を辿ることによって、水運の輸送量の変化を推測できると考えられる。

利根運河の通船数（和船）は、運河通水後二〇年程の間、年間延べ約三万艘で推移し、明治末期まで急激な減少は

「利根運河史」(『流山市史』近代資料編・新川村関係文書　収録)をもとに作成

図1　利根運河和船通船数（艘）

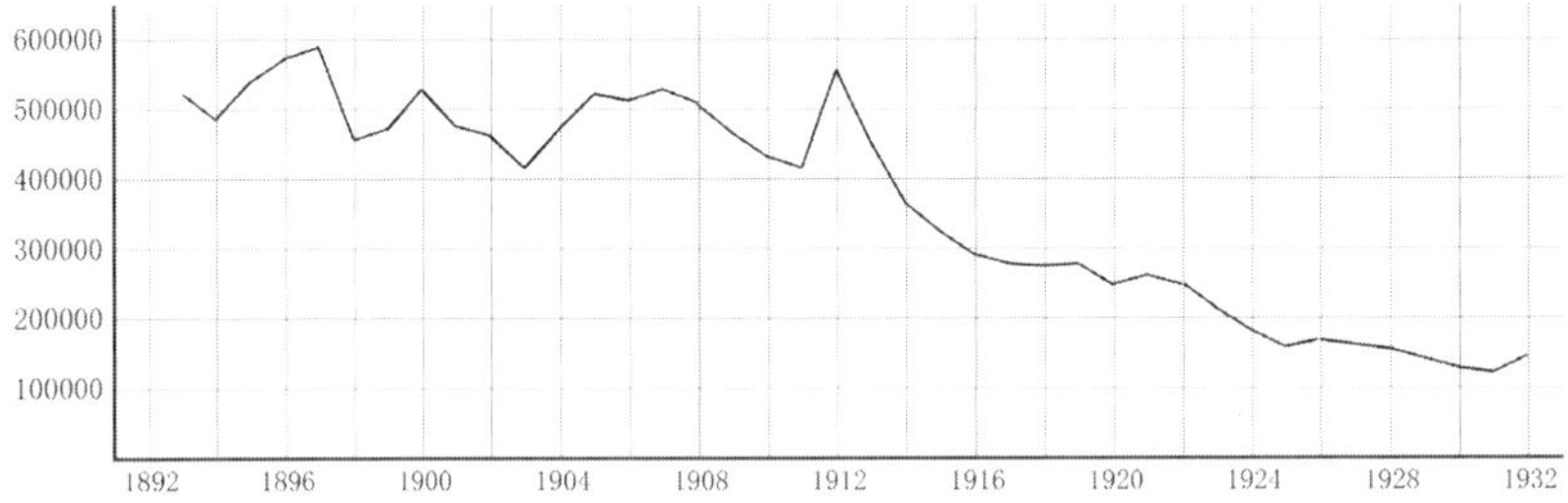

「利根運河史」(『流山市史』近代資料編・新川村関係文書　収録)をもとに作成

図2　利根運河和船通船数（東京→各地／各地→東京　合計）（トン）

見られない（図1）。また、利根運河を経由した貨物の輸送量は、各河岸から東京へ輸送されたものが大正初期まで年間三〇万トン前後、東京から各河岸へ輸送されたものが年間二〇万トン前後、合計年間五〇万トン前後で推移している（図2）。当然、年度によって増減が見られるものの、右肩下がりの減少は明治期を通して確認できない。少なくとも明治末期までの間、鉄道開通や治水工事・河川法、その他法令・布告などによって和船水運が受けた影響は限定的なものであったように見受けられる。

（三）明治末期から大正期にかけての下利根川水運と鉄道

図1・図2によると、北総地域に鉄道が整備され、治水が低水工事から高水工事主体に転換した明治中後期を通して、和船による貨物輸送量は急減したわけではないことが確認できるが、大正期

に入ると輸送量が大きく減少し、数年の間に明治期の半分程度まで落ち込んでいる。

鉄道の発達が水運の輸送量の減少を招いたのは確かであろうが、北総地域における鉄道の開通から利根運河の通船数・輸送量の減少が顕著になるまでには一〇年ないし十数年の時間差がある。成田鉄道の佐原延伸は明治三一年（一八九八）であるが、その頃年間三万艘前後であった利根運河の和船の通船数が二万五〇〇〇艘を下回るのは一二年後の同四三年（一九一〇）、二万艘を下回るのは一六年後の大正二年（一九一四）であるし、年間五〇万トン前後であった利根運河の貨物通航量が四〇万トンを下回るのは大正三年である。それまでの間、前に触れた通り成田鉄道は比較的順調な旅客輸送に対して貨物輸送は伸び悩み、荷主に対して営業活動を繰り返さざるを得なかったし、河川法制定の四年後、淀川水系や木曽川水系より遅れて明治三三年から開始された利根川水系の改修工事も、本格的な高水工事と言えるものではなかった。明治四三年の大水害とその後の高水工事の本格化は、明治末期から大正期にかけて利根運河の和船通船数・貨物通航量の減少が顕著になっていく一つの契機になったのかもしれないが、それでも和船による貨物輸送が短期間のうちに消滅してしまったわけではなく、大正末期から昭和初期の時点で、明治末期に比して二分の一ないし三分の一程度の輸送量があったことがわかる。

一方、成田鉄道による貨物輸送量は徐々に拡大し、同鉄道各駅から発送される貨物の総量は明治末期には年間五万トンを上回り、明治三〇年代には数％〜十数％であった営業収入に対する貨物の割合も二〇％に達した（表1）。佐原から発送される米も、明治末期には年間一万トンを上回り、大正一〇年代には約二万トンに達した。この時期、北総地域から東京まで水運によって輸送された米の量について詳細な数値を知ることは困難であるが、大正六年度上半期の利根運河の営業報告書には次のようにある（『第五十九回営業報告書』[31]）。

抑モ当期ハ欧州ニ於ケル数年ニ渉ル大戦将タ又支那ニ於ケル動乱ノ影響ニヨリ歳首ノ頃ヨリ商工業ニ活気ヲ呈シ

表１　成田鉄道運賃収入の内訳と貨物収入の割合（A・Bは円）

年度	旅客（A）	貨物（B）	A＋B	B／（A＋B）
1896（明治29）	11,370	315	11,685	2.7%
1897（明治30）	72,835	2,360	75,195	3.1%
1898（明治31）	99,338	6,803	106,141	6.4%
1899（明治32）	111,239	9,061	120,300	7.5%
1900（明治33）	123,160	9,629	132,789	7.3%
1901（明治34）	186,639	16,659	203,298	8.2%
1902（明治35）	193,189	18,334	211,523	8.7%
1903（明治36）	182,597	26,729	209,326	12.8%
1904（明治37）	182,794	31,433	214,227	14.7%
1905（明治38）	196,293	29,528	225,821	13.0%
1906（明治39）	211,651	35,538	247,189	14.4%
1907（明治40）	235,525	38,431	273,956	14.0%
1908（明治41）	244,090	44,378	288,468	15.4%
1909（明治42）	236,146	49,091	285,237	17.2%
1910（明治43）	220,471	45,300	265,771	17.0%
1911（明治44）	257,561	65,042	322,603	20.2%
1912（大正元）	287,522	85,433	372,955	22.9%
1913（大正2）	300,482	71,780	372,262	19.2%
1914（大正3）	297,009	72,940	369,949	19.7%
1915（大正4）	277,964	74,770	352,734	21.2%
1916（大正5）	299,466	82,933	382,399	21.7%
1917（大正6）	387,876	103,808	491,684	21.1%
1918（大正7）	496,573	128,639	625,212	20.6%
1919（大正8）	662,807	183,779	846,586	21.7%

※「雑収入」は省略　　（『日本国有鉄道百年史』をもとに作成）

殊ニ交通運輸事業ノ如キニ至リテハ實ニ未曽有ノ繁盛ヲ来シ一般實業界ハ頓ニ殷賑ヲ極ムルニ至レリ、去レハ自然出入貨物ノ頻繁ナルニヨリ当會社ニ於テモ幾分利益ノ増進ヲ見ルニ至リシナリ、〔略〕偖テ運河ヲ通航スル船舶積載ノ貨物中其至ナルモノハ薪炭、木材、米穀、等ニシテ其生産地ハ絹川沿岸ヨリノ木炭、木材及霞ヶ浦ナル西北両浦ノ沿岸ヨリ産出スルハ薪炭、木材、米穀ナリ、是等ノ貨物ハ数年来實業界不振ノ持続ニヨリテ荷動甚タ不活發ニ加ヘ何レモ生産ノ要地ニハ鉄道ノ便アリテ其大部分ヲ鉄道ニ奪ハレ大ニ水路ノ輸送力ヲ減殺セラレ従テ運河ノ通船数モ漸減ノ傾向ナリシカ今春来景気ノ回復ニ伴ヒ漸次通航船舶ノ増加ヲ見ルニ至レリ〔略〕利根沿岸ナル佐原ハ成田鉄道ノ終点ニアリ霞ヶ浦沿岸各地ニ通スル要津ニシテ百貨集散ノ頻繁ナル一市場ナルヲ以テ水陸輸送ノ競争劇甚ヲ極メ殊ニ茨城縣鹿島、行方、稲敷ノ各郡及ヒ千葉縣香取郡等ヨリ産立スル米穀ノ多クハ此市場ニ上リ其七ハ《（ママ）》歩ハ鉄路東京ニ輸送セラル、ノ状態ナレトモ近年水運貨物ノ減退甚シキヲ以テ回漕業者ハ勿論船乗業者ノ精励発奮スル所トナリ幾分船積貨物ノ数ヲ増加セリ、

　これによると、大正中期、佐原に集積された米穀類の七割ないし八割は鉄道によって東京方面に輸送されていたこと、また、水運による輸送量は漸減傾向にあるものの景気変動によって増減し、特に第一次大戦による好況のため、輸送量がある程度下支えされたことがわかる。即ち、貨物輸送の大部分が鉄道によって担われるようになりつつも、まだ荷主にとって水運も輸送手段の選択肢として残されていた。

　しかし、利根運河の経営は、維持管理のための多大な負担を常に強いられていた。特に浚渫工事は利根運河にとって「尤も無駄に莫大なる費用を要」し、人力による作業では「到底運河の水深を保持すること不可能なるを慮り」、大正一二年（一九二三）、浚渫船を導入した。(32) 明治二九年（一八九六）の洪水により利根川の河床が上昇し、運河の水流が逆転したため、土砂が堆積しやすくなった。また、明治三一年、四三年の洪水は運河に莫大な損害をもたらし、四三年の洪水の後には水堰と堤防の増築を実施せざるを得なくなった。(33)

　このように、明治末から大正に至って北総～東京間貨物輸送のシェアは逆転し、大正中期には主力品目である米の七～八割は鉄道により輸送されており、明治三〇年代に成田鉄道が営業報告書に「水利ノ便ニ依ルノ慣習アルカタメニ遽カニ百貨ノ吸集ヲナス能ハ」ざることを訴えてから約二〇年を経て、今度は利根運河が営業報告書に「生産ノ要地ニハ鉄道ノ便アリテ其大部分ヲ鉄道ニ奪ハレ大ニ水路ノ輸送力ヲ減殺セラレ」ていることを訴える状況になっていたのである。それでもまだ「近年水運貨物ノ減退甚シキヲ以テ回漕業者ハ勿論船乗業者ノ精励発奮スル所トナリ幾分船積貨物ノ数ヲ増加セリ」とあるように、危機意識を持った水運従事者らの営業努力によって、ある程度の輸送量を保っていた。

（四）下利根川水運への打撃

成田鉄道は、県内の他の鉄道より一〇年以上遅れて大正九年（一九二〇）に国有化された。開業当初、出願時の目論見に比して極めて小さかった貨物輸送量は、その後徐々に拡大し、成田鉄道各駅からの発送貨物の合計は、明治末から大正初期には約五万トンであったところ、大正後期（国有化後）には一〇万トンを超えた。もっとも、第一次大戦後の好況などにより大正期を通して鉄道貨物輸送量は全国的に増加しており、千葉県内の国鉄線においても明治末期に比して大正末期には輸送量が大幅に増加している[34]。従って、成田鉄道（国鉄成田線）の貨物輸送量の増加が、下利根川水運からの輸送のシフトのみによるものであると見なすことはできない。しかし、例えば佐原からの米の発送量は、大正初期に約一万トンであったが、末期にはその二倍程度となっていた。その間、千葉県ならびに香取郡の米の生産量が大幅に増加したわけではないため、水運から鉄道への輸送手段のシフトが成田鉄道の貨物輸送量増加の一因であると考えられる。

既に大正期を通して衰退の一途を辿っていた下利根川水運に、大正一二年（一九二三）の関東大震災は決定的な打撃を与えた。まず直接的な被害として、地震とその後に発生した火災によって、多数の木造の川船が流失・焼失した[35]。被災した船主・水運従事者も多数であったと思われる。

しかし、水運への打撃は、寧ろ震災後に顕著化した。震災後の復興に際し、コンクリート建築の資材として砂利の需要が急増し、関東の各主要河川で川砂が大量に採取された。江戸川でも多摩川や相模川などと並んで川砂の採取が行われ、水位が下がったため大型船の航行に支障をきたした。もっとも震災直後の時点でこのことに影響を受けたのは、特に大型の船に限られたようである[36]。

より深刻な影響は、自動車の普及であると考えられる。大正時代初頭、全国に僅か五〇〇台程度であった自動車は、大正五年度には約一三〇〇台、震災直前の大正一一年度には約一万二〇〇〇台となり、大正末には二万六〇〇〇台を超えた。千葉県内でも大正時代後半には自動車が大幅に増加し、成田鉄道沿線である香取郡・印旛郡では、震災後、自動車が一〇〇台を超えた（表2）。自動車は明治期には日本に移入されていたが、当時はそれによる貨物輸送は市場として成立し得なかった。全て輸入品であった自動車はそれ自体も極めて高価であったが、加えて運転が特殊技能であり人件費も高額となったため、供給コストが高く、運賃も極めて割高になった。そのような割高な運賃を負担してまで速達性を求められる輸送需要も小さかったし、故障が多発して安定した輸送サービスを供給できず、更に自動車の走行が可能な道路も未整備であった。そのため、初期の自動車による輸送品目は付加価値の高い高級商品に限られ、また自動車輸送の斬新さそのものが広告媒体として利用された[37]。

表2　自動車台数（台）

		1916（大正5）	1919（大正8）	1922（大正11）	1925（大正14）
全国	合計	1307	5553	12091	26446
	乗用	1284	5109	9992	18562
	荷積	23	444	2099	7884
千葉県	合計	11	40	234	560
	乗用	11	36	210	365
	荷積	0	4	24	195
香取郡印旛郡	合計	2	12	41	106
	乗用	2	12	40	79
	荷積	0	0	1	27

『明治大正国勢総覧』ならびに『千葉県統計書』による

大正時代を通して自動車は増加していったが、その普及が加速し、トラック輸送が市場として成立し得るようになったのは震災後であった。復興に際し、自動車はその機動性を発揮し、輸送効率が評価された[38]。既存の道路の改修も進められ、例えば国道一号線の改修においては、拡幅や勾配の緩和、木造橋のコンクリート橋への架け替えなどが、震災復興事業費と東京府・神奈川県による分担金により実施された[39]。こうして大正末期から昭和戦前期にかけて、トラックによる貨物輸送市場の成立の基盤が確立するとともに、被災した東京市電の応急的な代替輸送手段として東京市営バスの運行が開始されるなど、旅客輸送についても自動車の輸送量は拡大した。

大正末期から昭和戦前期にかけての自動車輸送量の増加は、当然、河川水運に大きな打撃を与えた。それは、当時の船頭が「鉄道で荷は減ったけどねェ、わたしらァ結局トラックにおやされちまったんですァ。えらァひまんなっちゃってねえ」(40)と語るように、利根川水運の従事者にとって、鉄道開通以上の死活問題として受け止められたようである。

大正期を通じて物価、特に米価の変動が激しかったことも水運に影響を与えた。大正三年（一九一四）から翌々年にかけて、米価は大幅に下落した。その要因は多岐にわたるが、例えば新聞記事には次のようにある(41)。

此二三年來米価の昂騰引續ける爲め各農家は高値賣を覺え、其結果として兎角投機心に驅らる、やの傾向あり、言ふまでもなく農家は確實を旨として商工家の如く決して投機的行爲を爲すべきものにあらざるに、高値に賣らんとして斯く投機心を起すが如きは其本分を誤りたるものと云ふべきなり、其利益上より見るも隔月位に平均賣をなさば概して大なる打撃を蒙ることなく其利益を維持し得べきは明白なるを以て、將來は今回の經驗に鑑み各自大に注意せんことを希望して止まず、

大正期に入ると、商家のみならず農家も米を投機の対象とし、それが米価を不安定にせしめた、としている。この記事には「道家農務局長談(42)」とあるが、これが単なる一個人の見解ではないことは、他の新聞にも農家の投機的な行動を指摘する記事が掲載されていることからもわかる(43)。米価の変動が激しくなるにつれ、米の輸送にも従来あまり要求されていなかった速達性が要求されるようになってきた(44)。或いは、特に速達性を要求されない場合であっても、高水工事開始後の渇水の多発により大型船の航行自体が不可能となることが頻繁になった。米価の激しい変動は、水運従事者の労働条件にも影響を与えた。当時の船頭からの聞き書きには、農業倉庫業法の施行により地域の農産物の流

通を独占するようになった農業倉庫から、彼らが「奴隷に使われた」状況が伝えられている。[45] 労働条件の悪化、収入の不安定化は、水運に携わる人材の流出を招いた。

昭和六年（一九三一）、成田線佐原～笹川間、同八年には笹川～松岸（銚子の手前）間が開通し、佐倉～成田～佐原～銚子の鉄道路線が全通した。これにより、香取郡・海上郡各地と佐原とを結ぶ短距離・鉄道端末の輸送手段としての水運の機能も更に縮小することになった。廻漕店や水運従事者らの組合は運賃を抑えざるを得ず、昭和八年時点での佐原～東京間の運賃は、穀類で約二割、その他の各品目も二～五割程度鉄道より低廉に設定されていた。[46] しかし、明治期においては鉄道運賃は水運の三倍～四倍程度であり、[47] 鉄道との比較における水運のコストメリットは昭和初期には小さくなっていた。

徐々に鉄道の影響が顕著化し、また以前は速達性があまり要求されなかった米にも速達性が要求されるようになり、更に震災の被害とその後の自動車の普及の影響を受けるなど、大正から昭和初期にかけての二十余年間は、下利根川水運にとって衰退が一気に加速した時期であった。それにとどめを刺したのが、昭和一六年（一九四一）の利根運河閉止である。同年七月、大洪水が発生して水堰が崩壊し、運河は壊滅的な被害を受けた。同年末、政府が利根運河を買収することとなり、翌年、利根運河会社は解散、運河は国有化された。内務省は、買収した利根運河に、航路ではなく利根川の流量を調整して洪水を防止する機能を担わせることとし、下利根川流域～東京間の水運は終焉した。[48] 但し、後述するように大型船による下利根川流域～東京間の輸送以外はその後も存続した。

三　下利根川水運の「末期」とはいつからいつまでか―むすびにかえて―

（一）末期の水運の状況

下利根川水運によって輸送された品目は、東京方面へ輸送するものとして米などの穀類、薪炭、醤油など、東京方面から輸送されるものとして肥料、雑貨、繊維製品などがあった。しかし、明治期から昭和戦前にかけての数十年間、輸送量のみならず輸送品目にも変化が見られる。表3は利根運河を通航する船舶による輸送量である（この表の数値には、北総地域のみならず霞ヶ浦・北浦を含む茨城県側の河岸からの出荷分も含まれる）。最重要品目である米は、運河開通直後から明治後期にかけては二割程度の減少にとどまっているが、大正期を通して輸送量が大きく落ち込み、昭和八年には運河開通直後の二%まで減少した。薪炭も同様に大正期に落ち込んでいるが、薪炭の場合は東京において大正期に燃料としてのガスが普及するようになったことを考慮する必要があろう。一方で、落ち込みがそれほど大きくない品目、輸送量が増加した品目もある。莚・叺は昭和八年時点で明治二六年の半分以上の輸送量があるし、藁・秣は輸送量に大きな変動が見られない。これらは重量が軽く嵩張るため、鉄道輸送は効率が悪く、昭和に入っても一定の水運の需要があったものと考えられる。また、大正一一年（一九二二）、流山に糧秣廠が設置され、軍馬の餌の原料となる干草や藁が産地である利根川下流域から水運によって輸送されたことも影響している可能性がある[49]。このように、かつて水運の主力品目であった重量貨物が鉄道や自動車にシフトしていく過程で、残された水運の輸送品目が徐々に変化している。昭和戦前から戦時中にかけて、野菜、疎開荷物、豚など、多様な貨物が高瀬船によって輸送されていたようである[50]。

表３　利根運河通航量（各地→東京方面）

		明治 26 年（1893）	明治 36 年（1903）	大正 2 年（1913）	大正 12 年（1923）	昭和 8 年（1933）
米麦	輸送量（石）	315,722	246,240	154,800	42,420	7,392
	明治 26 年比	100%	78%	49%	13%	2%
	船数	2,794	2,160	1,290	303	48
薪炭	輸送量（束）	13,304,494	12,571,041	6,822,969	4,286,922	571,263
	明治 26 年比	100%	94%	51%	32%	4%
	船数	6,053	5,664	3,098	1,427	192
木材	輸送量（石）	272,165	235,086	126,030	193,750	74,923
	明治 26 年比	100%	86%	46%	71%	28%
	船数	1,195	1,156	662	1,054	376
莚叺（むしろかます）	輸送量（枚）	6,508,620	5,684,250	6,198,400	5,313,300	3,526,870
	明治 26 年比	100%	87%	95%	82%	54%
	船数	918	795	832	534	367
藁秣（わらまぐさ）	輸送量（貫）	1,676,076	1,510,080	1,782,000	1,880,000	1,252,754
	明治 26 年比	100%	90%	106%	112%	75%
	船数	788	704	810	752	438
醤油	輸送量（樽）	190,012	151,580	122,180	140,295	418,035
	明治 26 年比	100%	80%	64%	74%	220%
	船数	268	212	164	141	435

「利根運河史」（『流山市史』近代資料編・新川村関係文書　収録）をもとに作成

・薪炭については、都市部における燃料としてのガスの普及を考慮する必要がある。
・醤油の昭和８年の急増はやや不自然な数値ではあるが、輸送量の単位が「樽」であるため、醤油の容器の形状や容量が変化した可能性がある。

また、重量貨物の輸送が鉄道主体となっても佐原までの集荷には地廻りの水運が不可欠であり、昭和八年の成田線全通以降も霞ヶ浦・北浦などと佐原との間には輸送需要があった。同時に、鉄道貨物輸送も端末輸送機関としての短距離水運の存在を前提としていた。総武鉄道・国鉄総武線の起点であった両国橋、日本鉄道土浦線・国鉄常磐線の貨物輸送の起点であった秋葉原は、ともに鉄道と水運との結節点であり、佐原もまた同様であった。船主や水運に従事する人口は減少し続けたが、高瀬船など大型船で長距離輸送を行っていた者が、幹線輸送手段としての水運の衰退を受けて小型船による短距離輸送に切り替えた事例も多く見られた[51]。なお、鉄道が端末輸送機関として水運を必要としていたのは旅客についても同様で、明治四二年（一九〇九）、成田鉄道は内国通運・銚子汽船と連帯運輸を開始しているが[52]、昭和戦前期の観光ガイドにも常磐線・成田線と利根川・霞ヶ浦水運を利用する観光モデルコースが紹介されており、[53] 自動車が普及しつつある中でも利根川下流域の移動には鉄道と水運を組み合わせるのが一般的であったことが窺われる。

即ち、末期の利根川水運の特徴は次のようにまとめられる。第一に、米をはじめとする重量貨物についてはその大部分が鉄道の担うところとなったが、速達性を要求されず軽量で嵩張るものや疎開荷物など、鉄道輸送には効率の悪い品目や鉄道のメリットを活かせない品目については、昭和戦前・戦中期まで水運の担う役割は大きかった。第二に、鉄道や自動車による輸送量の増加により大型船での長距離輸送では生計の立てられなくなった船主や水運従事者らの中には、引続き需要のあった鉄道端末輸送など小型船での短距離輸送に切り替える者もあった。特に端末輸送については戦後まで存続しており、昭和三〇年代まで佐原駅そばの水路を船が多数往復し、貨物列車に米を積み替えていた。[54] これが下利根川水運の最後の姿だとすると、「下利根川水運の末期」は鉄道が開通した明治三〇年代でも高水工事が本格化した明治末期でもなく、米穀類や薪炭などの重量貨物を生産地である利根川下流域から東京方面にほとんど輸送できなくなった大正末期～昭和初期から、利根運河閉止や戦争を挟んで高度成長期まで、ということになるのではないだろうか。

(二)　水運衰退の要因

河川水運の衰退・終焉は、鉄道の発展や高水工事と結びつけて語られることが多い。それは誤りではないとしても、少なくとも下利根川水運についてはそれだけでは説明できない要素が多い。明治中後期の鉄道開通や高水工事の本格化以降、大震災、急速な自動車の普及、成田線延伸、利根運河閉止、米価の変動、労働条件の悪化などさまざまな形のダメージが徐々に水運を追い詰めていった。

ここで改めて鉄道と和船水運との差異を考えると、それは単に前者が動力（外燃・内燃・電気）を有しているため高速・大量輸送が可能であり、後者にはそれが不可能であるということにとどまらない。近代的な輸送機関である鉄道には（少なくとも国鉄においては）、営業キロ数に応じた運賃体系（各種割引などの設定もあったが）、軌間をはじめとする各種統一基準、大家族主義的な経営、そして所轄官庁による統計データが残されていることなど、いずれも前近代的な輸送機関である和船水運には見られない特徴である（株式会社組織であった利根運河に関するデータは多く残されている）。

明治後半から大正期にかけて、政府は長期的視野に立った大胆な交通政策を導入し、特にその後半、明治末期から第一次大戦を挟んだ大正期には、鉄道、海運や、それに関連する重工業なども変容を迫られた[55]。近世以来の封建的な、人力・畜力・風力に依存する輸送体系から、鉄道や海運を中心とする全く新しい輸送スキームへの転換が図られたのである。下利根川水運は、明治末期までは新しい輸送手段である鉄道との共存が可能であったが、明治末期から大正期に至り交通体系の変容に巻き込まれ、昭和戦前期までに北総地域〜東京間の幹線輸送という役割を鉄道に譲り、更に戦後の高度成長期に至って短距離の端末輸送の役割を自動車に譲ることとなった。

註

（1）川名登「利根川東遷は無かった―近世河川水運の性格について―」（『利根川文化研究』16、一九九九年）、ならびに同『河岸に生きる人びと』（平凡社、一九八二年）、一四頁。

（2）例えば、『千葉県の歴史』通史編・近現代1（二〇〇二年）、六七六―六七七頁、には次のようにある。「千葉県では、鉄道の敷設によってただちに舟運が駆逐されることはなかった。〔略〕舟運と鉄道は、明治時代の終わりまで旅客と貨物を分けあっていた」。

（3）黒崎千晴「明治前期水運の諸問題」（運輸経済研究センター・近代日本輸送史研究会編『近代日本輸送史―論考・年表・統計―』成山堂書店、一九七九年）、一六五―一六七頁。
（4）松丸明弘「江戸川舟運の近代化過程への展望」（『千葉県立関宿城博物館研究報告』5、二〇〇一年）。
（5）川蒸気合同展実行委員会編『川の上の近代』（二〇〇七年）、二頁、など。
（6）明治二〇年における「港津輸出入物品ノ元價」の総計は、「寒川湾」約二三八万円、「銚子港及河岸」約六六万円、「佐原河岸」約一七八万円となっている。
（7）明治二〇年の佐原河岸の取扱品目は、「輸出物品」として米（一八万一六七五石）、清酒（九四一石）、味醂（一九六四石）、砂糖（六万五八五二〆）、太物（三万六二四〇反）、「輸入物品」として米（一二万五八三二石）、砂糖（一四万八九五二〆）、呉服（七九四七反）、太物（五万九七三〇反）が挙げられている。その前年には輸出物品にも呉服が含まれている。
（8）石井謙治『和船Ⅱ』（法政大学出版局、一九九五年）、一九三―一九八頁。
（9）老川慶喜氏は、総武鉄道の前身である総州鉄道の発起人らは、銚子港の改良と鉄道の敷設により、明治維新以後衰退した銚子の物流拠点としての機能を復活させることを期待していた、としている（『明治期地方鉄道史研究』日本経済評論社、一九八三年）。
（10）鬼越村松澤家文書（M②）「見張帳」など。なお、「見張帳」の詳細については、池田真由美「明治三～四年葛飾県鬼越村見張所記録の分析と紹介」（『国立歴史民俗博物館研究報告』155、二〇一〇年）を参照されたい。
（11）前掲池田「明治三～四年葛飾県鬼越村見張所記録の分析と紹介」。
（12）『千葉県の歴史』近現代1（二〇〇二年）、六六〇―六六三頁
（13）『千葉県統計書』明治二〇年版。なお、同文献から、千葉県内でも房総南部になると諸車通行不可の道路も多いことがわかる。
（14）渡辺英夫『近世利根川水運史の研究』（吉川弘文館、二〇〇二年）、五七―六二頁・九七―九九頁。
（15）前掲渡辺『近世利根川水運史の研究』では、「この地域では、陸揚げ河岸と艀下河岸とが互いに別々の機能を分担しあ

い、それによって地域全体として輸送機能が維持されていたのであった」と指摘している（九九頁）。

(16) 流山市立博物館編『利根運河120年の記録』（二〇一〇年）、三頁、など。

(17) 明治一〇年代、東京の航運会社が下利根川に蒸気船「いろは丸」を登場させた。このいろは丸関係者らが中心となり、のちの利根運河よりやや南側に利根川と江戸川の航路を短絡する鉄道の建設を計画、明治一六年に出願した。この鉄道は、フランスのドコービルの開発による軽便鉄道を採用していた（ドコービル鉄道計画）。村越博茂「明治期・関東地方における蒸気船交通史の概観―利根川流域を中心に―」（前掲『川の上の近代』）一一七頁。

(18) なお、老川慶喜『近代日本の鉄道構想』（日本経済評論社、二〇〇八年）、七九―八〇頁、をも参照されたい。

(19) その経緯について詳しくは、矢嶋毅之「未完の鉄道計画―北総鉄道について―」（千葉歴史学会編『千葉県近現代の政治と社会』岩田書院、一九九七年）を参照されたい。

(20) 「下総鉄道株式会社目論見書更正願」『鉄道院文書』（鉄道博物館所蔵）、「當会社發起ノ主要ナル目的ハ関左《ママ》第一ノ霊場タル成田山参詣ノ旅客ト之レニ随伴セル諸般ノ運輸ヲナスニアル而已ナラス、成田山ニ因ミアル成田ノ名称ヲ用ユレハ世ノ信用モ厚ク従テ数百萬信徒ノ感情ヲ調和スルノ利益アルヿ」「霊場旧趾ノ名ヲ採リテ社名トナシタルモノ尠ナカラスシテ強チ違例ニ非スト信スルヿ」。

(21) 「下総鉄道会社創立願書」『鉄道院文書』（鉄道博物館所蔵）、「佐原ノ地形タル縣下屈指ノ市街ニシテ四通八達ノ便ヲ得、〔略〕此地方ノ物貨輸出入皆ナ佐原ヲ経サルハナシ、実ニ商業繁盛ノ一要地ナリ」「本鐵道ヲ敷設シ〔略〕成田ノ一大霊場ト佐原ノ一要地ニ通スルノ便ヲ得セシムルニ在リ」。

(22) 『鉄道局年報』。

(23) 明治三一年における千葉県内の各鉄道（県外区間を含む）ならびに参詣客輸送を目的とする讃岐鉄道・参宮鉄道について、営業収入に占める貨物収入の割合を示すと表4の通りとなる。

(24) 明治三〇年代における成田鉄道の旅客輸送量や貨物輸送量・主な輸送品目については、拙稿「明治三〇年代北総～東京間の貨物輸送―成田鉄道の営業計画と輸送実績との比較を通して―」（『日本経済思想史研究』11、二〇一一年）、を参照されたい。

(25)『千葉県統計書』明治二〇年版。なお、註（7）をも参照されたい。
(26) 成田鉄道の営業報告書にも次のようにある。「同地方ハ従來水利ノ便ニ依ルノ慣習アルカ爲メニ遽カニ其慣習ヲ打破シ百貨ノ吸集ヲナス能ハスト雖圧開通以來孜孜汲々トシテ特約其他種々ノ方法ヲ設ケ百方之レカ収集ノ策ヲ講究シ以テ貨主ヲ奬勵シタルノ結果日ニ月ニ好況ヲ呈シ來レリ」（明治三一年度下半期）、「抑モ本會社線各驛輸出入ノ貨物ハ毎期縷々報告セルガ如ク古來水利ノ便ニ依ルノ慣習アルカタメニ遽カニ百貨ノ吸集ヲナス能ハスト雖モ前期來特約貸切等更ニ一層ノ奬勵法ヲ實施シタル結果トシテ日ニ月ニ好況ヲ見ルニ至ル」（三二年度上半期）。
(27) 石井謙治監修『日本の船を復元する』（学習研究社、二〇〇二年）、一一四―一一五頁。
(28) 利根川百年史編集委員会・国土開発技術研究センター編『利根川百年史』（一九八七年）、四四四六―四四四七頁。
(29) 前掲『利根川百年史』、四四四四頁。
(30) 宮村忠「利根川治水の成立過程とその特徴」（『アーバンクボタ』19、一九八一年）。
(31)『流山市史』別巻・利根運河関係資料集（一九八五年）所収。
(32)「利根運河史」（『流山市史』近代資料編・新川村関係文書、一九八四年）、四〇八頁。
(33) 同右。
(34) 千葉県内の国鉄線全駅における貨物発着量は、明治四四年は発送三七万五四八一トン、到着五六万一三八〇トンであったのに対し、大正一四年は発送七九万八四六六トン、到着一一二万七一八六トンとなっている（『千葉県統計書』による。大正期に開通した久留里線各駅分については差し引いてある）。
(35) 註（4）に同じ。
(36) 同右。
(37) 廣岡治哉編『近代日本交通史』（法政大学出版局、一九八七年）、一八五―一八六頁。

表４　営業収入とそれに占める貨物の割合（明治31年）

	旅客（円）	貨物（円）	合計	貨物の割合
成田鉄道	99,338	6,803	106,141	6.4%
日本鉄道	3,879,217	3,098,368	6,977,585	44.4%
総武鉄道	493,090	106,208	599,298	17.7%
房総鉄道	83,532	32,245	115,777	27.9%
讃岐鉄道	186,701	13,917	200,618	6.9%
参宮鉄道	242,154	15,455	257,609	6.0%

『鉄道局年報』

(38) 註(37)文献一九一頁、ならびに山本弘文編『交通・運輸の発達と技術革新　歴史的考察』(国際連合大学、一九八六年)、一〇〇頁。
(39) 前掲山本編『交通・運輸の発達と技術革新　歴史的考察』、一〇一―一〇二頁。
(40) 渡辺貢二『高瀬船』(崙書房、一九七八年)、八八頁。
(41) 『時事新報』一九一四年五月二日付。
(42) 道家斉(一八五七―一九二五)、官僚・貴族院議員。
(43) 例えば『大阪新報』一九一四年四月三〇日付、その他当時の複数の新聞記事に見られる。
(44) 前掲『明治大正国勢総覧』によると、東京における標準米一石あたりの価格は、明治末期から大正初期にかけては最高と最低の価格差が数円程度であったが、大正七年(一九一八)以降同一一年までは一〇円～二〇円、九年には二八円三二銭と米価の変動が激しかったことがわかる。
(45) 前掲渡辺『高瀬船』、八六頁。
(46) 川名晴雄『利根運河誌』(崙書房、一九七一年)、一〇五―一〇六頁。
(47) 渡辺貢二『利根川高瀬船』(崙書房、一九九〇年)、一三三頁。
(48) 前掲渡辺『利根川高瀬船』には、利根運河閉止後、関宿経由で船を通航させようとしたものの「すでに船の通れる川ではなかった」という船頭のエピソードがある(一六六頁)。
(49) 山下耕一「流山糧秣廠調査を終わってⅡ」(『流山市立博物館調査研究報告書13・流山糧秣廠』、一九九六年)、ならびに伊原千代隆・青木更吉「利根川・江戸川の水運と糧秣廠」(流山市立博物館友の会編『東葛流山研究』12、崙書房、一九九三年)。
(50) 前掲渡辺『高瀬船』、九〇―九二頁。
(51) 前掲渡辺『利根川高瀬船』、一四七―一五〇頁、一六七頁。
(52) 『日本国有鉄道百年史』6(一九七二年)、五一五頁。
(53) 『交通と旅館』(全国旅館案内所、一九三六年)。

（54）前掲川名『河岸に生きる人びと』、三〇七頁。
（55）前掲廣岡編『近代日本交通史』、四七―四八頁。

水辺の環境と生活の変容―手賀沼のほとりで農に生きた人：増田実日記から―

秋山　笑子

はじめに

北総地域の水辺のひとつである手賀沼のほとりに生きた増田実の日記を歴史的資料として取り上げ、変わっていく環境の中で、水辺に生きる人々がどのように生活を変化させながら生きてきたかをこの報告では明らかにしたい。そのために、環境民俗学と近現代史の視点から、現在につながる問題意識として、生業と自然環境の変化と意識を分析していく。

環境民俗学の立場からの環境と生活の変容に対する研究成果では、初期に河岡武春(1)や辻井善弥(2)によって「農漁民（漁農民）」という表現で海の漁と畑作や稲作との関係について生計活動の視点から論じられた。そして、安室知(3)の複合生業論は、狩猟、水田、漁労、鳥猟等を複合的に組み合わせた生計維持システムとして生業を考えている、また、篠原徹は風土を「解釈された自然」とし、主体化した自然への人の側からの働きかけを論じている。本報告もこの安室・篠原の研究成果の延長上にあると考えている。

また、近現代史での日記を使った研究成果として、豊原研究会の『善治日誌』(4)を使った農家の日常の生活を扱った研究や高田知和の『吉田日記』(5)による都市と農村の問題提起の意識や手法なども参考としている。

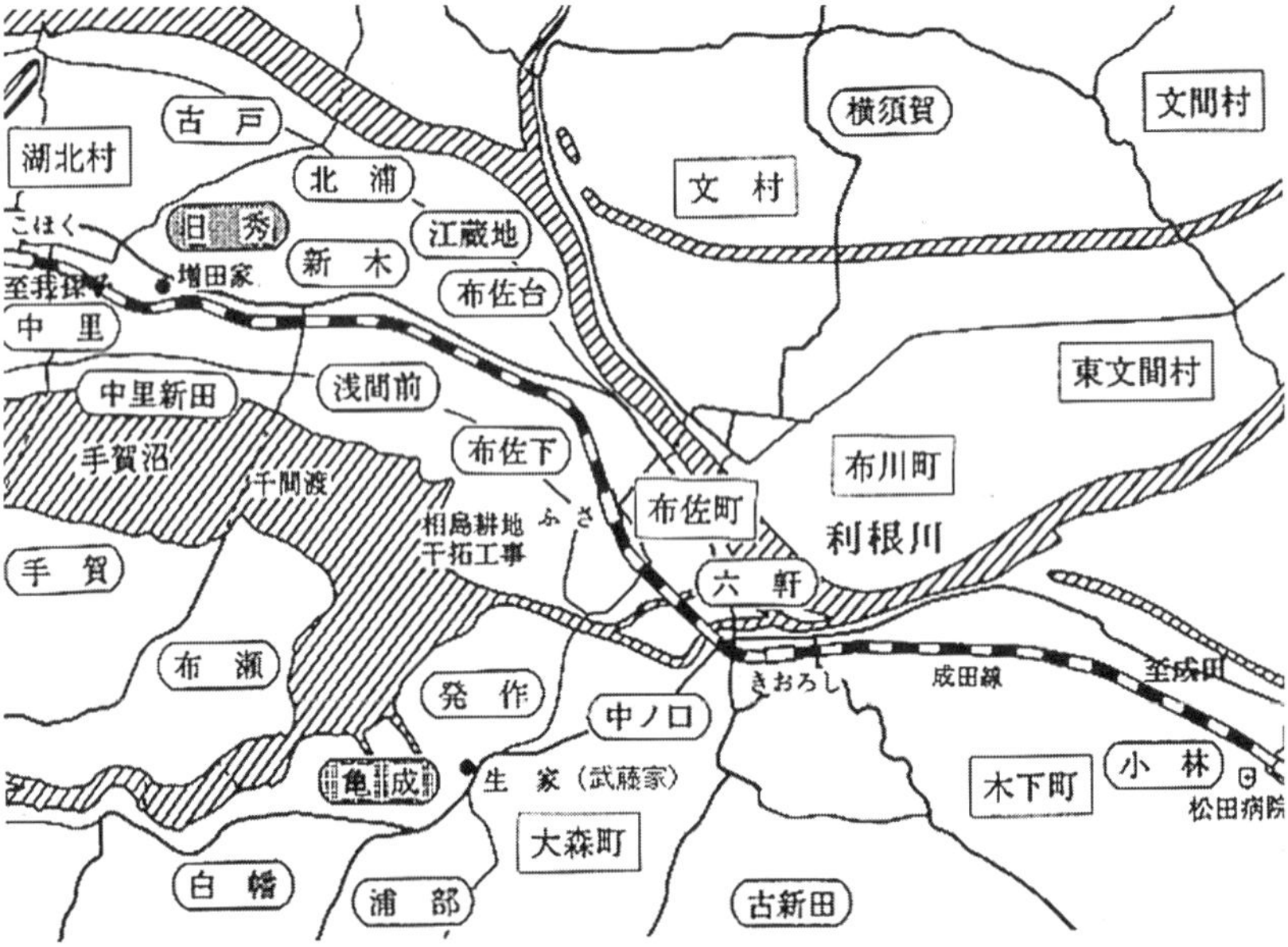

図１　昭和初期　手賀沼東岸付近地図
（『我孫子市史資料　近現代編別冊１　増田実日記Ⅱ』に一部文字入れ）

こうした研究成果をふまえて、増田実の自然のとらえ方を検討し、データを利用することにより生業を計量的に把握する可能性を考える。

一　『増田実日記』の概要

『増田実日記』[6]は、大正五年に実が一七歳の時に千葉県印旛郡大森町亀成《かめなり》（現印西市）で書き始め、一時休止したが昭和三四年に実が六〇歳の時に千葉県印旛郡湖北村日秀《ひびり》（現我孫子市）で亡くなるまでの四〇余年に亘る日記である。

　この日記の大きな特徴は、第一に当時の小作農の日記であることである。増田実は、若い頃の自らを貧農と位置づけ、その中での自らのあり方を模索している。近世から数多くの農民の日記はあるが、それは地主層のものであり、いわゆる貧農と自らを位置づけている人々の日記はほとんどない。そして第二に日記の内容が自分の行動記録を記載するだけでなく、苦しい生活の実態やその心のうちまでもが描かれていることにある。増田実日記は、当初は俳句を書くための文章訓練、もしくは俳句のための材料ノートといった意味合いがあったと考えられる。(7)そのため、内容が農業や行動を記録するだけではなく、感じたことを記述している。このことにより、手賀沼沿岸の低湿地である水村（すいそん）に住む一農民の考えを知ることができる歴史的資料として増田実日記を使うことができる。

二　増田実の青年期の生業

ここでは、実のライフヒストリーを〈四つの時代〉Ⅰ青年期〈大正五年～大正八年〉、Ⅱ婿養子期〈大正九年～昭和三年〉、Ⅲ分家期〈昭和四年～昭和一六年〉、Ⅳ老年期〈昭和三三年～昭和三四年〉に区分する。

まず、青年期〈大正五年～大正八年〉は、実が一七歳から二一歳の時にあたる。武藤実（武藤は旧姓）は、明治三二年千葉県印旛郡大森町亀成（現印西市）に農家の次男として生まれた。実の父親の与作は、武藤家の三男で若くして両親を失い、努力の末に田畑なども求めたと後に実が日記に書いているが、基本的には小作と考えてよいだろう。

実が生まれた亀成は、手賀沼東南岸の低湿地で水村《すいそん》といわれていた地区で、手賀沼周辺の中でも特に低湿である。明治四二年頃の大森町は、田二八四反、畑一七〇反(8)で田一〇：畑六と畑地が少ない土地で、水田は雨水だのみで、必要な時には水が不足し、雨が続くと内水に悩まされた。稲作は干ばつぐらいの方が収穫はよかったという。実はここで、大正五年の春から、生家の農業を手伝いつつ、読書や通信学習をし、鳥猟や漁業、鶏卵の出荷などをして、現金収入を得ていた。読書や自学自習をしながら、立身出世をしたいと希望に燃えながら働く真面目な農村青年といえる。

実の大正六年の生業時間を抜き出した表1が生業労働時間比較である。時間換算は、朝仕事は一時間、早暁《そうぎょう》の場合は二時間、午前は四時間、午後も四時間、夜仕事は二時間とした。[9] 集計した結果、田作業一一五七時間、畑作業二〇一時間、内水面漁業二五一時間、鳥猟四四時間となっている。日記だから、時には書かない日もあるし、時間についてもその日によって多分異なるとは思うが、どんな仕事に比重が大きかったのかがおおまかにわかる。

この中で特徴的なのが、鳥猟である。手賀沼はガンカモ類の飛来地として全国的にも有名で、旧沼南町布瀬（現柏市）を含む沿岸一二集落が手賀沼鳥猟組合[10]を作って、江戸時代後期から鳥猟をしていた。ボタナ猟といわれる鳥モチを使った猟は親村である布瀬村のみができて、ハリキリ網といわれるカスミ網を使った猟は布瀬村以外の一一集落が行っていた。猟は、鳥猟株がある者しかできず、毎年一一月初旬～二月頃の約四ヶ月間に猟をした。明治四二年頃には毎年四千羽内外の鳥を獲り、一二〇〇円以上の金額の収入があった。

大正五年一二月二〇日の日記には次のようにある。

> 夕ー父と共に猟に出ず。間も無く他浜が出づれば、雁鴨其他の水鳥、或いは小群に或いは大群に、潮の如く寄せ来る…皆々「未曾有の鳥だ」と口々に云ふ。やがて我が浜も出ずれば、天は鳥にて見えずなり、ゴー〳〵、シン〳〵、ヒュー〳〵たる音、耳をつんざくばかり。アッ実に意外な鳥だ！　我々今夜こそはと意気込みつつ舟を辷《すべ》らして、吾張場へと進む。

ここでは空が鳥で見えないほどで、今では想像できないほどの鳥がいたことが記されている。そして、猟への期待に胸をふくらませて舟を進ませる様子が記されている。

猟の方法は、夕方、舟で集合地へ行き、日が没し、暗闇になる頃、一斉に各自猟場へと舟を進める。張網は、親浜（旧布瀬村）の合図の大太鼓で竿をさして行き、網を張る。時間は月の出入によって異なる。沼の中心には親浜である旧布瀬村のモチナワが流してある。モチナワに鳥が掛かると他の鳥が驚いて沿岸のアシが生えている所に逃れようとして張網に鳥がかかり、網につけてある鈴が鳴る。そして、かかった鳥を捕って、また網を元にもどす。獲物がかかるまで辛抱強く待ち、ほとんど夜が明けるまで行う。翌朝の網納《あみおさめ》は大変寒く、時には沼に氷が張ることもあった。また、風があると猟は延期となった。獲った鳥は、地元に鳥を商う仲買人がおり、ほとんどが東京に直接持っていって売られた。

また、大正六年二月二四日の日記には、実がそげ張をしている様子が記されている。

僕は田にそげ張をなす。長谷川某も来る。夜―長谷川君と弟と僕三人にて番をなす。

そげ張とは、鳥猟株の鑑札を持たないもぐりの猟で、沼ではなく田に網を張り、沼から逃げた鴨などを捕る猟である。認められていない猟だから、若者や子供がやり、実際には鳥はなかなか捕れない。日記でも、そげ張で捕れた様子はない。

このように、鳥猟の期間中は三種類の鳥猟が行われていたが、大正六年は、鳥は多いのに不猟続きの年と一月一二日に記している。

近年に無き鳥とて猟者連大気焔也…出づれば豈計《あにはから》んや鳥は水をけるが如くに飛び去り他沼へと大方は飛び行くのであった。然して残り居るは甚だ少数にして、猟者は口々に愚痴を吐く。昼より雲りし空は麗に晴れて鴨の羽音手に取る如も聞ゆ。やがては張了《おわ》れば、ひし〴〵とかゝる。鈴の音も喧しい程鳴る！今宵は寒気殊の外厳しく、旧拾九日の月青白く冴え出づれば、霜早くも地に満ちて水上の結氷と共に真珠の如く輝く。天地昼の如く、やがては鈴の鳴りは殆んと絶へて、網を納めて帰り行く者もあり。結氷厚きが為め西岸なる布瀬浜にて氷を破りつつ網納めする迄も手に取る様に聞ゆ。「もう夜の明る迄居ても不猟《だめ》だ。」ど（ママ）父は弱音を吹いた。なぜこ

大正６年、大正12年、昭和５年、昭和10年

年号	肥料	稲作	畑作	鳥猟・内水面	山仕事	稼ぎ仕事	その他	合計
大正六年（十八歳）	519	1158	201	295	153	85	225	2636
	藻取399、藻干し6、藻を田へ12、藻を桑畑へ4、藻運搬13、マコモ刈28、マコモを田へ3、藁運搬8、干草を田へ8、堆肥積替8、肥料運搬8、肥料出し3、下肥引き14、豆粕粉砕4、〆粕と藁灰混合1	田耕238、田床下げ134、苗代関係16、稲種関係13、田植107、田植ユイ8、水汲込11、水車18、田草取73、ヅイ虫切取12、稲刈準備8、稲刈122、稲運搬11、稲扱き101、籾干し2、籾摺り2、ｵﾀﾞ揚12、稲塚4、風立1、籾あおり8、ノガ打10、籾摺26、米搗178、臼挽27、藁整理1、米検査3、米売買2、米出荷8、年貢運搬2	麦蒔21、麦策切5、麦踏11、麦手入8、麦刈入19、麦扱き24、小麦出荷準備7、麦搗1、大豆間蒔1、大豆中耕4、大豆抜き4、大豆扱き12、空豆抜き1、豆もぎ2、胡瓜移植1、胡瓜かたづけ1、葱移植1、青瓜手入1、白菜蒔替1、桑畑耕4、桑樹切1、モロコシ挽き4、種蒔3、中耕38、水やり3、除草12、つったか打ち11	鳥猟44、クミカイ27、見取漁64、泥鰌堀45、泥鰌夜トボシ16、蝦タル4、小魚2、猟具手入83、漁具手入れ10	根木取63、根木割42、木取47、屑木さらへ4、屑木運搬40、藁屑ﾉｼ4	鶏卵出荷84、鶏舎掃除1	縄綯い79、俵編22、筵織23、石臼挽21、新蕎搗き4、俵つめ20、すぐり藁干し3、運搬2、頼まれ運搬21、松葉運び8、垣根結い6、煤掃き4、かたづけ4、ミソ作り2、消防4、堰普請2、	
年号	肥料	稲作	畑作	内水面	山仕事	稼ぎ仕事	その他	合計
大正一二年（二四歳）	202	458	468	57	53	461	334	2033
	藻取173、藻運搬4、厩肥運搬18、畑肥料4、乾草運搬1、豆粕解砕2	田耕105、苗代関係29、稲種関係13、田植準備16、田植73、田植ユイ4、排水77、堤塘泥積み4、田草取18、稲刈52、ｵﾀﾞ揚げ29、稲扱き19、揚納8、耕鋤11、米搗12、米検査8、年貢運搬3	麦蒔29、麦刈入42、麦扱き40、麦出荷準備16、麦積4、麦納入4、麦下肥追肥2、麦中耕33、麦搗15、麦臼挽８、大豆作入19、大豆中耕1、大豆抜取り2、大豆扱き20、陸稲播下1、陸稲刈11、陸稲扱20、陸稲打4、陸稲納入4、胡瓜播種1、茄子播種1、甘藷移植2、辣韮関係25、南瓜関係3、葱関係3、藍関係6、綿関係2、栗畑耕1、ゴボウ関係8、大根関係1、温床作3、耕鋤42、除草38、施肥21、整地35、レンゲ播下1	蝦曳き30、漁19、蝦網修理8	根木取40、竹山掃除13	染工場275、東京帝都復興工事8、東京大友味噌店162、大根町商い16、（妻町商い8）	縄綯い41、俵編42、筵織58、藁すぐり4、石臼挽8、蕎挽8、石臼挽8、餅つき5、茶摘み8、厩舎修理2、暗渠土さらい4、屋根修繕8、壁塗り4、生産調査12、青年団8、消防4、養蚕関係110	

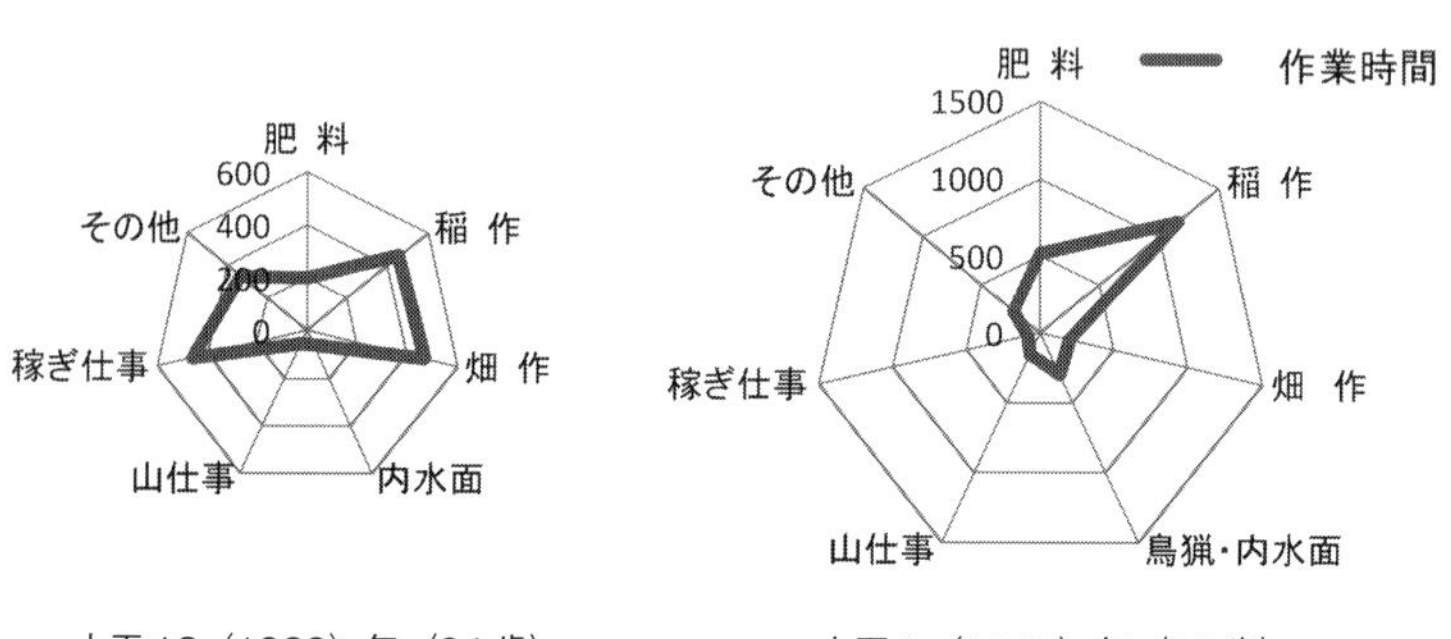

大正12（1923）年〈24歳〉　大正6（1917）年〈18歳〉

図2　増田実の生業労働時間比較

表１　増田実の生業労働時間比較：

年号	肥料	稲作	畑作	内水面	山仕事	稼ぎ仕事	その他	合計
昭和五年（三一歳）	165	815	317	24	8	648	365	2342
	肥料契約10、肥料購入1、豆粕解砕4、堆肥搬出16、堆肥切返4、堆肥作り2、採藻75、藻運搬53、	田耕108、播種準備4、種蒔8、苗代追肥1、誘蛾灯点火1、田植60、田植準備耕40、ユイ田植40、田草取117、施肥5、螟虫切捕20、稲架関係23、稲刈120、稲揚げ64、籾乾3、摺臼40、米調整4、脱穀4、稲扱き2、芒打ち38、米検査12、年貢米搬出4、米販売10	麦耕16、麦刈28、麦揚4、ユイ麦刈8、麦脱穀23、本家麦調整4、麦蒔16、陸稲植4、麦草取4、陸稲草取12、陸稲施肥5、陸稲中耕5、陸稲刈り4、陸稲揚6、陸稲籾摺3、陸稲脱穀2、大豆播種1、大豆抜3、大豆扱き16、大豆中耕3、茄子播種2、茄子苗移植2、胡瓜播種1、甘藷苗買8、甘藷苗植1、甘藷貯蔵4、甘藷堀18、甘藷中耕2、里芋収穫4、芋掘2、空豆もぎり1、ラッキョウ植4、ラッキョウ収穫7、ラッキョウ除草12、ラッキョウ追肥4、大根播種1、大根抜き干し4、ソバ追肥4、温床作り4、除草15、中耕30、施肥8、播種8、桑抜根4	見取漁22、泥鰌漁2	屑木納入8	相工工場556、行商準備2、町売り42、東京行商48	俵編40、俵装２８、縄綯い2、筵織り34、藁すぐり6、垣根造り8、竹林開墾31、大工物置作り85、土運搬4、かたづけ22、壁塗り8、井戸掘り手伝い16、製茶8、石臼挽き6、餅つき2、青年団エマ埋立16、青年団摺臼挽き4、小作4、空俵の検査4、冬作物調査12、消防16	
年号	肥料	稲作	畑作	内水面	山仕事	稼ぎ仕事	その他	合計
昭和一〇年（三六歳）	283	551	412	137	18	160	252	1813
	肥料購入4、堆肥関係19、〆粕の搗砕20、下肥関係38、採藻31、藻運搬7、採泥164	田耕149、シガラ作り8、苗代作製13、播種準備9、田植128、田草取87、灌水4、稲架稲の搬入8、稲刈53、稲揚げ8、手間返し稲揚げ4、堤決壊稲引揚8、籾乾9、籾摺80、脱穀22、芒打2、米搗き8、米検査12	麦耕24、麦刈24、麦脱穀20、麦蒔36、麦除草24、麦土入4、麦調整16、麦畑作入9、麦策切り4、麦踏み4、麦搬入12、麦乾燥19、陸稲種蒔2、陸稲草取4、陸稲施肥8、陸稲刈り8、陸稲搬入26、陸稲脱穀8、手間返畑耕4、大豆関係11、茄子関係52、スモモ移植4、、甘藷関係8、ラッキョウ関係5、里芋関係10、白菜関係8、蕎麦関係8、ホーレン草関係8、高菜関係2、温床作り6、除草4、起耕30	鮒漁120、田螺の採穫17	薪木運搬18	土方（旱害対策揚水路工事）24、町売り24、行商荷ごしらえ112	俵編20、製縄26、筵織り27、馬病8、かたづけ32、竹林開墾31、大工物置作り85、土運搬4、かたづけ32、開墾用杉葉4、井戸縄打ち2、大工仕事21、牛と鶏の飼料用糠5、農具手入れ4、土運搬12、かまど修理8、モートル関係6、米・大豆の販売等7、つきあい12	

註１：数字は『増田実日記』における作業を時間として算定して記載した。
註２：時間換算は、朝仕事は１時間、早晩の場合２時間、午前４時間、午後４時間、夜仕事２時間とみなして計算した。

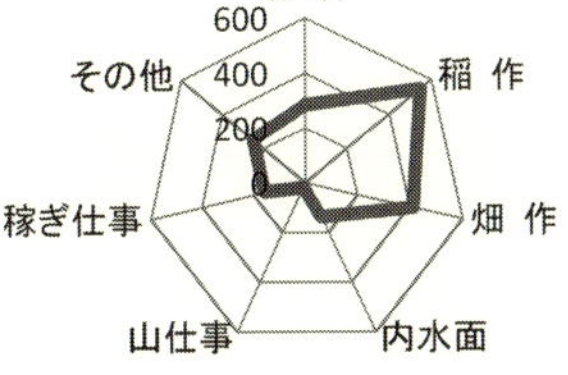

昭和10（1935）年〈36歳〉

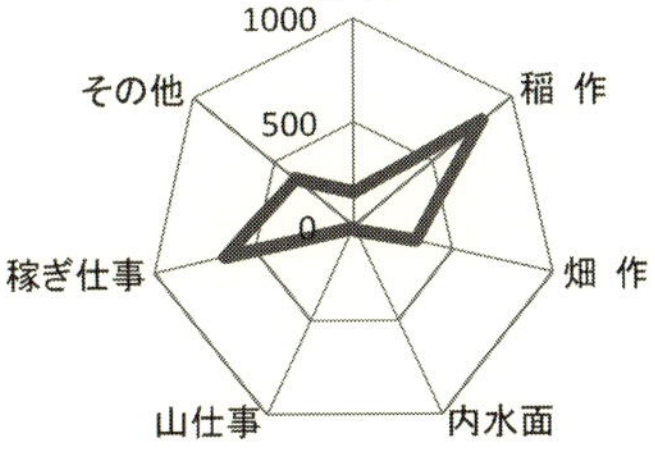

昭和5（1930）年〈31歳〉

う僕等は毎川不猟なのだろう。

近年になく多くの鳥がいるのに、舟を出すと鳥は飛び去ってしまい、残りは少なくなってしまう。そして、夜が明ける前には鳥が掛からなくなっている。出猟するたびに不猟であることへの嘆きが切実に伝わってくる。結局、この年は大方が不猟で、年間通じて父親はほとんど鳥が獲れなかった。

そして、三月一日が猟の解禁日で、この日から銃による猟が始まる。

「戸外は叫ぶが如く吠ゆるが如く実に物騒し。夜稍々明くなるに連れて銃声も聞え初めた。早速寝床を去って、兄の網納の手助けに行く。風は益々強く銃声は風と共に烈しく、堤の上には銃を持し人影が何個となく見えた。」

鳥もちと張網による猟期が終わると、銃による猟が解禁された。また、大正七年には、銃による猟をする人が「逐年増加するには驚かざるを得ぬ」とあり、増加していると記されている。同時に三月一日は漁労の川明けでもあった。

そして、大正七年一〇月一二日には、隣の発作で鴨猟場を開拓している様子が描かれている。

「中づく隣区発作《ほっさく》に在りては鴨猟場を開拓する者、逐年著しく、是の順にて各沿岸逐年開拓せんか、先年惹起せる手賀開墾問題、期せずして消極的に除々として達成すると謂ふも過言にはあらざるべし。豈《あに》、時勢の趣向に鑑み、誠に喜こぶ可き現象なり。唯憂るは鳥猟の廃頽なれど、是の小利にして当低米収入に匹敵するものにあらず。聞く所に依れば、発作に於いては、其の新開拓地に於いて一万円の収穫ありたりと。」

隣村発作で鴨猟場を開拓して田にして、米収入が一万円あったことを記している。そのことを実は「誠に喜こぶ可き現象」とし、開拓に対して積極的な様子が見て取れる。前述の大正六年の不猟続きの鳥猟への不満から、鳥猟をやめて、もっとお金になる稲作へと転換をはかる流れを生み出していった様子が伺える。

鳥猟場は、時間で通船を禁じたと、明治二二年に作られた手賀沼鳥猟組合規約書(11)にある。また、葦《よし》や真菰《まこも》が生えている場所は鳥猟のために大切に保全されてきた。文政八年には、手賀沼の鳥猟場に波除け囲いとして葭や真菰を植え付けておいた真菰を抜き取ったことに対しての訴えが出ている(12)。これは真菰を植え付けて仕立てて鳥や魚が住みやすい環境を作って、鳥猟や漁業に適した環境を人の力で作り出したことを表している。人の側から意識的に働きかけて自然を変えていく様子がこの資料から読みとれる。人による鳥猟のための保全は、そのまま手賀沼の環境保全となっていて、沼と人とがつながっていて、絶妙なバランスを取っていた幸せな時代と言える。

大正六年に鳥がたくさん居るのに捕れないというのは、敏感なガン、カモ類がなんらかの危険を察知して、安全なねぐらとしての手賀沼が失われてきていることを表している。銃による猟がさかんに行われるようになったことも、カモたちが少しの音や変化で逃げ去ってしまう原因の一つだったのではないだろうか。

このように、大正六年は鳥が多いのに不猟が続き、同年に原野開墾説が盛んだった当時に開拓をしてしまっていればと日記には記されている。大正七年には発作での鳥猟場開拓、翌八年には鳥猟の頽廃を時勢に適応していると実は冷静に判断している。最終的に手賀沼鳥猟組合は昭和一七年に解散するが、日記では大正六年から八年にかけて、それまで沼と人とが共存して生活していたバランスが崩れ出す端緒がみてとれるのである。そして、その結果として、時代の流れは鳥猟から稲作へと移っていくのである。

三　増田実の青年期の生業

大正八年に実に急に養子結婚の問題が起き、大正九年四月に湖北村日秀《ひびり》（現我孫子市）の増田家の長女かねと結婚することとなり、婿養子となったことで生活は大きく変化する。

日秀地区は手賀沼北岸にあり、北を利根川、南を手賀沼に挟まれた馬の背のような台地の上に集落と畑があり、沼側に田が広がる。明治三七年の湖北村では、田六：畑一〇の割合と畑地が多い場所である。

婿養子となった実は日秀で農業を営むようになる。鳥猟は、日秀はその権利を持っていないため行っていない。低湿な亀成で育った実はこれまで畑作作業をあまりしていなかったので、当初は仕事に慣れておらず苦労している様子が日記に記されている。

労働時間の表1で、大正一二年の生業時間で特徴的なのは、稼ぎ仕事の時間が大きいことである。これは、大正一二年は関東大震災があった年で、ちょうどその年には水害もあり、農作物の収穫が少なく、いろいろなかせぎ仕事にでなければならなかったことによる。一二月三一日には次のようにある。

一身上にも社会的にも波乱重畳事変の最も大なる年であった。

関東大震災の年は農作物の不作、養蚕の失敗、妻と馬の病気、親戚とのつきあい等、収入が無いのに支出が多くなることが重なった。

家主ノヤリクリヤ容易ナラザル可ク、家主貧ニシテ家族又豊ナル筈ナク、結局是処ニカセギノ法案生ジ、余ハ冬季染屋ニ働ク。養父沼ニ出デ蝦蛯螺等ノ漁《りょう》。歳末ニ於テハ計ラザリキ東都ニ出テ、、味噌屋奉公一ヶ月余、出京ノ目的ハ最初焼跡ノ働労ナリシガ、府下王子等ノ未知ノ場所ニ下宿等ヲ取リタルガ、労銀ノ余リニ尠キガ故ニ方策一転、知人ノアッセンニ依リテ味噌屋ニ入レナリ。労銀ハ相応得タリト雖モ、過労ニ不堪シテ帰郷セルハ、先ズ出京出カセギノ意味ニ於テ失敗セルナリ。

これまでも冬季には紺屋の手伝いや養父の漁労などにより現金収入を得ていたが、大正一二年はそれでは追いつかなかったのだろう。解決方法として実は年末に東京の焼け跡での労働という出稼ぎに向かう。しかし、焼け跡での肉体労働はあまりに過酷で一日でダウンし、次の味噌屋での奉公も足を痛めて三週間足らずで日秀に戻った。

前年の大正一一年一二月六日の日記には、最も好適の賃取仕事は利根川の河川工事とされている。

貧民命の綱ともたよる可く、近郷農家の冬季中最も好適の賃取として頼みたる河川工事は、今一日より全然中止されたりと聞く。果たして然からば今後如何して、極度に疲弊せる農家の経済を救（欠）せんや。

利根川の河川工事は極度に疲弊せる農家の経済を救うものと受け取られていた。

このように大正一一年までは家の近くでかせぎ仕事をしていたが、大正一二年の関東大震災をきっかけに東京に現金収入の場を求める農民はかなりいたと日記にあり、これは帝都の拡大による都市と農村のつながりが強くなったことを表している。

また、大正一二年頃になると動力の農具も農村に入ってきた。しかし、実の家には動力やラジオの導入は村の中でもっとも遅い時期になった。大正一二年四月六日には、次のように記されている。

納屋に在りて非文明な時代後《おくれ》な米搗を倣す。余は敢《あえ》て云ふ、電気動力の発展するに於て精米を利用し農家に臼杵の要ふべき要なき故に「杵の響は非文明なる響き」と。而して是の非文明なる響《ひびき》往時の人はややもすれば此の響の根絶せるを以って現時の若者を横着なりとほのめかすは当れるか、現代人が真なる横着なるか。

このように、「非文明な時代後な米搗」と言っており、新しい動力農具の導入に積極的であった。そして、今の若者は横着だとほのめかされたことに対して反発している。これは、新しい技術の導入に積極的であった実の考え方を表している。

また、昭和三年五月七日には「ジカ」といわれた忌み日についての考えが述べられている。

昨日より作入を開始せるが、今日は「ジカ」とか称して昔より此の日に播種する作物は不作なりと。文化の時代に於て、猶ほ是を践行する世人の愚《おろか》さ。而し人の嫌ふ所、我又是を避ける。蓋《けだ》し、間違ひは無し。

この年、実は結局「ジカ」の日に播種しなかった。

同様に、昭和三年五月二七日には次のように記している。

旧暦では、卯の日の田植を古来より嫌忌している。如何なる理由か。其の由縁を識《し》る者は、殆んと無い。只、他人嫌《きら》ふが故に、之を嫌ふ…位のものだ。此暦、馬鹿気た話は無い。だがやっぱり世間並に─蚕の四眠中植たいのは山々だが─中止して麦刈を倣す。

このように、言い伝えによる忌み日について、実はなぜなのかという疑問を持ち、作業の段取りと合わないと思いつつ、この時は中止している。ただし、その後の日記で卯の日でも田植えをするように変わっている。農村では、他の人と異なることをするにはかなりの勇気が必要であった様子が伺える。しかし、実は合理的に考えて、農業生産効率を優先する方向へと進んでいく(13)。

四　増田実の分家期の生業

増田実は、昭和四年に増田家から分家して、一家の長として農業を営むようになる。分家した当初、人並みの生活を目標に、懸命に働いている。その結果、昭和六年の元旦の日記に、人並みの生活が出来る様になったと記しており、分家して二年で生活が安定してきた様子が見て取れる。日記の中で、自らを貧農と呼ぶことはこれ以降少なくなる。しかし、米価の低迷や台風による田への冠水などにより、生活の主軸を畑作へと変化させ、盛んに行商を行うようになる。結果として、沼縁に住みながらも、沼とは離れた生活様式へと変容していく。

労働時間の表1で、昭和一〇年の生業時間の特徴として、畑の作業時間が増加し、その生産物を妻が行商で持っていくようになったことがわかる。成田線が東京まで接続しており、関東大震災の後に行商は盛んになり「千葉のおばちゃん」として知られるようになっていく。

昭和一〇年（逝く年）（迎年）の頁の日記には次のように始まる。

過去！殊ニ創家以来六年間ノ苦闘ハ文字通リ血ト汗ダ。

そして、分家した当時を次のように振り返る。

居宅コソ自蓄《ちく》ヲ以テシタレド食ふニ糧ナク営ニ農具ナク、辛ジテ他人ノ家ニ労シ或ハ出稼ギ或ハ沼ニ漁シテ宛《サナガ》ラ獣（欠）ノ生活ヲ過シタ。

また、生活の基盤を築き上げた要因として井上開墾をあげている。

井上開墾ノ余ノ苦闘ハ茲ニ記スル迄モナイ。彼ノ荒廃ノ原野ヲ開拓スル実ニ一町歩余。井上開墾ハ余ノ生命線ダ。此ノ御陰デ人間並ノ生活ガ出来ル得る様ニナッタノダ。

井上開墾は相島新田の井上二郎らにより、手賀沼の相島新田や布佐下新田などに独自に堤防を築いて機械排水をして干拓する計画である。実は井上開墾に参加していた。小作にとって、開墾は自らの労働によって土地を得ることができる大きなチャンスであった。

昭和五年九月一四日の日記に、

交渉中田地売買方、彼拾五円を引下げ、余二拾円を買揚げて、金額二百三十五円にて成立す。反別は僅々田七畝歩余に付随した原野四反歩程にて━原野は殆ど価値なきもの

そして、感想として次のようにある。

極めて微々たるものなれど、一昨年末、腕一本にてささやかなる一家を樹立した吾人に採りては、先づ驚異なるべく、未来の富産を夢みる第一歩にして家歴を飾る。喜悦に堪えぬ事だ。

このように、自らの労働により得た金で、土地を購入している。「未来の富産を夢みる第一歩」という言い方でわかるように、小作人から分家した実にとって土地を持つということが富の象徴であった

そして、昭和一一年一一月二七日には、

我孫子町都部新田と云へば手賀沼沿岸に於ける代表的な農漁村である。吾人は惟ふよく厳寒の夜に湖中に漁せざるも、凡そ人生は与えられた仕事に自己の全力を注へて戦ふなれば、自己の信念を貫徹するなれば必ずそこに経済的にも恵まれた精神的にも幸福な明朗な人生を見出すであろ（う）事を。

我孫子の都部新田の人たちは大仕掛な漁をしていて、農業が終わった頃から冬の間に昼も夜も寒い湖上で川魚漁[14]をして、それは苦闘であるが、彼等の生活は豊かで経済的に恵まれている。こうした生き方を「幸福な明朗な人生」ととらえている[15]。貧農に生まれて、立身出世を夢見て沼のほとりに懸命に生きた人の言葉の重みが、ここにはある。

しかし、運命は過酷で、昭和一三年六月二九日の日記には、水害の様子が記される。

心血を注いで耕作した稲田は、本年の発育は未だ曾てないと云わるゝ青田は、刻一刻水減しつつあるではないか。噫々然し何と言（う）天魔の前にはもろくもあっけない人力よ！

この年の水害は、明治初期の利根川決壊と僅かに二尺少ないほどの増水だった。結局、この豪雨により水田は全滅する。

そして、七月九日には実の妻は行商を開始し、それからは行商中心の生活へと変わっていく。昭和一三年九月三〇日の日記に、この間のことを回想している。

茲に於て全部落は挙《こぞ》って東京に是等蔬菜を搬出すべく、行商を開始―新規開始十人―。生活の様式は一大カーブを切って転換せられた。

行商によって生活が持ちこたえたことを記している。そして、農業を捨てる人たちについての意見を述べている。

一方戦時工業の発展に連れて、失職的存在の農家より新職場を求めて出稼ぎする者も非常に多く、工場側は亦是を救済的に歓迎しつつある等まことに結構なる話。然し乍ら考ふ可きは、是の機会に先祖伝来の天職を放棄して、当然一家を支配すべき人にして新職場に永久に生活せんとする者あるを見る。水害は連年に不有、断然新職場に参画するも敢て不可なざるも、長年の体験を家財を省みず盲動するは、決して怜悧な措置とは云いぬ。是の事変下に新事業も必要なら、国本の百姓は一層銃後の堅畳として、(欠)固ならねばならぬ。新職場に行く可き者は行くべき者で他に有る筈だ。一家を守る可き者は、決して一時の利害に走って永遠の悔を招くべからず。

出稼ぎに出て農家を捨てる人たちを盲動であるとし、一時の利害に走ることを諌めている。そして、この後に日記は昭和一七年から昭和三二年まで休止される。そして、戦中、戦後を生きた実は、昭和三四年に六〇歳で生をまっとうするまで、日秀で農業を続けた。

五　生業と労働時間

最後に、図2の労働時間グラフにより年により作業時間が大きく変わることがわかる。そして、次のことがわかる。

大正六年は一八歳の実が日記を書き始めた翌年である。日記を書くまでは病気をしており、まだ勉強をしながら労働する青年で、田耕等の田仕事中心に、兄に教えてもらいながら仕事をおぼえていく時期であった。まだ、自ら生計を立てる必要がないこともあり、鳥猟や内水面漁猟もいろいろとやっている。また、生家のある亀成はほとんど畑がない地域であるため、田仕事が中心だった。

次の大正一二年は実が二四歳の時で、関東大震災があった年である。婿養子となり、日秀に住んでおり、田仕事と畑仕事を両方やっている。特徴的なのは水害により収穫が少なく、いろいろな稼ぎ仕事に多く出なければ生計を維持していくことができなかったことである。全体の労働時間が少ないのは、日記を書かなかった日が多く、労働に疲れ切ってしまってためだと思われる。水害前後の欠落は、数値としては出てこないが過酷な労働を想像させる。

昭和五年は実が三一歳で、分家してから二年目にあたる。もともと独立して一家を立てたいと望んでいたので、生活は苦しいけれども肉体、精神ともに充実した感じが日記にみなぎっている。田を開墾し、稼ぎ仕事をしながら、一家の長として青年団や消防の仕事などにも参加している。稲作中心の生活へと進む中、農業の動力化を進める。また、民俗の忌み日に対する疑問が表れ、農業生産効率を優先する方向へと進んでいく。労働時間は多いのに日記の欠落が少ないのは、やはり気力体力ともに充実している時期だからなのだろうか。

昭和一〇年は実が三六歳で、生活はかなり安定してきた時期である。田の開墾はほとんど済み、畑仕事が増加している。これは畑の生産物を妻が行商で持っていく生活形態となったことを示している。沼で獲れた魚等も行商での販売物となるため、内水面漁業の時間も増加している。

しかし、昭和一三年の台風による稲作壊滅は、稲作から行商（畑作中心）へという流れをさらに強めていく。その頃から日記は欠落部分が増えていく。そして、人々の生活の中心は、沼から台地上の畑へと変わっていく。これば、現在の沼から離れた生活様式へと続いている。

このように、個人的な変化、環境変化、社会的変化等によって、生業と労働時間も大きく変わっていくといえる。

六　生業構造の変化

増田実の生活全体を総合的にみて、生業構造がどのように変化していったかを表2によりみてみたい。

まず、大正五年〜大正八年の青年期では、稲作と鳥猟・漁業・鶏卵出荷が現金収入に関わる生業で、これらはほぼ並立して行われている。

次の大正九年〜昭和三年の婿養子期は、稲作と畑作、漁業、稼ぎ仕事（染工場、河川工事、東京出稼ぎなど）が生業である。生活の場が変化したことで畑作が入り、稼ぎ仕事の比重が大きくなる。稲作と畑作・漁業は並立して行われているが、稼ぎ仕事は稲作などの生業とは断絶した生業であると言える。

昭和四年〜昭和一六年の分家期になり、稲作と畑仕事、漁業、稼ぎ仕事（相島耕地工事、東京行商等）である。大正九年〜昭和三年と同様に、稲作と畑作・漁業は比重が変化しても並立して行われている。それに比して、稼ぎ仕事の中心となる行商は、農作物を持っていくので生業の上でのつながりはあるが、場所的には大きく離れた生業と言える。

このように、生業複合の構造が変化する契機は一個人のライフサイクルと併せて考えると、①個人的な変化によって変わる場合、②環境変化によって変わる場合、③社会的変化によって変わる場合等がある。

増田実の場合、キーワードとして「婿養子」「分家」「関東大震災」「水害」「行商」があげられる。青年期は立身出世をしたいと語っていた実は「婿養子」になり、人間関係に苦しみながら「分家」することを望む。そうした中での「関東大震災」による出稼ぎでの経験、都市に対する考えを契機として、昭和一四年の「水害」により「行商」を選

表２　水辺の暮らしの変容：増田実日記から

	鳥　猟	農　業　・　社会情勢	
大正元年		手賀沼開墾協議会発足	
大正２年			
大正３年			
大正４年			
大正５年	「未曾有の鳥だ」	耕地整理同意書取消願を提出	日記を書き始める。
大正６年	鳥は多いのに不猟続き。そげ張り。	「是の原野開墾説盛んなりし当時開拓せらるればと・・・そぞろに想ふ。」	
大正７年	発作で鴨猟場開拓。米収入の方が多い。11.15「潮の如き水鳥の大群、低空を飛翔す」		
大正８年	鳥猟廃頽。「時勢に適応するものならん」実の鳥猟はこの年まで。		
大正９年			
大正 10 年	鳥の減少	鳥猟から稲作へ	
大正 11 年	鉄砲うち	米価低落	
大正 12 年		「杵の響きは非文明なる響き」関東大震災→東京へ出稼ぎ	生活の変容と言い伝えへの疑問
大正 13 年	鉄砲うち		
大正 14 年			
大正 15 年			
昭和２年			
昭和３年		「文化の時代に於いて猶は是を践行する世人の愚かさ」「卯の日の田植を古来より嫌忌」「此暦馬鹿げた話は無い。だがやっぱり世間並みに」	
昭和４年			
昭和５年		「非文化的農法」	
昭和６年		「如何なる故にや、其の由因や審ならず」	
昭和７年			
昭和８年			
昭和９年			
昭和 10 年	不猟続き。銃。	「農民は実に無力だ」。都市「自ごうの致す所」。化学肥料による土地に及ぼす悪影響	
昭和 11 年	農漁村、経済的精神的に恵まれた人生	（湖北村）東京行商隊 200 有余	
昭和 12 年		議員、真の農民代表	
昭和 13 年		天道念仏、非常重大事局により改良の余地あり。台風後、全部落あげて東京へ行商へ、生活の様式一大カーブ	台風による稲作壊滅
昭和 14 年			
昭和 15 年		稲作から行商（畑作）へ	
昭和 16 年			昭和 17 ～ 32 年日記休止

ぶ。その中で最終的には最も変わらない生業は「稲作」で、次に「漁労」であった。これは、増田実の個としてのあり方なのか、当時に於いては一般的なものなのか、さらなる検討が必要である。

おわりに

現在、耕作放棄など農業を手放す現状が進んでいる。増田実は農業を手離さない生き方であった。「人生は与えられた仕事に自己の全力を注へて戦ふなれば」「必ずそこに経済的にも恵まれた精神的にも幸福な明朗な人生を見出す」と考え、水害の後にも「先祖伝来の天職を放棄」して「長年の体験を家財を省みず盲動するは、決して怜悧な措置とは云いぬ」として、最後まで農業を営んだ。現在は変わらない生業が農業から稼ぎ仕事へと移行してきており、大きな変化の時期に来ていると思われる。それでは、増田実のように貧農に生まれて懸命に生きた人々の農業を手放さなかった生き方とはなんだったのか。増田実のような生き方がどうして存在しえたのか。地域で生きるとは何なのか。答えは簡単には出てこないだろう。これからも水辺で生きるということの意味を考え続けることが、手離さない生き方への答えへと繋がっているのではないだろうか。

註

（1）河岡武春「低湿地文化と民具」(1)(2)（『民具マンスリー』9—3・4、一九七六年）、「手賀沼布瀬鴨猟小記」（『日本民具学会通信』11、一九七六年）、「漁民の水鳥猟」（『民具マンスリー』9—6　一九七七年）

（2）辻井善弥『磯漁の話』（北斗書房、一九七七年）、『ある農漁民の歴史と生活』（三一書房、一九八〇年）

（3）安室　知『水田をめぐる民俗学的研究』（慶友社、一九九八年）
（4）後藤善治『善治日誌：山形県庄内平野における―農民の日誌　明治26―昭和9年』（豊原研究会編、東京大学出版会、一九七七年）
（5）高田知和「農村青年の読書景観に関する個人生活史的考察」（『出版研究』33、二〇〇二年）、「日記に描かれた農村社会生活―農村青年の日記を読む」（『生活文化史』43、二〇〇三年）、「農村青年の都市文化受容についての一考察」（『年報社会学論集』16、二〇〇三年）、「農村の日常生活世界―農村青年の日記を読む(1)」（『応用社会学研究』17、二〇〇七年）、「農業観を歴史的に考える―農村青年の日記を読む(2)」（『東京国際大学論叢．人間社会学部編』14、二〇〇八年）、「一九三〇年代のむらの青年の就職活動―農村青年の日記を読む(3)」（『東京国際大学論叢．人間社会学部編』15、二〇〇九年）
（6）我孫子市史編さん室編『我孫子市史資料　近現代篇　別冊「増田実日記」』Ⅰ～Ⅲ、一九九六、一九九七、一九九八年として、刊行されている。
（7）大正五年一月六日に「夕、風止まる後にして寒気たいがたし。風止みし後の寒さはたいがたし」と日記の言葉をそのまま俳句にしている。
（8）千葉県東葛飾郡教育委員会『東葛飾郡誌』一九二三年
（9）時間換算については『善治日誌』を参考として、実の生活時間に適応するようにして算定した。
（10）明治九年以前には鳥猟浜組といわれていたと『東葛飾郡誌』にある。
（11）柏市史編さん委員会編『柏市史沼南町史　近代史料』二〇〇八年
（12）「文政八年（一八二五）十一月　手賀村との鳥猟場出入につき布瀬村願書」に、手賀沼水内に植付置いた真菰《まこも》を抜き取ったことで訴えが出ている（沼南町史編さん委員会編『沼南町史　近世史料Ⅱ　旧手賀村の歴史』二〇〇四年、七三九頁）。
（13）柳田国男は『日本農民史』の中で、作物の新種や新しい技術を採用するために、随分久しい間の勧説と忍耐を要するとしており、農民史を研究しようとする要件のひとつとして、時代の変化をあげ、「断る迄も無く、変るといふことは堕落とは同じで無い。」と述べている。増田実が柳田国男を読んでいたかどうかは定かではないが、実の中に柳田と通底するような考え方があったことは確かである。

（14）手賀沼の魚と環境変化については、別論文を用意している。

（15）千葉徳爾「『人の生き方』について」（『日本民俗学』177、一九八〇年）2で、増田実日記を資料として人の生き方について考察している。

成田空港建設と地域社会変容—巨大開発下における農民主体の形成と展開をめぐって—

相川　陽一

一　問題意識—北総台地の「長い二〇世紀」[1]

千葉県北西部から北東部に広がる北総台地には、戦前戦後にわたって複数の国家政策が投下されてきた。この地[2]の土地利用の歴史的変遷を開発史の観点から捉えると、江戸期の幕府牧から明治期の開墾地、アジア太平洋戦争後の戦後開拓地、高度成長期の成田空港の建設地へと複数の開発の波が押し寄せた。十九世紀末からの「長い二〇世紀」のなかで牧から食糧生産の役割を担う開墾・開拓地へ、そしてグローバルネットワークの結節点へと、首都後背地としての北総台地に対する為政者の政策的な意味づけは大きく変貌した。北総台地は近現代の体制変動の余波を幾度も受けてきた地域であり、高度成長期の社会的矛盾の集約点であった。

この間、台地とその周辺で生を営んできた民衆は、幾度となく押し寄せた国策の波に翻弄されるだけの客体ではなかった。かれらは国策による地域社会変動に直面し、自らのライフチャンスを最大限に活かす主体としても動き、ときに国策に対峙していった能動的な存在でもあった。本稿では北総台地における「長い二〇世紀」のなかでも高度成長期における暴力的なまでの地域再編のもとで、成田空港という戦後史上最大規模の巨大開発プロジェクトに対峙した農民たちの動向に焦点をあて、かれらの闘争過程と主体形成の過程を跡づける。

具体的には、長年にわたる巨大開発プロジェクトへの対峙から農民がつかみ取り、全国に先駆けて先取し、空港闘争の渦中で展開された有機農業の営みに着目していく。空港問題が長期化の兆しを見せた時期は高度成長の後半期でもあり、近代農法の変革を介して自己変革へ向かった農民層の動向を導きの糸として、空港反対運動の中で「運動の中の運動」として開始され、やがて北総台地を有機農業の先進地帯にしていった一群の農の営みの軌跡をえがきだし、農民以外の無数の民衆をも糾合した戦後日本史上最大規模の農民闘争の担い手における農民思想の萌芽と展開の軌跡を叙述する。その意味で本稿は運動の実体史であると同時に、巨大開発と対峙するなかで自らの闘う根拠を農民であることのアイデンティティとともにつかみ取り、言語化していった農民の主体形成史でもある。

二　北総地域の変容と成田空港建設[3]

（一）開墾・開拓の時代

近現代の北総台地の土地利用の変遷は、冒頭に述べたように、体制激変期に生じる都市の過剰人口問題に対応した国内移民政策としての開墾・開拓政策に関連づけられた。町村敬志氏が指摘するように「開拓事業は実際には、既存の社会経済システムや国土では支えきれなくなった「過剰人口」の処遇というねらいと連動していた（たとえば、明治初期における士族授産事業、昭和恐慌期における満蒙開拓、敗戦後における引揚者開拓[4]）」。明治開墾が進む中で幕府直轄地であった取香牧は明治政府によって牧場とされ、「無人の野」と言われた牧周辺に下総御料牧場と牧場街が形成された[5]。アジア太平洋戦争後には食糧増産体制のもと被災民や周辺次三男層を主体とした入植が開始され、御料牧場の敷地約千四百町歩のうち約九百町歩が入植者に解放された。一九六六年の成田空港の建設閣議決定によって空港用地とされる東峰、木の根、天浪、古込、桜台の戦後開拓集落にはこの時期に入植が開始された。[6]

（二）首都圏第二国際空港の建設計画と閣議決定

新東京国際空港の建設構想は一九六一年ごろ運輸省内で浮上し、候補地をめぐって政官財界の争闘が繰り広げられた。羽田空港拡張、浦安沖、木更津沖、霞ヶ浦埋、富里村・八街町・山武町付近など、複数の候補地が政府関係者や航空審議会から提起され、各地で漁民や農民による反対運動が展開された。[7]北総台地上では一九六三年末に富里村・八街町・山武町一帯への建設案が浮上すると農民層を中心に激しい反対運動が起き、社共両党の支援のもと、一九六五年の関係閣僚会議における閣議内定後には抗議が一層激化し、千葉県知事は静観声明を出した。ところが一九六六年六月に成田市三里塚付近という候補地が急浮上し、閣僚間で富里案や他案も喧伝されるなかで当月末には有力候補となり、七月四日に建設が閣議決定された。同案は富里案より規模を大幅に減じた一〇六五㌶の空港案であった。三里塚案は民有地六八%、県有地（山林）一〇%、国有地（下総御料牧場）二二%であり、敷地の市町区分は成田市九二%、芝山町七%、大栄町一%の割合だった。

三　村落社会の動揺と空港反対運動の展開[8]

（一）空港建設地付近の地帯構造と集落類型

空港闘争の展開史に入る前に、空港建設地および空港隣接地とされた地域の地帯構造と住民生活の基礎単位となる集落の歴史的編成を概観する。この地には集落の成立時期ごとに古村、開墾、開拓とよばれる三つの集落類型があり、

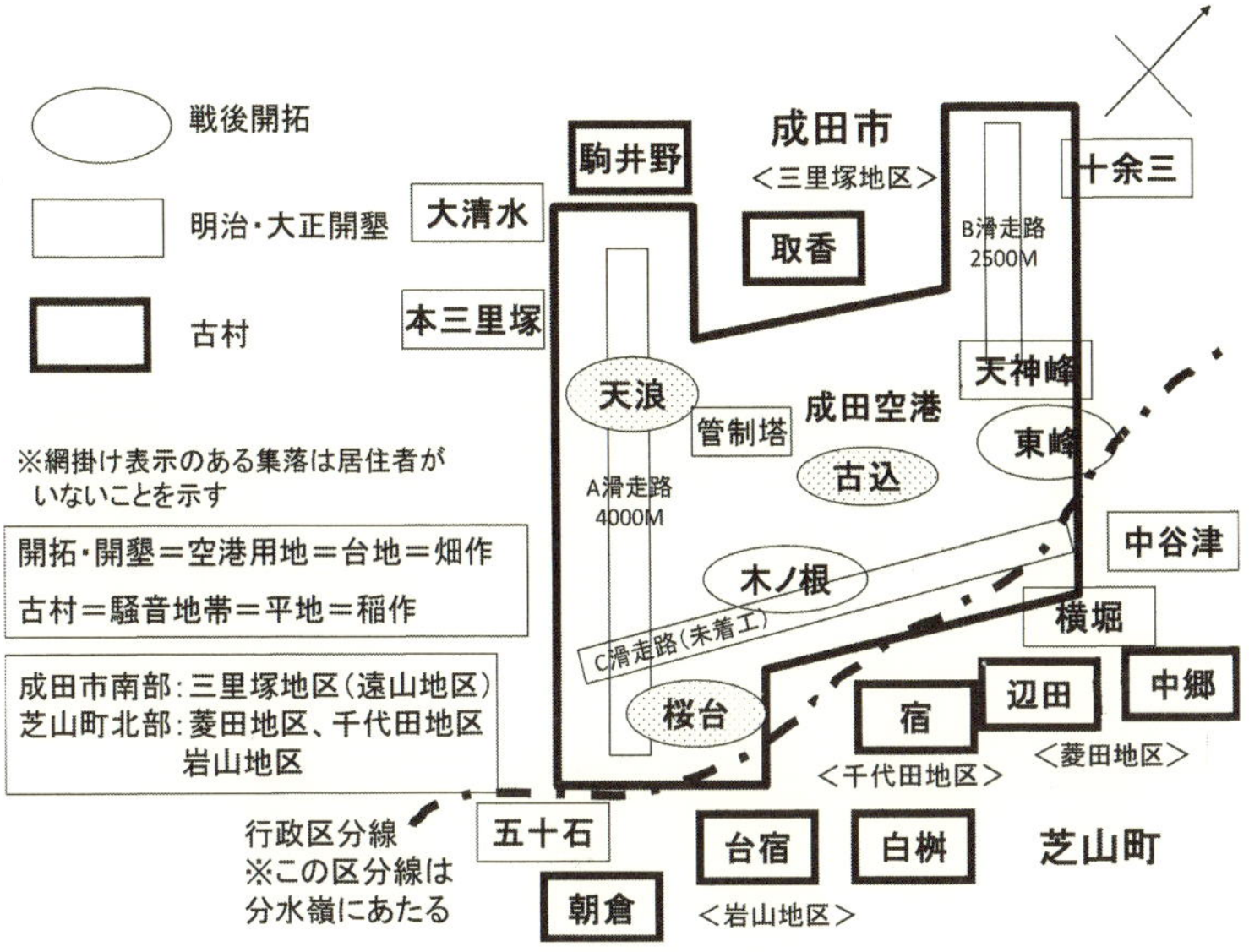

図１　空港周辺の概念図

古村は明治以前から続く集落で、開墾は明治期の、開拓はアジア太平洋戦争後の入植によって拓かれた集落である。空港を中心に当地を鳥瞰すると、空港用地とされた民有地の大部分は東峰、木の根、天浪、古込、桜台の戦後開拓集落と天神峰、横堀等の開墾集落であり、成田市南部と芝山町北部を中心に広範囲が騒音地帯とされた（図1参照）。台地上の開墾・開拓地は畑作、低地に位置する古村は稲作地帯であり（表1参照）、古村部には台地に谷が食い込んだ谷津田地形が見られる。開拓・開墾と古村の境目は基礎自治体の区分線に重なっており、前者は成田市遠山地区、後者は芝山町菱田地区と千代田地区、岩山地区である。(9)

この地に暮らす人々は事前相談や説明なく一方的に三里塚案および閣議決定を知らされた。戦後開拓の入植者には概ね一・五町歩の開拓地の払下げと資金の貸し付けがあり、空港建設の閣議決定がなされた一九六六年という年は、終戦直後に入植した開拓の成功者が払い下げられた土地の開拓を終え、開拓組合を結成し、農家として自由な経営に乗り出せる時期にあたっていた。入植の苦難に耐えて営農基

表1 空港反対運動展開地における作物類別収穫面積の推移（1960⇒1970年）

単位：0.1ha

市町	集落区分	農業集落名	年次	総世帯数	総農家数	いね	麦類・雑穀	いも類	まめ類	工芸作物類	野菜類	花き類	飼料用作物
成田市	戦後開拓	天浪	1960年	60	59	118	627	65	7	542	131	-	1
			1970年	11	7	3	48	1	1	61	3	0	0
		木の根	1960年	49	46	98	263	46	0	236	99	-	3
			1970年	15	15	30	132	0	0	100	60	0	3
		古込	1960年	41	38	86	344	68	6	260	77	-	35
			1970年	14	7	16	63	3	0	55	35	0	0
		東峰	1960年	59	48	118	450	76	7	335	125	-	10
			1970年	53	42	18	249	2	1	225	175	0	4
	開墾	天神峰	1960年	31	50	97	383	54	12	313	57	-	5
			1970年	18	10	19	65	1	0	62	91	0	0
		十余三	1960年	222	174	4952	1659	426	32	1170	332	-	1
			1970年	243	137	281	1159	68	49	847	681	-	17
	古村	本三里塚	1960年	110	54	120	361	59	11	321	86	-	21
			1970年	108	48	47	220	27	2	175	156	0	14
		南三里塚	1960年	59	42	107	409	93	7	358	91	-	7
			1970年	53	36	21	200	60	0	215	335	0	10
		取香	1960年	46	45	242	226	24	8	200	51	-	2
			1970年	47	42	219	193	25	1	159	98	0	0
		駒井野	1960年	107	93	502	484	59	10	397	66	-	4
			1970年	98	68	315	279	20	0	250	121	0	0
		大清水	1960年	103	54	136	453	7	8	381	58	-	18
			1970年	105	43	82	337	47	0	309	179	0	0
芝山町	開墾	中谷津	1960年	26	26	107	220	64	5	198	69	-	15
			1970年	26	26	81	204	50	0	126	152	0	10
		横堀	1960年	37	37	131	336	74	13	271	7	-	0
			1970年	36	32	97	253	37	0	148	225	0	0
		川津場	1960年	60	57	235	693	156	15	469	259	-	0
			1970年	54	53	104	552	82	0	234	772	0	0
	古村	飯櫃浅川稲葉	1960年	46	38	356	98	70	6	47	33	-	2
			1970年	43	35	353	44	74	2	40	62	0	2
		東	1960年	29	25	158	184	34	4	164	38	-	1
			1970年	30	27	144	117	16	0	101	131	0	18
		中郷	1960年	26	25	119	114	37	8	106	26	-	0
			1970年	24	22	134	53	0	1	60	143	0	3
		辺田	1960年	37	35	181	184	43	22	149	58	-	2
			1970年	32	30	173	187	18	0	158	55	0	0
		宿	1960年	36	33	177	245	46	9	178	69	-	11
			1970年	35	32	194	164	36	0	139	114	0	0
		加茂	1960年	51	49	285	225	77	10	127	49	-	0
			1970年	50	44	318	88	59	4	17	184	7	125
		住母家	1960年	14	14	90	67	23	5	48	25	-	0
			1970年	12	11	105	42	28	0	29	29	0	0
		千代田	1960年	38	17	21	77	18	0	54	16	-	0
			1970年	75	7	15	29	6	0	35	19	0	0
		坂志岡	1960年	34	31	132	117	39	3	98	33	-	8
			1970年	29	25	106	90	53	0	53	83	0	0
		白桝	1960年	52	51	353	180	70	9	93	29	-	2
			1970年	49	47	342	30	98	1	1	148	0	7
		小原子	1960年	42	41	316	136	72	11	65	39	-	1
			1970年	42	39	311	37	67	0	27	135	0	0
		谷平野	1960年	36	32	220	157	58	16	110	50	-	6
			1970年	25	24	192	60	73	0	45	104	0	2
		台宿	1960年	72	68	472	475	133	20	340	137	-	5
			1970年	59	58	360	235	79	1	70	460	0	1
		朝倉	1960年	29	29	139	173	47	8	105	57	-	0
			1970年	30	26	122	91	30	5	67	135	0	0
		山田	1960年	77	68	408	257	87	12	276	79	-	0
			1970年	74	63	412	42	113	3	77	347	0	0

出典：世界農林業センサス農業集落カード（各年度）　註）集落区分は筆者による。

盤を築いてきた人々をはじめとする地域住民にとって、事前相談なき突然の空港建設案と閣議決定であった。

（二）空港闘争の開始と運動体形成

一九六六年六月に三里塚案が急浮上した直後から反対闘争が成田市と芝山町で開始された。成田市には三里塚新空港設置反対同盟が、芝山町には芝山町空港反対同盟が結成され、まもなく両同盟は合流して三里塚芝山連合空港反対同盟（以下、同盟と略）となった。委員長には農機具商で牧師の戸村一作が就任し、成田市と芝山町の双方から複数名の副委員長が選出された。同盟の基礎単位となったのは地域生活の基礎単位である集落で[10]、各集落の同盟は実行役員と呼ばれた代表者を選出し、実行役員会を構成した。属性別に行動隊と呼ばれた組織も形成され、抗議行動時などの非常時に老人行動隊、婦人行動隊、青年行動隊、少年行動隊、三里塚高校生協議会が編成され、集落単位の同盟組織は親同盟と呼ばれ、行動隊のまとめ役として行動隊長の役職が置かれた。集落をはじめ、老人会、婦人会、青年会などの地域に存在していた先行的社会関係や既存の地域集団、年齢集団等が運動体に転換された。

（三）請願運動から衝突へ

同盟の初期の闘争手法は現地集会や関連省庁や県、市町村等の行政機関への陳情・請願活動が中心だったが、地域からの抗議を意に介すことなく進む国家プロジェクトを前に計画撤回を果たすことはできず、公聴会等の行政手続きが一方的に進む中で移転交渉が妥結し始め、一九六七年一〇月一〇日の空港外郭測量において本格的に機動隊が動員され、条件付賛成派の土地への杭打ち阻止に動いた同盟が強制排除される事件が起きた。これを契機に同盟の支援者層は社共両党および関連組織から三派全学連等の新左翼勢力へ移行し[11]、以後、機動隊を動員した開発主体と同盟・支援者間で衝突が繰り返された。

一九六八年四月には条件付賛成派四団体と空港公団による土地売却の覚書が調印され、一九六八年の段階で空港用地とされた地域に居住する住民のうち約八割が条件付賛成派となった。翌一九六九年には空港用地とされた区域内の国有地の多くを占めていた下総御料牧場が栃木県高根沢へ移転し、牧場と開拓集落が重機によって掘り起こされ、赤土の大地へと変貌した。同年末には土地収用法に基づく新東京国際空港建設事業の事業認定がなされ、同盟や支援者の所有する土地の強制収用に向けた手続きが進行し、闘争は緊迫の度合いを強めていった。また集落の人口は急減した（表1参照）。この間に、空港第一期工事区域と一九七〇年には反対同盟員の土地への立入測量がなされ、同盟側は糞尿弾や座り込みなど身体を張った抵抗を試みた[12]。そして一九七一年には空港第一期工事区域内に残る民有地に対して二度にわたる強制収用が行われ、一九六七年の外郭測量を契機に生じた「力対力」の構図が死傷者を出す衝突に激化した。同盟は収用地点とされた場所に砦を組み、地下壕を掘り、砦に自らの身体を鎖で縛りつけて収用阻止を試み、全国から支援者が参集した。一九七一年二月から三月にかけての第一次強制代執行では激突のなかで大量の負傷者・逮捕者が続出し[13]、同年九月の第二次強制代執行では、衝突の中で警察官三名が死亡する東峰十字路事件が発生し、農民の現住家屋と土地への強制収用がなされ、反対運動史上、最大規模の衝突事件を経て事態は長期化と膠着状況を迎えた。

四　草創期の三里塚有機農業[14]（一九七〇年代初期〜一九七〇年代半ば）

（一）経済闘争としての三里塚闘争

土地に愛着を持って、その土地を利用しながらよ。いかなる時代が変わっても、その土地に愛着を持ってよ、頑張っていくっていう農業を考えなかったら食っていかれねえ。食っていかれなけりゃ反対運動は自然に消滅するだよ。だって政府と喧嘩やんのによ、それでなくたって大変なわけだっぺ。食わなきゃオメエ、闘うなんてできねえど。で、家族があっぺ。家族がただ食うだけじゃ、しゃあんめえよ。だからまだ、俺らが代のときは良いだよな。子どもの代になると変わってくっぺや、考え方が。農業に展望がねえと思うとよ。これはオメエ、いくら上手いこと言ったってよ、こういう農法が良いだっつったってよ、生活の保証してくれる人がいなかったらよ、頑張りきんねえわけだよ。だからそれがねえ、三里塚闘争のね、最終の問題だったの。(15)

これは成田空港周辺地域に有機農業(16)を広めたある同盟農民の回想である。同氏は、農民闘争は農業による生計維持があって成り立つとの意味を込めて「経済闘争」という言葉で農民にとっての三里塚闘争を表現した。この地に有機農業が導入されたのは、反対同盟・支援者と空港公団・機動隊等との間で武力衝突が続発し、闘争が長期化の様相を呈した一九七〇年代初期である。空港公団は一九七一年の強制収用によって第一期工事区域の大半の土地を手に入れたが、直後より航空燃料パイプラインの敷設をめぐって沿線住民（千葉～成田）との間に紛争を生じ、一九七二年には空港南端部に飛行阻止鉄塔が建設され開港を阻んだ。並行して東峰十字路事件の捜査を名目にした同盟若手農民と支援者への逮捕・拘留がくりかえされ五五名が起訴された。このような状況下で、空港用地内とされた戦後開拓集落に暮らす農民と現地に住み込んだ支援者によって三里塚に有機農業が導入され、長期闘争に耐え得る農業のあり方を模索する中で、化成肥料を使わずに農民の手で堆肥をつくる活動が一九七二年に開始された。

出発当初の三里塚有機農業の特徴は四点ある。第一に、長期闘争下での経営基盤強化を意図して全国的にみても早い時期に導入されたこと。第二に、生産も流通も消費も空港闘争の実践者が担ったこと。第三に、多くの共同購入運動とは異なり、消費者主導ではなく生産者主導で開始されたこと。第四に、長期闘争下における生産基盤の拡充を意図し、化成肥料の多投によって低下した地力回復を目的として、有機農業の持つ「経済性」が導入契機となって導入され、後に実践者自身によって、空港建設に反対する思想の拠りどころとなる意味付与がなされたことである。以下、空港開発に対峙した農民層が有機農業をつかみとり、組織形成を試みた草創期の動向を追う。

（二）危機の村からの出発

三里塚における有機農業は二期工事区域とされ、長年にわたって強制収用が可能な区域にされた東峰集落で始まった。有機農業の導入契機は現地に住み込んだ記録映画作家の福田克彦氏が記録を残しているため概観にとどめるが、一九七〇年に常住支援者の一人、平野靖識氏が都内で開催された会合で茨城県の有機農家を知り、同盟農民を誘って同年および一九七二年に同盟農家と茨城を訪問し、堆肥づくりが始まった。リーダーを務めたのは東峰集落の開拓一世にあたる堀越昭平氏である。同氏は同盟の救援対策副部長の要職にあり、逮捕・拘留された人々のサポートを担当しながら、獄中の若手農家に堆肥づくりの本を差し入れるなどして普及をはかり、かれらと共に東峰集落で堆肥づくりを始めた。

有機農業の導入動機には堆肥の「経済性」があったことを前述の福田氏が記している。長期闘争に耐え得る生産基盤を創り出すとの動機づけのもと、化成肥料を買わずに地力を再生産する資材として堆肥が注目された(17)。堆肥づくりに取り組んだ農民は、やがて微生物資材であるバイムフードと鋸屑等を活用する島本微生物農法にたどりつき(18)、研修や講師を招聘して勉強会を重ね(19)、堀越氏を会長に一九七四年に生産者団体「微生物友の会」が発足し（会員六名）、一九七六年には「三里塚微生物農法の会」（以下、微生物農法の会と略）と改称し、同盟内で会員数を伸ばしていった。

（三）産消提携の原型形成

草創期の三里塚有機農業は生産だけでなく流通と消費も闘争の参加者層が担い、産消提携型の有機農業運動の原型形成がなされた。産消提携とは日本の有機農業運動が生み出した用語で「生産者と消費者が直結し、お互いの信頼関係にもとづいて作り上げた有機農産物の流通システム」[20]を指す。支援者を基体とした共同購入運動の原点は、一九七一年九月に家屋と農地を収用された小泉よね氏の生活を支えるために、第一期工事区域内に残された畑[21]の農産物を反対同盟員と支援者が都内で直売したことにさかのぼり、逮捕された青年行動隊員の野菜も支援ルートで販売され、東京東部の新興団地を販売先とした引き売りも試みられたが、周辺の八百屋との間に競合を生じ、不特定多数層への直売は課題を抱えた。

有機農産物の生産を開始したが売り先が思うように見つからない状態を経て、一九七三年に堀越氏は支援団体の一つ婦人民主クラブの松岡洋子氏に定期購入を働きかけ、芋の会という共同購入団体が結成された。「おれ、あの人に、三年間面倒見てくれと、三里塚闘争のために。おれらはちゃんと三年面倒見てくれれば、あんたがたに面倒かけない、ちゃんとした良い有機栽培で、病気のできねえ野菜を作って、お配りしますから、三年間面倒見てくれと。その契約で、芋の会って組織を作ってもらった[22]」と同氏は回想した。農法転換期に生じる不作や病虫害といったリスクを生産者だけでなく消費者も負担して有機農家の育成をはかっていく産消提携の原型となる活動が開始され、芋の会を皮切りに共同購入団体が増え、一九七〇年代には全国各地で地域生協や専門流通事業体が立ち上がり、それらの中には三里塚への支援経験を持つ学生運動の経験者が創設者となった事業体もあり（大地を守る会など）、若き経営者たちが事業活動を通じて再び三里塚と結びついていった。

三里塚が農法転換期から提携関係を築けた背景には、空港闘争の存在と経済外の動機に基づいた支援行為としての購入が可能だったという地域固有の要因もあるが、より広域で有機農業の展開状況を概観すると、当時の千葉県内で有機農業を複数農家が共同実践し、都市の消費者と間に恒常的な提携関係を取り結べていた地域は三芳村と三里塚にほぼ限られていたという有機農業セクターに固有の事情もある。有機農産物市場が未形成であった当時、安全な食べ物を求める都市住民は共同購入団体をつくり、農家と直接つながっていくことでしか有機農産物を恒常的に得ることはできなかった。闘争固有の背景と有機農業の広域状況が絡み合いながら、三里塚有機農業は都市住民との間に提携関係を築いていった。

有機農業導入者の一人となった常住支援者で、一九七八年に現地農家の生産物を原料とした農産加工事業所である有限会社三里塚物産の創設者の一人でもある平野靖識氏は、闘争への支援意識をもつ都市の消費者が農法転換期の不作リスクを生産者と共に負ってくれたことを以下のように回想した[23]。

　三里塚は三里塚なりの良い点があって、それはたくさんの（筆者注：人々が）三里塚闘争に馳せ参じて、あの大闘争が終わった後、それぞれ持ち場に帰って生活者になってくわけだよね。その人たちが遠くにいながら日常的に三里塚を支えることは何だろうと考えれば、やっぱり三里塚の野菜を購入するってことでしょ。で三里塚に行かないような人たちにも、野菜を通じて三里塚のことを広めるっていう媒体にもなったわけだよね。だからそういうことでは、三里塚の有機農業のヨチヨチ歩きだった頃の、まだ品質が野菜とはいえないっていうのかなあ、虫食いのね、ふだんだったら市場では買ってもらえないようなものを有機農業である、それから三里塚の百姓が作ったものであるっていう思いからね、それを買って支えた人がたくさんいたってことが三里塚の有機農業が発展する、定着していく、成長していくっていうのかなあ、独り立ちするうえでは大切な要件だったのかな[24]。

近郊地域の有機農家とを同盟農家をつなげた常住支援者、有機農業を積極的に受容した戦後開拓農民一世と呼応した数名の若手農民、闘争支援という経済外の動機も含めて農法転換期のリスクを分有した「支援者としての消費者」。草創期の三里塚有機農業は三者の連携によって成立した。

五　有機農業を媒介とした動員構造の展開（一九七〇年代半ば～一九八〇年代初期）

（一）生産者団体の分化と流通ルートの多様化

三里塚の有機農業生産者団体は、まず堆肥づくりの共同作業体として結成され、やがて出荷や自主流通の機能が付加され、一九七〇年代半ばから後半にかけて流通ルートや得意品目別に分化していった。微生物農法の会の会員数は、発足当初の六戸（一九七四年）から、八戸（一九七六年）、一〇戸（一九七七年）、一二戸（一九七八年）、一四戸（一九八〇年）、一七戸（一九八一年）に増え、空港用地内を中心に着実に仲間を増やしていった。図2は空港周辺地域に点在する有機農業団体の軌跡を生産者への聞き取り調査に基づいて時系列でまとめたものである。微生物農法の会は、生協や専門流通事業体を主な取引相手とする単品グループとワンパックグループに分かれ（一九七六年）、単品グループから薬物の会が分化し（一九七八年）、一九八三年には芝山町北部の古村部にも有機農業が普及し、菱田の会が結成された（一九八三年）。以下本稿ではこれまでに調査を進めてきた有機農業団体を中心に記述を展開する。

（二）ワンパックグループの軌跡[25]

生産者団体のうち、三里塚微生物農法の会・ワンパックグループ（以下、ワンパックと略）は、他団体が生協や専

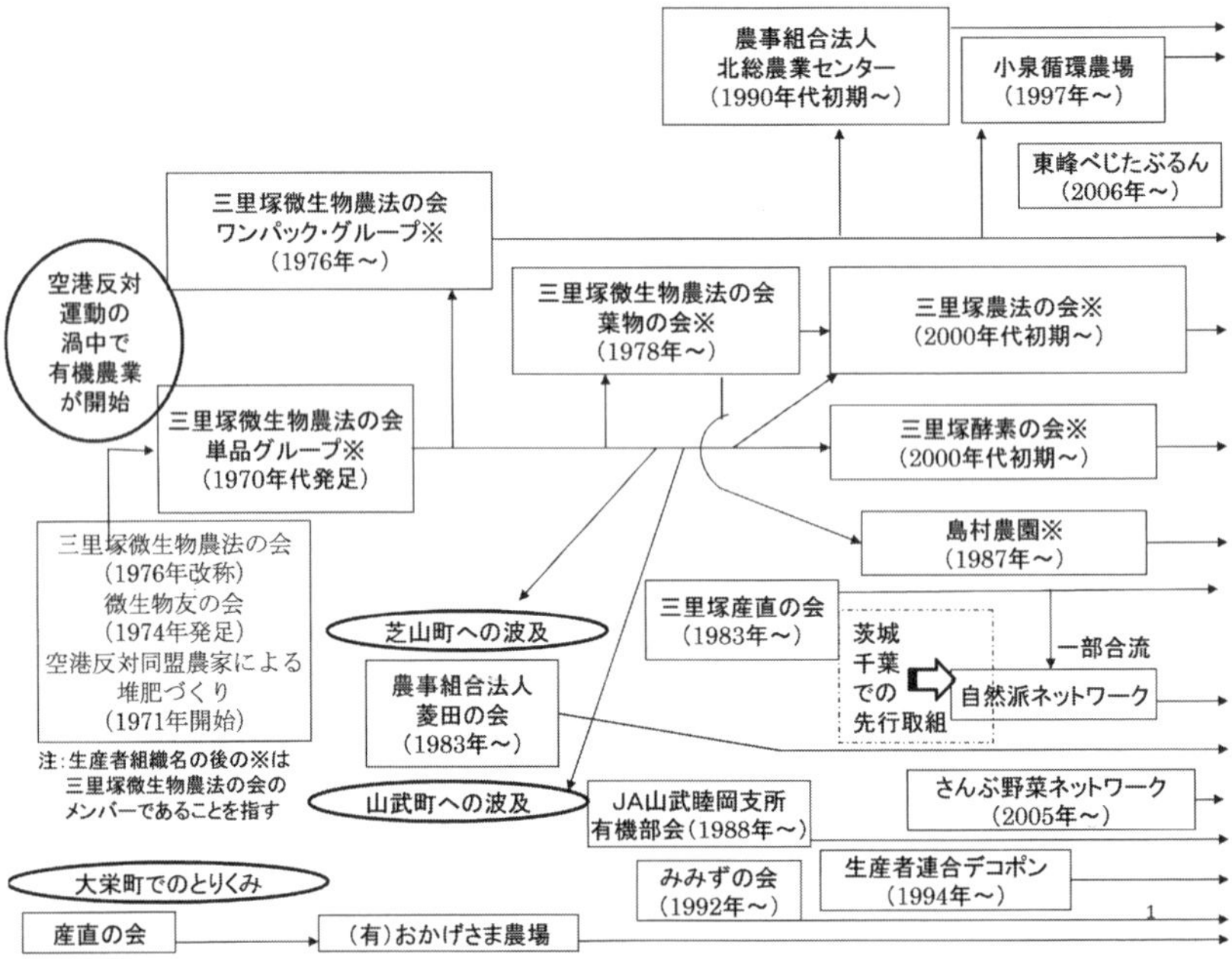

図２　成田空港周辺地域における有機農業生産者団体の変遷

門流通事業体を主な取引相手とするなか、主として個別消費者と直接つながる提携方式を取り、当時としては画期的なパック（コンテナ）詰め野菜の定期販売で急成長を遂げていった。ワンパックは闘争を介して結びついた生産者と消費者が、相互の信頼関係のもとで生産者、生産方式、流通方式などの諸点を闘争の推移や有機農産物をめぐる外部条件によって変化させながら、闘争主体間に新たな共同性を構築し、様々な「農の実験」を重ねてきたグループである。

ワンパックは一九七六年に三軒の農家で結成され、小泉英政・美代夫妻（東峰）、石井恒司・紀子夫妻（東峰）、島寛征・久子夫妻（本三里塚）が初期メンバーになった。一九七八年には小川直克・篤子夫妻（木の根）、石井新二・順子夫妻（稲葉）を加えて総勢五軒となった。初期メンバーのうち小泉英政氏、石井恒司氏、島寛征氏、小川直克氏は戦後開拓二世である[26]。開始時点で生産者はみな二十代から三十代の若手で、男性五名は青年行動隊員や同盟事務局員、女性五名のうち四名は支援者として現地に常住する中で青年行動隊員と結婚し農民となった人々である。生産者は報酬は個人で受け取る方式を取った（家族数に応じた手当てもあった）。スタッフには若手の専業農家だけでなく、東峰集落周辺の高齢婦人も加わり、常住支援者も配送等の作業を担った。一九七八年には微生物農法の会の共同出荷場が東峰集落に建設され、ワンパックはここを拠点として出荷作業や消費者との交流活動を展開し、畑や出荷場には若い夫婦の間に生まれた子供が集い遊ぶ活気に満ちた風景が見られた。

生産方式は、微生物農法の会で共同生産した堆肥を使い、初期は各メンバー（戸）が七反歩ずつワンパック用に作付した収穫物を共同出荷する方式を取った。この方式が一九八〇年に農地の全面共有化へ展開し[27]、各戸の別なく生産者全員で農作業を労働集約的に行う方式に変わった。この方式は、逮捕・拘留され、また闘争関連の用事で外出したメンバーの欠けた労働力を他のメンバーが補う相互扶助の効果をもち、消費者からも歓迎されたが、生産者の負担増などの理由により、一九八四年からは各生産者がワンパック用の畑一町歩を用意し、戸別に畑を管理する仕組みに変わった。農地管理や作付けといった重要事項は毎年春に開催する総会の席で生産者と消費者が話し合って決定し、季節ごとの産消交流活動も生産者と消費者がともに企画運営や実働を担う体制であった。このほか生産者の保釈金への売り上げの充当、空港隣接地となった木の根集落で同盟が建設をはじめた灌漑用風車へのカンパなど、事業活動によって得た収益を闘争に供する活動も展開された。

流通方式は、生産者と常住支援者の配送スタッフが二人一組でトラックを駆り、首都圏各地で消費者が自主的に形成した配送拠点に二週に一度のペースで配達に行き、配送拠点で野菜の詰まったコンテナを各消費者が受け取る仕組みだった。結成当初の消費者は神奈川県相模原市のくらしをつくる会のメンバーであり（米軍補給廠への反対運動を

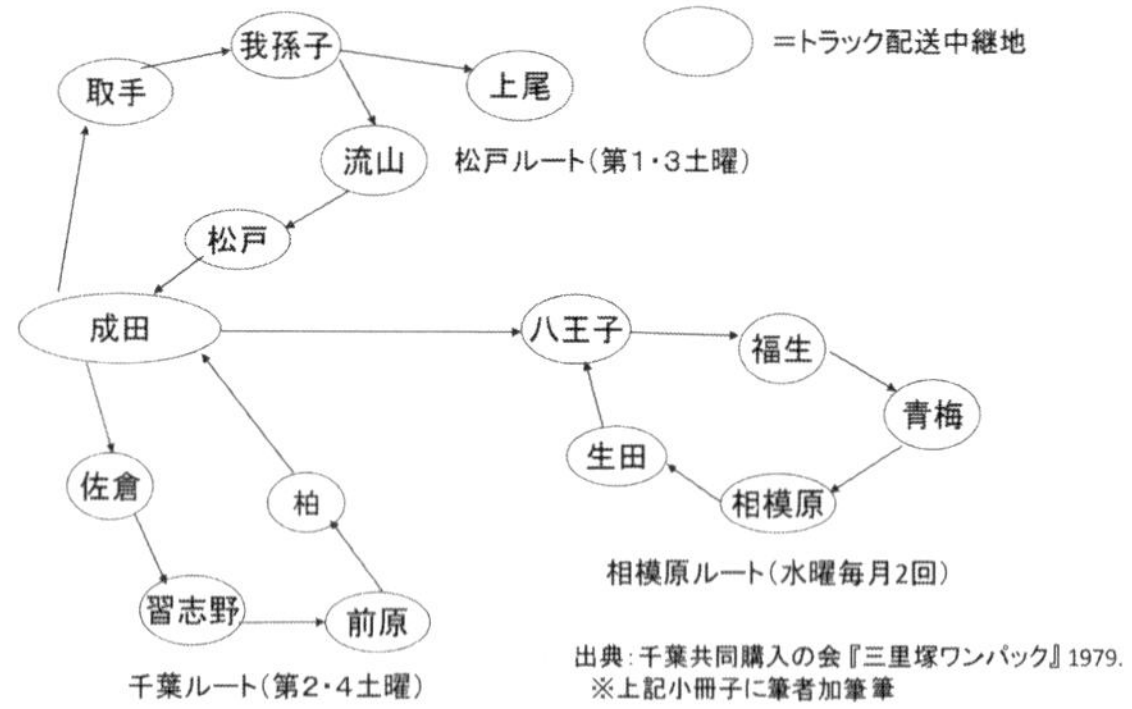

出典：千葉共同購入の会『三里塚ワンパック』1979.
※上記小冊子に筆者加筆

図３　ワンパックグループ農産物の自主流通経路(1)
（1978年時点）

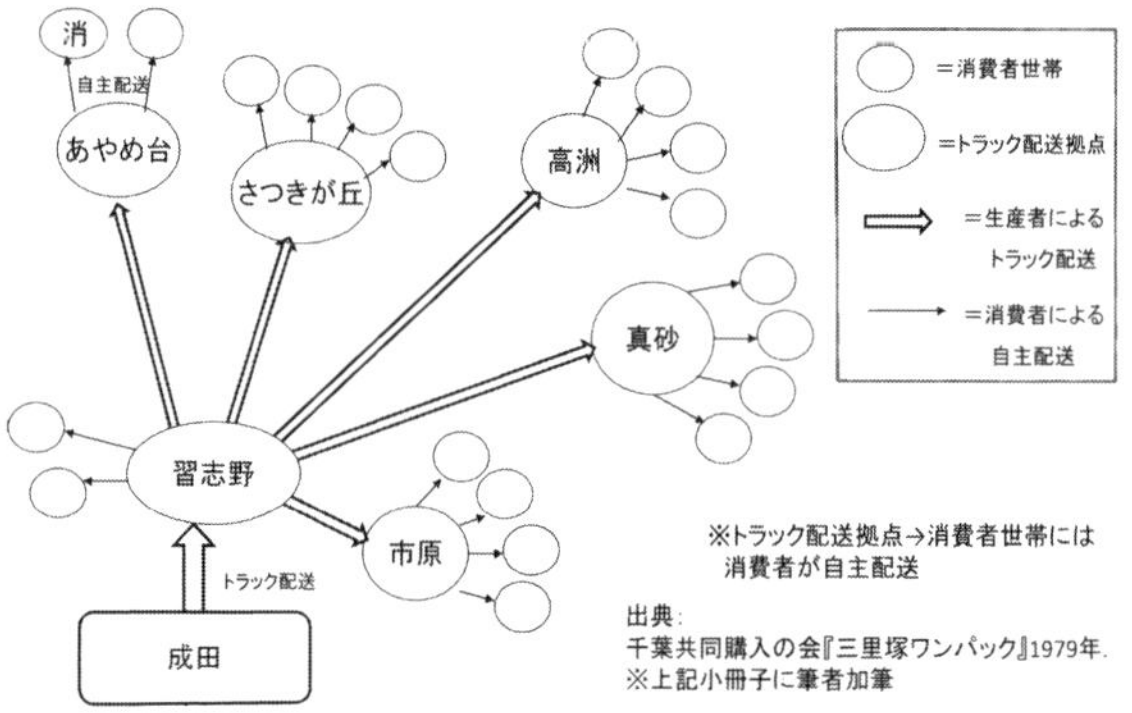

出典：
千葉共同購入の会『三里塚ワンパック』1979年.
※上記小冊子に筆者加筆

図３　ワンパックグループ農産物の自主流通経路(2)
「千葉・共同購入の会」習志野配送拠点の例（1978年時点）

展開した、ただの市民が戦車を止める会が母体となった）、初年の契約件数三八件は同会による。翌年に契約件数は五百件と急増し、一九七八年に八百件、一九八一年に千二百件、一九八二年には千三百件に達した（いずれも概数）。配送コースも一九七七年は三コース、一九七八年に四コース、一九七九年に五コース、一九八三年には七コースと増加し、隔日で出荷配送を行う盛況ぶりとなった。配送範囲は成田からトラックで日帰りが可能な範囲で、千葉県、東京都、神奈川県をはじめとした首都圏が主な配送先だった。当時、配送を担当したスタッフによると、朝五時頃に三里塚をトラックで出発し、各拠点で荷卸しをしながら、規模の大きな拠点ではお茶や食事を交えて三里塚闘争について議論することもしばしばだったという。最盛期は一拠点で六〇ケースのコンテナを卸すこともあり、大規模な拠点は一〇ヶ所ほどで（東京都荒川区、世田谷区、国立市、神奈川県相模原市、千葉県柏市など）、各コースの最後の拠点で夕食が出され、食事を済ませて三里塚に帰り着くのは夜中の一時過ぎという状態が一九八〇年代半ばまで続いたという。(28) 野菜価格は発足当初は品目ごとに単価が設定されていたが、一九八〇年の農地全面共有化の時期にコンテナごとの定額制を導入し、一コンテナ当たりの内容量や品目の多寡に関係なく一定額での販売が実現し、不作時のリスクを消費者も負担する方式が確立した。

ワンパックが短期間に急成長を遂げた要因は二点ある。第一は、空港反対運動の動員構造のなかで初期の消費者を獲得し、「支援者としての消費者」に支えられながら消費者の裾野を広げていけたこと。第二は、パック詰め野菜という提供方式の新規性である。既存の共同購入運動との違いは、消費者ごとに数種類の野菜がパック詰めされている点にあった。当時の共同購入運動は小分け作業を消費者負担とすることが多く、決まった日時に拠点で小分け作業にかかわれないと参加困難な面があった。ワンパックの野菜は消費者ごとに小分けされているため、時間に余裕のない一人暮らし世帯や共働き世帯も大きな負担なく取ることができた。とはいえ配送拠点から先の自主配送の過程では、拠点責任者となった消費者が自ら拠点メンバー宅に配達に行くといったケースもあり、ワンパックの流通は生産者だけでなく拠点消費者のボランタリーな活動によっても支えられてきた（図3参照）。

六　有機農業を通じた共同性の構築――生産者の証言記録から

（一）「地図にない村」に生きる

ワンパック結成年に当たる一九七六年に、微生物農法の会は『三里塚の土』と題した小冊子を刊行した。冒頭には「ある地図には、私たちの村がすでにもう消されています。その地図上の、私たちの村にとってかわっているものは、空港の計画図です」と記され、「しかしながら、私たちの作物がみなさんの手元にとどいているように、私たちの村は、三里塚は、私たちの誇るものとして、確実に存在しています」と続き、闘争と農業のつながりが堆肥づくりの共同作業を例にして、以下のように言語化された。「ほとんどの農家の人々が、やらない、そして、やれなくなっているこの作業を、私たちは、自分たちの空港をつくらせない闘いと並行させて、とても大切なことと思っています」。「それは、一人の人間として、農民として、どう生きるのかという自問に答える、出発点だからです」。「この作業を、ともに行うなかから生まれてくる八軒の農家の人間関係は、地図にない村で生き続けることの、貴重なきずなだと思っています」と。同冊子は、「土をつくり、闘いをつくる」、「微生物農法とは」、「じゃが芋はこうしてつくります」、「消費者との輪を広げよう」、「石けんを使いましょう」の章立てから成り、空港闘争から発して農薬、化成肥料、添加物、合成洗剤などの「便利さ」がうみだす健康被害に警鐘を鳴らし、生産者と消費者が互いを知り、日々の暮らしを見直すことが提起されている。この時期、化成肥料を代替する安価な堆肥という当初の導入動機を超えて、有機農業の農業それ自体のもつ価値を言挙げする姿勢が、生産者と消費者の連帯の中で生じていたことがうかがえる。

(二)　生存戦略と抗議戦略の合一から対抗的公共性の創出へ

有機農業が導入されて一〇年が経過しようとしていたころ、地力再生産の新手法という手段的な水準を超えた三里塚固有の有機農業思想がワンパック生産者の中に芽生えていた。一九八〇年に行われたワンパック生産者の座談会で生産者たちは自らの農業と闘争との結合について語っている。以下は島氏の発言である。

九・一六〔筆者注：一九七一年九月一六日の東峰十字路事件〕以前は、俺も農業と三里塚闘争とは、非常に矛盾していたわけです。かけ離れていて、しまいにはいわば対立的な存在になってしまっていた。百姓を一生懸命やればゼニにはなるけれども、闘いの方は、三里塚全体については視えてこない。逆に色々な細かい問題も含めて闘争の方に足をふみ入れ、運動の流れにそって自分が動かざるを得なくなってくれば、今度は百姓の方は、畑が草だらけになる。だから、七一年の九月に青行隊をはじめとして反対同盟がうけた試練というのは、農業をどう考えていくか、それから闘争の中で闘いと農業の結合というのをどういうふうに考えていくのかという問題提起になっているのではないかと思う(29)。

同座談会の中で石井恒司氏もこのように発言している。

自分の中で「なぜ空港に反対するのか」という根拠がはっきりとはないわけだよね。ただ何か感覚的に反対であって。それを、じゃあ具体的になぜおれは反対するのかを問いなおした時に、国家のいう空港の必要性に対して、自分の中でそれに対決できる農業の重要性を打ち立てないと、おれが反対運動やっていく根拠がみつからないと思ったんだよね(30)。

この地において有機農業は当初、化成肥料の多投によって痩せた土を豊かにする代替資材として導入された。いわば闘争継続を可能にする営農基盤強化のための手段の位置にあった有機農業が、堆肥づくりや共同出荷といった形態で農民間に協調行動を生み出し、農業に対する工業の優位が圧倒的であった時代に、巨大空港開発に対峙した農民の中に「農民として対峙する根拠」が芽生え、言葉化されていったのである。生存戦略と抗議戦略の合一を希求し、有機農業を基盤にした対抗的公共性の論理構築に向かう農民意識の深化と醸成の軌跡をここに読み取ることができよう。

八　結びに代えて—反空港闘争から有機農業実践へ

本稿では、高度成長期の北総台地を激変させた成田空港建設に対峙した農民動向を追いかける中で、一九七〇年代初期に三里塚に導入された有機農業に着眼し、有機農業が同盟内に徐々に普及し、都市とつながりながら闘争展開地の農民間に新たな組織形成がなされ、農民として空港に反対する根拠が闘争主体に醸成されていく過程を跡付けた。本節では以後の展開を概観し、反空港運動から有機農業実践へ向かった農民がいま地域で新たな役割を担いつつある現状を報告して結びとしたい。

一九八三年に同盟は二派（熱田派と北原派）に分裂し、一九八七年には再分裂（北原派より小川派が分裂）を経て三派並立となり、支援者間にも分断と対立の関係が生じた。このような状況下でも微生物農法の会の堆肥作りは派を越えて継続し、同会会長の営農指導によって闘争展開地外である山武町（現山武市）に有機農業が普及し、当地の農協に有機部会が結成されるなどの地域展開をみた[31]。その後、空港建設及び運用をめぐる状況は一九九〇年代初頭から半ばにかけて国と同盟（熱田派）が空港問題の根源を相互検証した成田空港問題シンポジウムと、市町村等も参加して地域の将来構想を検討した成田空港問題円卓会議を経て変化を見せ、前者の終了後に第二期工事区域内への収用裁決申請が取り下げられ、空港用地内に居住する住民は一九六九年以来の強制収用の危機を脱した。その前後に同盟各派の農家には移転や離農の動きが生じ、有機農業に携わる農家のなかにも移転と居住継続への分岐が生まれ、農法へのこだわりといった農業内在的な理由等も相まって、微生物農法の会やワンパックの生産者もさらなる分岐を遂げた（図2参照）。

移転した有機農業の実践者の中には移転後も営農を継続し地域農業のリーダーとして活躍する動きもみられている。そして一九九〇年代以降、空港問題に対峙する中で有機農業を掴み取った農家や生産者団体の中に、都市出身の農家志望者を研修生や新たな生産者として育成する動きがみられ、周辺地域の農業法人と協力関係を結びながら、農業で生計を立てることを希望する新規就農者（新規参入者）の受け入れと育成活動がさかんになっている。ワンパックは闘争が退潮傾向を見せ、有機農産物市場が形成されはじめた一九八〇年代半ば以降は消費者数の伸び悩みを抱えながらも経営を持続させ、近年は農家志望者を育成する就農インキュベーターの性格を強めており、都市の消費者に支援される側から、農業で身を立てることを志望する都市出身の若者の就農を支援する側へと立ち位置を移行している。

このような状況変化をふまえて、前述したワンパック生産者の石井恒司氏は自身の来し方を振り返ってこう語った。「私がこの四〇年間で見てきたものは、そういう村の崩壊していく歴史というか、それをずっと見てきた歴史だというふうに思っています[32]」。「私はいま農業をやっていますけれど、私のもうちょっと究極的な目標というのは、農的な暮らしをしたいという、そういう私の理想というか、究極の目標なんですけれど、そういう意味で若者が農村に入ってきてどんどん農業をやれるような構造を、やはりある程度きちんと保障していくのが、いまの我々の仕事かなというふうに勝手に思っているんですけれど[33]」と。いま、同氏の農園は農家になるこを目標にした農業研修生の若者たちが集う場になっている。巨大開発による地域再編の渦中で農業に可能性を見出し、有機農業を通じて農民であり続けることを希求し、試行錯誤を重ねてきた人々がいま、後進を育て始める時期に来ている。農法と農に関わる精神の両面において、何が受け継がれ、何が忘却され、新たに創出されていくのだろうか。引き続き現場にかかわりながら記録を重ねていきたい。

註

（1）近代（明治）以降の北総台地の開発史における成田空港開発の位置づけを考察するために「長い二〇世紀」という表現を考案した。成田市および隣接地域における開発の波を時系列的に整理すると①江戸期における牧の開発、②明治初期における士族授産政策としての開墾と牧場開発および牧場街の形成、成田鉄道などのインフラ開発、③敗戦後の戦後開拓、④高度成長期における成田空港開発となる。①から③が土地の生産力や人口扶養力の増大、成田山をはじめとする既存の観光資源や地場産品のもつ地域潜在力の開化という性格をもつのに対して、成田空港建設は首都後背地に国際空港機能を埋め込む外来型開発の性格を色濃く有するものであり、北総地域の開発のあり方は高度成長期の前後で大きく変容したと思われる。

（2）本報告では主として成田市および隣接市町を対象とする。北総台地全体の戦後開発史を論じる際には、旧軍用地の開拓、開拓地の住宅地への変容、ニュータウンの形成とベッドタウン化、成田空港開発と連動した道路や鉄道の敷設といった、首都近郊地域における都市化のモメントも重要だが、本報告では論点を成田空港開発と地域住民の対応に絞り込み、北総台地の全般的な開発史については他日を期したい。

（3）本節の記述内容は注記個所を除いて隅谷三喜男『成田の空と大地―闘争から共生への途』（岩波書店、一九九六年）に拠った。

（4）町村敬志「『豊かさ』の語りの行方―『地域開発』という思考の転機」（『都市問題研究』第51巻第2号、一九九九年）八三頁。

（5）上山和雄「「軍郷」における軍隊と人々―下総台地の場合―」（上山和雄編著『帝都と軍隊―地域と民衆の視点から』日本経済評論社、二〇〇二年）七一―九九頁。

（6）御料牧場周辺の戦後開拓史に関しては、福井千緒『戦後開拓と離農――御料牧場周辺のケーススタディ』（千葉大学大学院文学研究科修士論文、一九九八年）を参照。

（7）本稿では成田市周辺地域の反対運動の事例を扱うが、他の候補地での反対運動に関する先行研究も発表されている。浦安沖案に対する漁民の反対運動の動向については、若林敬子『東京湾の環境問題史』（有斐閣、二〇〇〇年）三五六―三五九頁を参照。

（8）本節の記述内容は注記個所を除いて福田克彦『三里塚アンドソイル』（平原社、二〇〇一年）に拠った。

（9）ここでいう区とは学校区を指す。

（10）集落、自治区、区など様々に呼称されるが、この地域では部落と慣習的に呼称されている。

(11) 日本社会党および関連組織の支援活動は以後も続いた。要因としては、芝山町には、社会党の支持基盤が形成されていたことが考えられる。芝山町（旧千代田村）は同党の国会議員であった実川清之の出身地で、同氏は旧千代田村の村長や千代田農協（現山武郡市農業協同組合千代田支所）の組合長も務め、芝山町には社会党を支持する「実川党」と呼ばれた住民層が存在した（同盟の初代行動隊長を務めた人物は当時社会党員だった）。実川清之の活動については、実川清之『農魂・実川清之自伝』（千葉県農業協同組合中央会・編集委員会、一九七九年）、菱沼達也『農魂の人―山本源次郎と実川清之』（崙書房、一九八六年）を参照。

(12) このときの同盟の抵抗の模様が記録映画集団小川プロダクションによって記録され映画『三里塚・第三次強制測量阻止闘争』として公開された。同プロダクションの活動によって、一九六八年から一九七〇年代後半までの闘争と農民の暮らしの様子が複数の映像作品に残されている。

(13) 郡山吉江『三里塚野戦病院日記』（柘植書房新社、一九七九年）参照。

(14) 本節冒頭の記述は、以下の拙稿を改稿したものである。相川陽一「成田有機農業の軌跡と展望―空港城下町で地域自立を考えていくために」（『ハリーナ』vol.5 no.2, 二〇〇九年）五頁。

(15) 三里塚微生物農法の会代表の堀越昭平氏への聞き取りによる（二〇〇二年一〇月四日）。

(16) 有機農業に関する定義は多岐にわたり、農法上の定義、生産物の規格といった技術レベルの定義から、実践者の生き方や思想にもふみこんだ理念的な定義におよぶ。本稿では有機農業運動という集合行為に定位して考察を進めることから、枡潟俊子氏の定義を援用する。「有機農業運動とは、近代農業が内在する環境・生命破壊的性格への不満・不安にもとづき、土地―作物（―家畜）―人間の関係における物質・生命循環の原理に立脚しつつ、生産力を維持しようとする農業への変革を志向する集合行為である」。枡潟俊子『有機農業運動と〈提携〉のネットワーク』（新曜社、二〇〇八年）九頁。

(17) 福田前掲書、三〇七頁。

(18) 同農法の概要については、島本邦彦『酵素で土をつくる―島本微生物農法』（農山漁村文化協会、一九八七年）参照。

(19) 三里塚微生物農法の会・ワンパックグループ編『たたかう野菜たち』（現代書館、一九八〇年）付属年表参照。

(20)　枡潟前掲書、七頁。
(21)　この畑も一九七七年末に仮処分を受けて収用された。
(22)　二〇〇二年八月一九日聞き取り。
(23)　現地では「らっきょう工場」の名で呼ばれている同社は同盟農家や同盟を離れた農家を取引相手に、近隣の高齢婦人の農産加工技術に範を取り、地域の伝統食であるらっきょう漬けを商品化して生協や百貨店に出荷し、小規模農家を経済面で下支えするとともに、東峰集落および近隣集落に住む高齢婦人の雇用の場としても機能してきた。近年は都市から移住した農業新規参入者との間にらっきょうや落花生の契約栽培を行い、若手農家の自立を経済的に支援する事業体としても機能している。
(24)　平野靖識氏への聞き取りによる（二〇〇二年八月一八日）。
(25)　ワンパックの概要については、三里塚微生物農法の会・ワンパックグループ編前掲書、小泉英政「有機農業は三里塚闘争の堆肥となったか」（日本有機農業研究会青年部編）『われら百姓の世界』野草社、一九八三年）八八―一〇七頁、およびワンパックスタッフへの聞き取りによった。
(26)　小泉英政氏は、北海道の戦後開拓農家に生まれ、三里塚に支援者として赴いた経歴をもつ開拓二世である。
(27)　農地の所有関係は動かしていない。
(28)　ワンパックの配送スタッフを務めてきた山口義人氏への聞き取りによる（二〇〇二年一二月二四日）。
(29)　三里塚微生物農法の会・ワンパックグループ編、前掲書、一三〇頁。
(30)　三里塚微生物農法の会・ワンパックグループ編、前掲書、八五頁。
(31)　三里塚微生物農法の会代表の堀越昭平氏への聞き取りによる（二〇〇二年一〇月四日）。
(32)　石井恒司「やっぱり農村なんじゃない」（相川陽一編『まちの困民　むらの困民』地球的課題の実験村、二〇〇八年）三六―三七頁。
(33)　石井前掲書、四四―四五頁。

Ⅳ　江戸・東京と北総

江戸の嘉永文化

吉原　健一郎

はじめに―江戸文化史の時期区分について―

幕藩制国家の中心都市である江戸は、武都という基本的な性格をもっている都市ではあるが、武士の生活を維持するために設定された町によって、町人の都市としての特色をも生みだしていった。こうした多数の武士と町人が生活する江戸という都市の特色を、文化史という視点から考えてみたい。

そのためには、これまでの江戸文化史の時期区分では十分ではないと思われるので、新たな区分を提起しておこう。寛永文化・元禄文化・宝天文化・化政文化・嘉永文化という区分を提起したい。このうち、宝天文化と嘉永文化という区分についての説明は、すでに取り上げたことがあるので省略し、ここでは嘉永文化の内容について考えていこう。(1)

一　嘉永文化の特色

嘉永文化の特色については、情報メディア活性化の問題として、すでに指摘したところである。(2)まず、天保改革後の江戸の不景気を前提として、江戸の庶民社会における文化現象として、拳の流行に見られるような金のかからない手軽な遊びや、花見を始めとする四季折々の行楽を楽しむ行動文化が活発に展開した。

さらに、この時期には地震や大水などの天災をはじめとして、各種の流行病などの災害も生じている。また、西欧諸国のアジア進出にともなう対外問題も、近海における外国船の出没として顕在化してきた。

こうした社会状況は庶民のなかに、たんなる遊びの文化だけではなく、政治批判をふくんだ情報文化を歓迎する気風をも生みだした。そのあらわれが印刷出版の分野で顕著にみられる。南和男氏が指摘されているように、弘化・嘉永期の江戸の浮世絵・風刺画には、従来とは異なる時事的・風刺的要素が加味されるようになったとされる（『江戸の風刺画』吉川弘文館、一九九七年）。しかし今回は、こうした風刺画とは直接関係がないように見える印刷物をも問題として取り上げてみたい。そこで以下の三つの切り口で当時の印刷出版にかかわる文化現象を整理し、それらが嘉永文化をどのように特徴づけているかを吟味したい。

二　園芸文化と行動文化

文化年間に始まったという江戸の北部の植木屋による造り菊は、天保改革直後の天保十五年（一八四四）に復活した。神田雉子町の町名主であった斎藤幸成の日記にも、この年の九月下旬に巣鴨・駒込の植木屋で菊の造りものが多く出され、十月には見物人で賑わったとある。幸成自身も九月に一度、十月には二度出かけているが、家族を連れていくこともあり江戸庶民の行動の一端がわかって興味深い。翌弘化二年には巣鴨・小石川・染井など各所で行われ、見物人が群衆したという。不景気な市中にあっても、こうした行動文化は活況を呈した。この造りものの番付は一枚四文で売られたが、六十軒もの板元が加わっていたようである。(3)

四季折々の行楽を楽しむというのは、江戸庶民の行動文化のもっとも基本的なものである。そうした行楽の一つとして、園芸植物を栽培して見世物として観客を集めるという文化が生まれたのである。しかも、番付という安価な印刷物の頒布と結びついていることにも注目しておきたい。

三　流行神現象と浮世絵

嘉永二年（一八四九）三月二五日から六〇日間、両国回向院において、お竹大日如来の開帳が行われた。[4] この竹という女性は日本橋大伝馬町一丁目の紙商人である佐久間善八の召使いであった。信仰心の篤い竹は寛永一五年（一六三八）三月二一日に死去したが、佐久間家では竹の尊像をつくり安置していた。それが後に出羽国羽黒山に遷され、「お竹大日」などと呼ばれ知れ渡ったという。[5]

このお竹の出開帳は、元文五年（一七四〇）、安永六年（一七七七）、文化一二年（一八一五）に続く四度目のものであるという。江戸東京博物館にはこのころに作られて販売された浮世絵が九種所蔵されている（うち二枚続きが一種ある）。注目すべきことは、このうちの七種が絵師の一勇斎国芳によって描かれていることである。しかも、これらは名主の改印がある合法印刷物であるために、絵師の名前も記されているのである。

ところが、このお竹の開帳とセットになって、内藤新宿の正受院の奪衣婆、日本橋江戸橋の翁稲荷が流行することになる。三者をセットにするというアイディアは、当時流行していた拳から生まれたのだろう。[6] すでに弘化四年（一八四七）正月の芝居で、とてつる拳がおこなわれて流行し、一六文の稽古本が売られてブームになったという。嘉永二年にも芝居で日本の天照大神、天竺の釈迦、唐土の孔子がじゃんけんをする三国拳がおこなわれた。[7]

図１　「今ハむかしぢゞいとばゞあがあったとさ」
（『特別展　江戸四宿』1994年）

このブームに乗って「じいさん、ばあさん、あねさん」や「流行御利生けん」といった浮世絵が売りだされ、それが拳の稽古にも用いられている。つまり、この流行神現象は、たんなる現世利益のための信仰というだけではなく、不景気社会のなかでの遊びの文化とも結びついているのである。しかも、芝居のなかで流行したものが町へ流れ出し、そこに印刷出版が関係するなどの多様性がみられる。この奪衣婆にからむ浮世絵は二四種類出版されたというが、その多くが国芳の絵であった。

国芳は武者絵を得意とする絵師であったが、その反骨精神から、風刺画にも手を染めていた。しかし、風刺画とは分類されないような絵であっても、それが庶民の気分を反映するものであれば、積極的に絵筆を揮ったものと思われる。こうした流行神現象が、以後ますますエスカレートしていくのがこの時期の特色であった。

つぎに、流行神現象としてあげられるのは、八代目市川團十郎の死と、それにともなう死絵のブームであろう。死絵とは著名な歌舞伎役者が亡くなった際に、訃報と追善を兼ねて刊行された浮世絵であるという。本来は追善画（絵）と言われたようだが、この團十郎の死にさいして死絵という言い方が一般化したと考えられる。(8) 国立歴史民俗博物館に所蔵されている死絵のうち、弘化四年（一八四七）から安政二年（一八五五）の没年の役者八名についての死絵の種類（点数）や名主の極印の有無などを表にしてみた。

表　嘉永期前後の死絵

分類番号	役者名	死絵種類	うち極印あり	没年月日	享年
17	岩井杜若	1	1	1847（弘化4）4.6	72
18	初代 大川橋蔵	5	0	1849（嘉永2）4.24	66
19	松本錦升	1	0	1849（嘉永2）11.3	39
20	五代目 市村竹之丞	21	4	1851（嘉永4）8.20	40
21	四代目 中村歌右衛門	32	0	1852（嘉永5）2.17	55
22	三代目 助高屋高助	4	0	1853（嘉永6）11.15	52
23	八代目 市川團十郎	72	11	1854（嘉永7）8.6	32
24	初代 坂東しうか（五代目坂東三津五郎）	41	4	1855（安政2）3.6	43

（『死絵』国立歴史民俗博物館資料図録7、2010年より）

まず明らかなことは、嘉永四年（一八五一）に死去した五代目市村竹之丞の死絵が急に多くなっていることである。二一種のうち名主の極印のあるものは四種にすぎない。しかも、絵師は国芳のみであった。これを、どのように解釈したらよいのだろうか。すなわち、死絵を浮世絵として担当名主の許可をもらうのは例外的なのか。つまり死絵は、いわゆる浮世絵の範疇に入るものではないのでないかという問題である。

これについては、翌年二月に大坂で死去した四代目中村歌右衛門のばあいにヒントがある。『藤岡屋日記』によれば、このときの売り出された死絵は、三三の板元で八二種であったという。あまりに多くの死絵の板行のため、絵草紙掛名主の手が入り、奉行所に伺いのうえ没収されたという。(9) ただし、その処分についての記載がないことから、違法印刷物としての取り締まりではなかった。さきの表にみられるように、三二種の死絵のすべてに名主の極印がないことも、それを証明していると思われる。

八代目市川團十郎の死は、嘉永七年（一八五四）八月六日である。大坂にて切腹して死んだという。八代目を襲名したのは天保三年（一八三二）で、その後天保改革により父が江戸十里四方追放となってからも面倒をみた。また、父の病気にさいしては成田不動に平癒を祈願したという。こうした善行により、

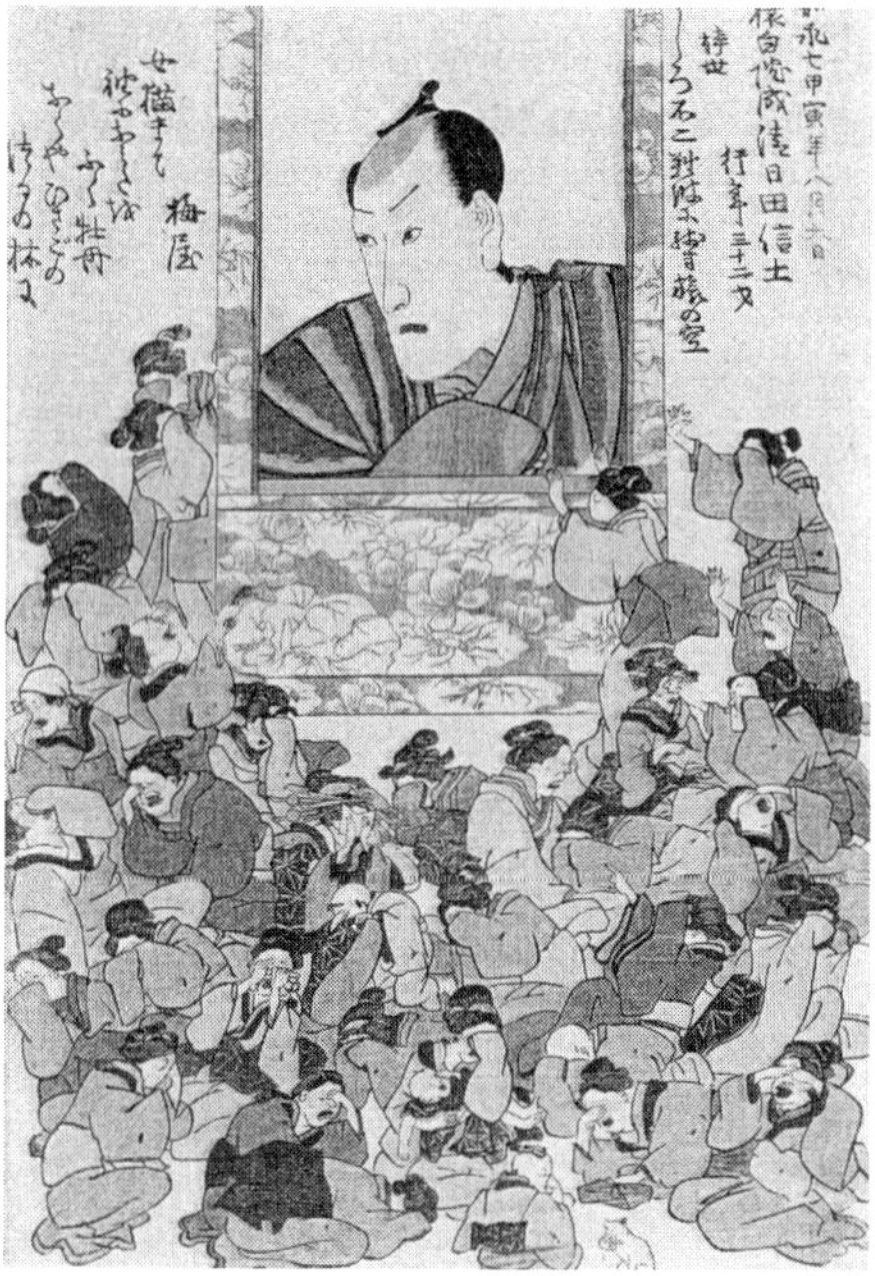

図２　猿白院成清日田信士こと八代目市川團十郎死絵（『死絵』国立歴史民俗博物館資料図録７、2010年より）

弘化二年（一八四五）五月には町奉行所より表彰され、銭一〇貫文をあたえられている。

その死にあたって、表にみられるように多種の死絵が板行された。七二種のうち名主改印のあるものは一一種にすぎない。絵師は国芳や歌川豊国であった。つまりその多くは改印がないのだから、いわゆる浮世絵としての出版物ではないという解釈で売られたのではないだろうか。[10] こうした明確な判断基準のない出版取り締まりが、さらに問題をエスカレートさせていくことになる。

安政二年（一八五五）一〇月二日に江戸で大地震が起こったが、その直後から絵草紙改名主の許可を受けていない地震関連の違法浮世絵が大量に生まれた。その多くは鯰絵といわれるもので、鯰をメインに取り上げた浮世絵であった。一一月二日から一二月一三日までの一か月あまりの間に、絵草紙問屋が摘発した無許可の板木は三二八種にのぼり、それらを作った板元は八七人であったという。しかも、その板元の多くは、同じ仲間の者たちであったことが判明している。[11]

富澤達三氏は、これら鯰絵の一四七種を整理し、地震の原因となった鯰を悪とするもの、善悪拮抗するもの、善とするものに分類している。しかも、それが時系列的には悪から善に変化していくのだが、そのことは地震後に復興景気が生まれてくることと関係しているというのである。この結果、「地震鯰」は「世直し神」として描かれたものもあった。(12) こうして鯰は流行神化していくのである。

以上のことから、嘉永文化期の特色として、三つの流行神現象を指摘することが可能だと考える。しかも、それらが印刷出版と深く結びついて成立しているのである。さらに言うならば、印刷出版という情報操作の側から創造された流行神現象であった。江戸という都市の文化について考えるときに、幕府の言論統制のなかでも、印刷出版統制が、これほどまでに無視されたことは、かつてなかったと言えるだろう。

四　情報デフォルメ文化の諸相

嘉永文化の特色を、印刷出版に絞って検討してきたが、さらに指摘しておきたい問題がある。この時代の特色として情報のデフォルメ文化ともいえる現象が生じているのである。もちろん江戸という社会において、文化のさまざまな分野で、統制を巧みに潜り抜ける手法は一般的に見られている。それは、芝居や浮世絵ばかりでなく、戯作のなかにもみられる。しかし、ここではそうした政治批判や皮肉といった側面だけではなく、事実を変形することによって、その虚のなかに込められた実を理解しようとするデフォルメ文化が展開したことを指摘しておきたい。ここでは、その具体的事例として、広重の板画「江戸名所百景」と江戸切絵図を取り上げてみたい。

図３　広重「大はしあたけの夕立」
（安政４年〔1857〕）

歌川広重が「名所江戸百景」を描き、刊行を始めたのは安政三年（一八五六）二月からであり、広重没後の同五年一〇月までの間に一一八枚が下谷の魚栄から出されたという。永田生慈氏によれば、このシリーズの特徴は「極端なアングルを示す作品が散見される」ことだという。また、「色調についても、従来にはあまり見受けない配色や濃い調子の作品が多く、あてなしぼかしの多用も大きな特徴」だという。(13)

永田氏は、これは名所絵における広重の新たなチャレンジではないかとされているが、この広重の最晩年の意欲作のなかにも、嘉永文化のなかのデフォルメ性の一端が見てとれるのである。刊行が始まった前年に安政の大地震があり、震災復興との関連性についての議論があるようだがここでは省略する。

一例として「大はしあたけの夕立」を取り上げよう。上空の黒雲から夕立の雨が降っている。遠くの深川の川辺にたいし、新大橋が斜めに描かれるという大胆な構図となっている。そのジグザグの様子は稲妻をも連想させる。さらに想像力を発揮すれば、そこに雷鳴までも描かれているかのごとくである。すでに指摘されているように、こうした斬新な作品は印象派をはじめとして西欧の絵画に大きな影響を与えているのである。

この時期には、江戸の文化史上もっとも特筆されるべき現象が、絵図（地図）出版にもあらわれている。すなわち切絵図の隆盛である。しかも、江戸の地図が従来は正確さを追求したものであったのにたいし意図的に、不正確なものになった。俵元昭氏は、この不正確さこそが「実は発展の過程であって、究極に、歪みきったとみえるこの江戸の切絵図が、激烈な工夫と創意惨憺、さらに偶然の着想の結果として生まれた最も優秀な地図」となったのだとしている。(14)

たとえば尾張屋の切絵図は江戸の市中を分割し、嘉永七年（一八五四）板で二六枚、安政三年（一八五六）板で二八枚としている。その具体的な説明は省略するが、これまでとは異なる美意識と利便性を売り物にした切絵図は、正確さを犠牲にしてデフォルメされた地図として人びとの支持を得たのである。

おわりに

以上にみたような、江戸の文化史上において、非常に重要な特色のある嘉永文化の意義を理解していただけたものと思う。そこには、社会批判ないし社会風刺とは思われないような印刷出版物であっても、当時の社会現象として現れ、時代の文化を象徴するような結果をもたらしているのである。

最後に、この時代を生きた人物の証言を紹介しておこう。鹿島萬兵衛は、その著書『江戸の夕栄』において、天保改革後の江戸社会を多様な側面から記録している。(15) 彼は嘉永二年（一八四九）日本橋堀江町の生まれで、「江戸の末年より明治の始めに至る記憶のままを書き並べ」書名にしたという（大正十年の自序）。ここでは、この書名について考えながらまとめとしたい。

本書の旧版の「解説」において、進士慶幹氏はこの書名が夕栄と名付けられた意味は今後の課題にしたいと述べられている。それにたいし、私は新版の解説「「夕栄」に込められた嘉永文化」において、明治以降に執筆・刊行された本書について、著者は江戸という都市の最後の煌めきを描きたかったのではないかと指摘しておいた。明治・大正からさかのぼって江戸を想うとき、嘉永文化の時期の江戸という都市が、いかに輝いていたかがわかるのである。夕栄とは、たんなる懐古的な意味ではなく、江戸文化がもたらした到達点の輝き、まさに近代への予兆をもふくめた意味合いの言葉ではなかったかと思う。

明治の近代化のなかで、江戸は極端なまでに否定され、無視されてきたのである。しかし、そうした時代の変わり目に見られた過去の偏見から、いまや自由になるべきではないだろうか。嘉永文化に見られたように、我が国の印刷出版文化の高度な展開を、新たな視点から見直すべき時ではないだろうか。

註

（1）吉原健一郎「嘉永文化論」（『江戸町人の研究』第六巻、九九頁、吉川弘文館、二〇〇六年）。
（2）右同論文（前同書、一〇八頁）。
（3）右同論文（前同書、一〇五～一〇六頁）。
（4）比留間尚「江戸開帳年表」（『江戸町人の研究』第二巻、五四二頁、吉川弘文館、一九七二年）。
（5）高山慶子「大伝馬町名主馬込家文書と関連資料について」（東京都江戸東京博物館調査報告書第二一集『大伝馬町名主の馬込勘解由』四三頁、東京都、二〇〇九年）。以下同じ。
（6）富澤達三『幕末の時事的錦絵と瓦版　錦絵のちから』四五頁（文生書院、二〇〇四年）。氏はこれらの浮世絵を分類し、諸人祈願型・小咄し型・拳遊び型としている。

（7）南和男「内藤新宿の発達と繁栄」（『特別展　江戸四宿』二二三頁、特別展江戸四宿実行委員会、一九九四年）。
（8）山田慎也「解題」（国立歴史民俗博物館資料図録7『死絵』二四三頁、二〇一〇年）。
（9）南和男「弘化嘉永期の江戸歌舞伎興行」（『江戸町人の研究』第六巻、一六四頁）。
（10）富澤氏は改印がないのは速報性を重視したため、改めを受ける間がなかったのではないかと推測している（前同書、五七～五八頁）。しかし、改印のあるものも合わせて理解する必要があるだろう。
（11）吉原健一郎『江戸の情報屋』一七〇頁（日本放送出版協会、一九七八年）。
（12）富澤前同書、七三頁。世直しについては一一二～一一三頁参照。
（13）永田生慈「広重の閲歴と『名所江戸百景』」（『名所江戸百景』七〇頁、太田記念美術館、二〇〇三年）。
（14）俵元昭『江戸の地図屋さん』七～八頁（吉川弘文館、二〇〇三年）。
（15）鹿島萬兵衛『江戸の夕栄』（中公文庫改版、二〇〇五年）。旧版は一九七七年。進士氏の「解説」は改版にも収載されている。

七代目市川團十郎と成田山額堂寄進―「五側」の扁額奉納とともに―

木村　涼

はじめに

「成田屋」の屋号を持つ市川團十郎と成田山新勝寺（以下成田山と表記）は、子宝に恵まれなかった初代團十郎が成田山に子宝祈願をしたところ、二代目團十郎を授かったことから密接な関係がはじまったことは周知の通りである。以後、代々の團十郎の成田不動に対する信仰は確立していた。

文化・文政・天保期において江戸歌舞伎の中心的存在であった七代目團十郎（寛政三年〈一七九一〉四月～安政六年〈一八五九〉三月）の成田山不動明王に対する信心は代々の團十郎の中でも格別であった。数々の寄進もあるが、特筆すべきは、文政二年（一八一九）六月、同七年七月の成田山境内における二度の芝居興行の実現[1]と、同四年の千両寄進であり、これらはそれまでの團十郎にはみられなかった行為である。

文政四年三月十五日から五月十六日まで成田山は江戸出開帳を開催した。七代目はそれに合わせて不動明王の霊験記を上演したり、出開帳が行われた深川永代寺で取り持ち役を勤めたりと成田山の江戸出開帳に貢献していたが、その出開帳開催中に成田山額堂建立のために千両を寄進した。これは七代目生涯最大の寄進と言われている。

文政四年は、①成田山江戸出開帳の開催、②それに合わせた七代目の不動明王霊験記の上演、③七代目が成田山へ額堂（通称「三枡の額堂」と呼ばれている）建立のために千両寄進、④七代目贔屓「五側《ごがわ》」による成田山への扁額奉納と、成田山と七代目の関係を捉える上で特別な年である。

①から④の事項の内、すでに拙稿で①と②を検討し、江戸社会との関係も含め、七代目の果たした役割や意義について論じている。[2]

七代目寄進の額堂については、旭寿山、小倉博に指摘され、大野政治によって紹介されてはいるものの、[3]成田山と七代目との結びつきに江戸社会はどのように関わっているのかについては言及されていない。そこで本稿では、③と④に検討を加え、成田山と七代目と「五側」の結びつきを追究し、江戸社会や人々との関係も含め、七代目の額堂寄進、「五側」の扁額奉納について考察していきたい。

一　七代目の成田山額堂寄進

七代目寄進による千両の額堂が建立された場所は、成田山境内図（図1）に「絵額堂」と表記されている所である。七代目は、人々に額堂の上棟式（文政五年〔一八二二〕十二月十九日）を知らせるために、同五年十一月、引札を二枚創作し配布している。その内の一枚（図2）には、額堂の正面図、側面図が描かれ、上段には額堂建立の趣意文が認められている。「三枡の額堂」と称せられるだけに屋根をはじめあちこちに市川家の定紋である三升が彫られ、柱には替紋の一つである牡丹が彫り込まれている。

趣意文は七代目團十郎が撰文し、六樹園飯盛が代筆したとされている。[4]この時、七代目は三十三歳、六樹園飯盛は七十歳である。六樹園飯盛は、七代目の祖父五代目團十郎（寛保元年〔一七四一〕八月～文化三年〔一八〇六〕

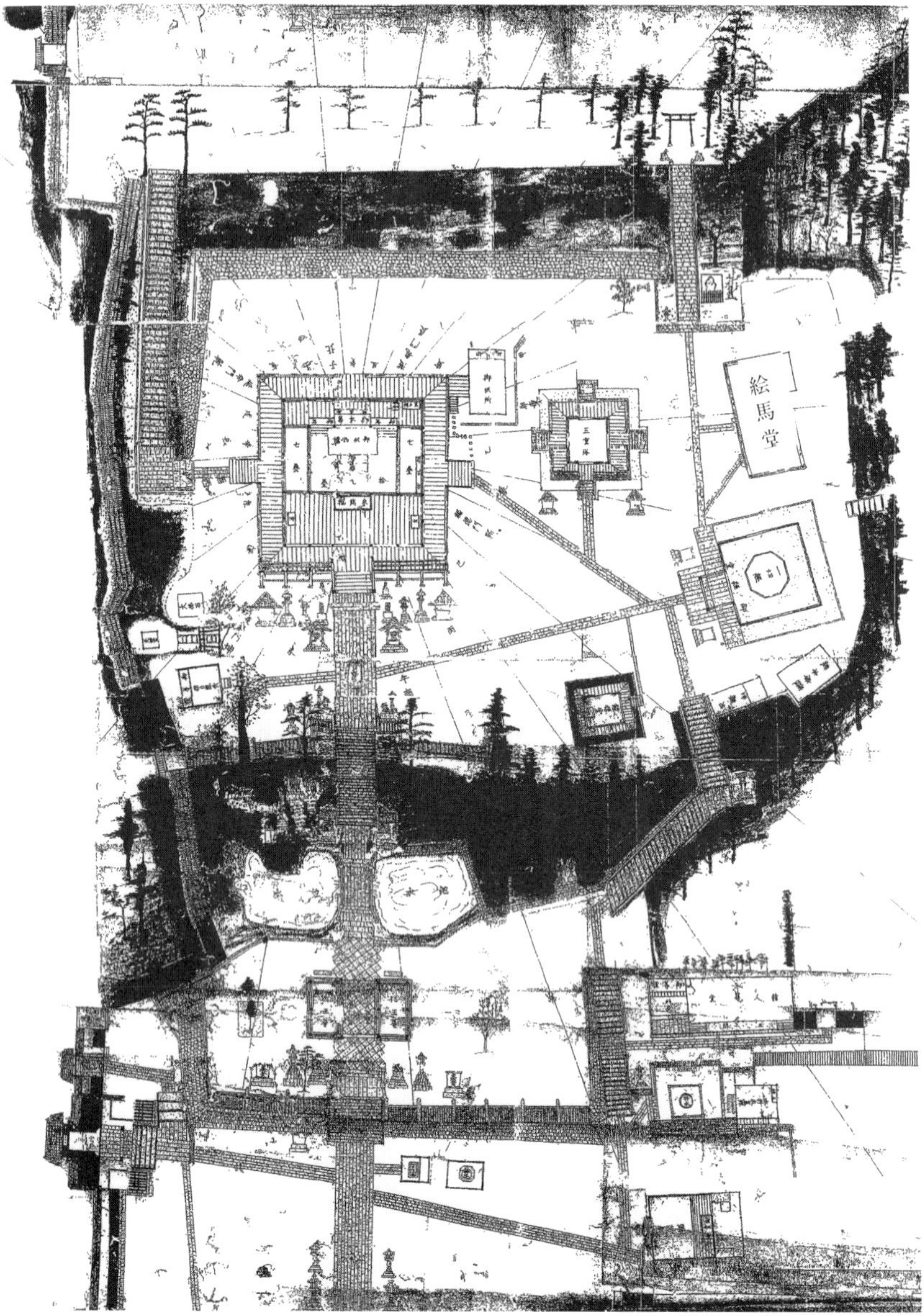

図１　成田山境内図

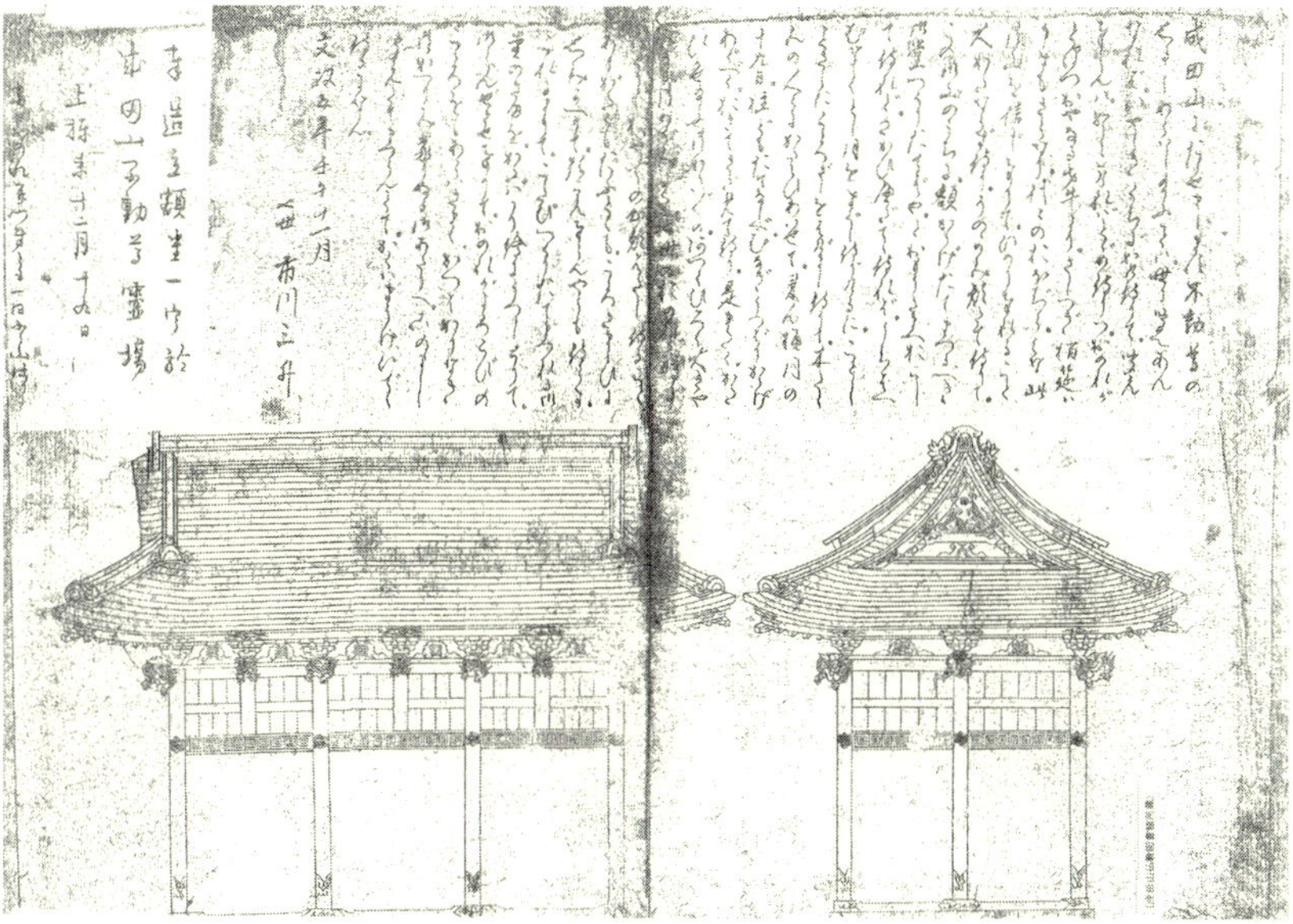

図２　額堂の図と建立の趣旨を記した引札（成田山仏教図書館所蔵）

十月）からの團十郎贔屓である。趣意文は次の通り記されている(5)。

成田山にたゝせまします不動尊のしるしあらハし給ふことハ、世に聞へあんなれば、いやしきくちにかけ侍りて、聞え奉らんハ、かしこけれバとゞめ侍りつ、おのれがとほつおやなる才牛（初代）より、さしつぎ柏莚（二代目）八申すもさらなり、代々のおほぢら、ミな此御山を信じ奉りて、いのり奉れること大かたならず侍り、そのかみ願たて侍りて、この御山のうちに、額かゝげたてまつるべき御堂つくりたてばやと、おもうたまへおこして侍れど、さかひへだて侍れば、うちはへむなしく、とし月をすぐし侍りけるに、ことしことさらにこゝろざしをはげまし侍りて、木たくみ（匠）の人々にかたらひあハせて、来ん（文政五年）極月の十九日、柱どもたてならべ、むなぎ（棟木）・うつばり（梁）かゝげあぐべく、おきてさだめて侍り、是またく、かたひかせ給ふ御かた〴〵の、あつくひろく大きやかなる御めぐみより、七世のおのれが時にいたりて、おや〳〵の心願はたし侍ること、ありがたくもたふとくも、こゝろたましひにしみかへりて、きこえ奉らんやうも侍らす、これによりて、こたびつくりたてまつれる御堂のさまを、かたバかり絵にうつしとりて、御らんぜさせ奉りて、おのれがよろこびのこゝろをもあらハさまく、かつはかりなき御かへりみ蒙りぬる御あたりへ、このよし聞えたてまつらんとて、かくハまうけいで侍るになん

文政五年《一八二二》壬午十一月

七世　市川三升

奉造立額堂一宇於

成田山不動尊霊場

上棟来十二月十九日

当日、おのれ并門弟とも一同登山仕り

初代團十郎から代々の團十郎は皆、成田山を信じ祈願している。市川家の代々は成田山に額堂を建立したいという心願を持ったまま年月が過ぎたが、七代目は、今年こそ額堂建立を実現させたいとの志を奮い立たせ、大工達と相談して、文政五年十二月十九日に柱を建て、棟木・内張を掲げるよう決めた。代々の心願が、七代目の自分の代になって叶った事をありがたく感謝している。この度、建立する御堂の様を絵に写し取って皆様に御覧になっていただきたく、また、自分の喜びの心を表わしたく不動明王へもこの様を申し上げたく思い、上棟式当日（文政五年十二月十九日）には自分の門弟一同を引き連れ成田山へ参詣するという内容である。

額堂は成田山境内図では「絵額堂」と表記されているように、扁額や絵馬を掲げる場所である。元来、絵馬には神仏への祈願あるいは報謝のために神に捧げるという基本的な性格がある。(6)七代目もこうした額堂の持つ意味を十分認

識しており、不動明王への仏恩報謝のため、代々の心願（＝額堂建立）を是非とも実現させたいという強い気持ちが表明されている。

また、傍線部「かたひかせ給ふ御かた〴〵の、あつくひろく大きやかなる御めぐみより」から、額堂建立のために贔屓から多大な経済的支援を受けていたことも推察される。贔屓への感謝を記すとともに贔屓との強い結びつきも表明している。

建立された額堂は、間口九間一尺（一六・五メートル）、奥行五間二尺（九・六メートル）の瓦葺き総欅入母屋造りであった。額堂正面中央の柱には「せつたい所七代目團十郎」と記された自筆の招牌（看板）が置かれ、七代目自ら参詣者に、茶の接待をしたとされている。(7)

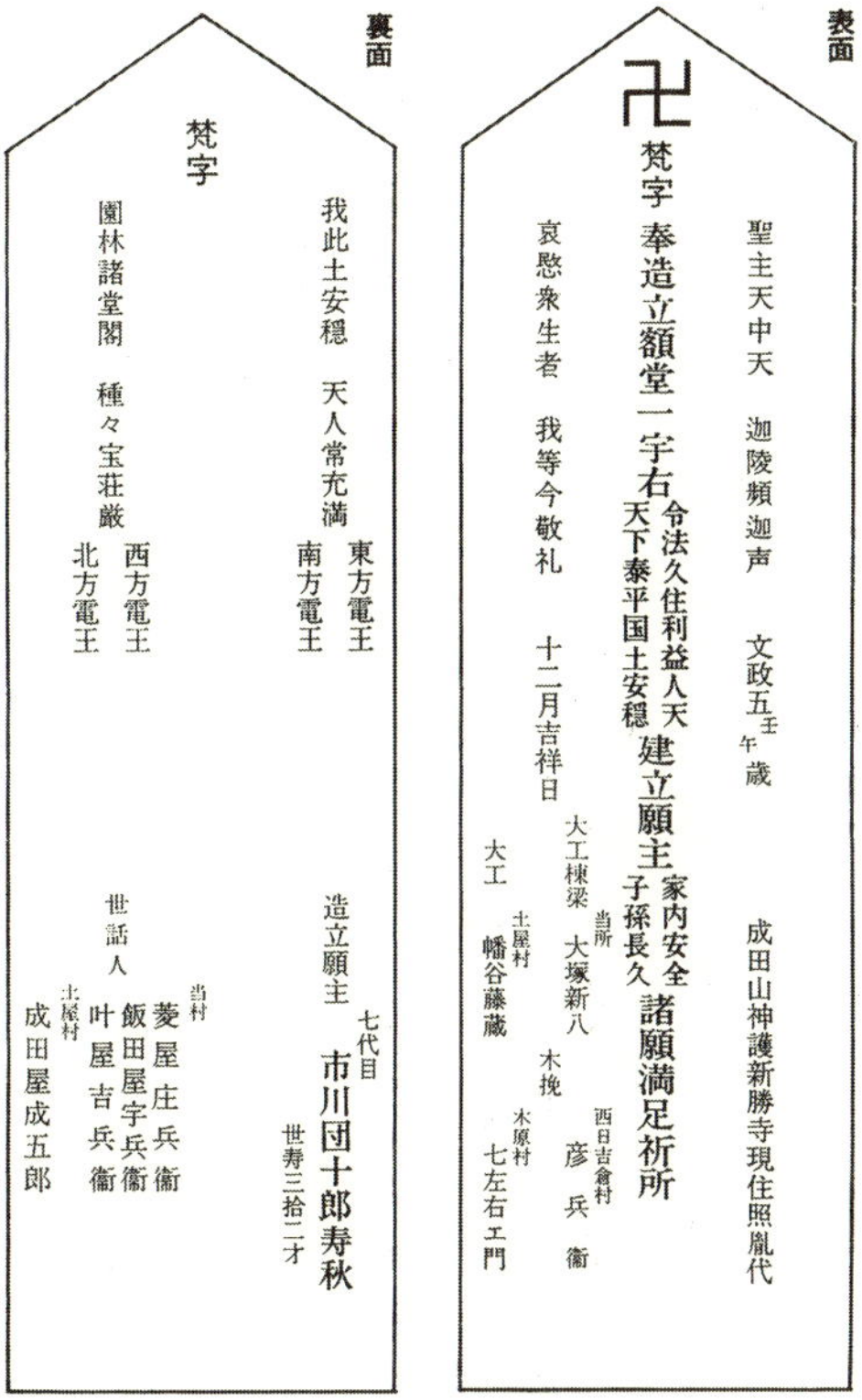
表面
卍
聖主天中天　迦陵頻迦声　文政五壬午歳　成田山神護新勝寺現住照胤代
梵字　奉造立額堂一宇右　令法久住利益人天　天下泰平国土安穏　建立願主　家内安全　子孫長久　諸願満足祈所
哀愍衆生者　我等今敬礼　十二月吉祥日
大工棟梁　当所　大塚新八　西日吉倉村　彦兵衛
大工　土屋村　幡谷藤蔵　木挽　木原村　七左右エ門
裏面
梵字
我此土安穏　天人常充満　東方電王　南方電王
園林諸堂閣　種々宝荘厳　西方電王　北方電王
造立願主　七代目　市川団十郎寿秋　世寿三拾二才
世話人　当村　菱屋庄兵衛　飯田屋宇兵衛　叶屋吉兵衛　土屋村　成田屋成五郎
図３　三枡の額堂の棟札（『新修成田山史』1973年より）

棟札によれば、額堂を建立した大工の棟梁は成田村の大塚新八、大工は土屋村の幡谷藤蔵、木挽は西日吉倉村の彦兵衛、木原村の七左右エ門で、いずれも世話人が手配し雇った者であった。なお、世話人の内、叶屋吉兵衛は薬屋を家業としているが、それ以外の者は宿屋を営んでいた。

歌舞伎役者を「人非人」と記し、歌舞伎役者に批判的な視点で記事を書く

『世事見聞録』の筆者武陽隠士でさえも、七代目が額堂を建立したことを「下総国成田山の不動に大なる額堂を建て」[8]と注目している。また、『誹風柳多留』九十編の中に、大坂米屋町居住の俳諧師素行堂松巓の「つがもねえ絵馬堂の建つ成田山」[9]、三島居住で儒学、詩文、画家、書も扱える井蛙（山本甚兵衛）の「額堂の親玉たらう成田山」[10]という句がみられるように、この千両の額堂建立は、一般的な寄進とは、明らかにかけ離れた規模であると人々の話題にのぼっていたことが推察される。

七代目の額堂建立の志の基底にあるものは、棟札に「家内安全」、「子孫長久」とあるように、「家」の永続を不動明王に願う心性である。ここでいう「家」とは、門弟までを含む役者の家としての市川家（江戸歌舞伎における確固たる位置）であり、その永続を不動明王に託している。不動明王と贔屓の存在によって、市川團十郎家は安泰であり、存続しているという意識が七代目の根底にあり、歌舞伎役者としての七代目を形成しているのである。

二　「五側」の扁額奉納

「五側」とは狂歌師六樹園（宿屋）飯盛（宝暦三年〔一七五三〕十二月～天保元年〔一八三〇〕閏三月）〈小伝馬町三丁目で旅人宿を営み、国学者で読本作者でもある石川雅望〉率いる狂歌の一門のことである。文化三年（一八〇六）正月には、「五側」が既に結成されていた可能性があることを指摘されている。[11]

七代目が額堂の上棟式を人々に知らせるために配布した二枚の引札の内、一枚（図2）は額堂の図と額堂建立の趣意文が記載されているもの、もう一枚（図4）は、枠外に「成田山奉納　額面の図　竪六尺　横一丈三尺」と記されて、「四季混雑」と題された扁額の摺り物で、額堂の引札と一対をなすものであった。扁額は七代目の千両の寄進に

図４　「四季混雑」の摺り物（成田山仏教図書館所蔵）

あわせて奉納されており、七代目贔屓の狂歌師六樹園飯盛一門「五側」の三十五人＋二人（額外）の狂歌が詠まれている。[12]ただし、摺り物の額外にある二人の狂歌は実物の扁額には存在しない。

　奉納された扁額の法量は、縦一・七二《メートル》×横三・六《メートル》とかなりの大きさがあり、彫工は松月亭杜繁《もりしげ》、玉松庵杜近《もりちか》（両人とも「五側」に所属）で、紺地に金泥をもって書かれている。

　成田山への輸送については、船で江戸橋から行徳に出て、江戸川を遡り関宿から利根川を下り安食に達し、安食の河岸から馬で運ぶルートがあることから、[13]この時も、法量をみれば、船を活用したであろうと推察される。

　摺り物「四季混雑」に収められている狂歌を翻刻し、狂歌師の居住地や職業・家業、通称など、わかる限りを加えた一覧表を次の通り作成した。

　「四季混雑」という題名の下には五側のマーク「〓」（五の篆書体）と「三満壽《みます》連」とが記されている。狂歌を寄せているのは、「五側」と「三満壽連」の両方に所属している狂歌師であることが示されている。市川家には、五代目團十郎から團十郎を支援する組織「連」が存在する。五代目團十郎の時に、烏亭焉馬を中心とする「三升連」、「立川連」、大田南畝を中心とする「四方連」、他に「本町連」、「浅草連」、「本所連」、「新場連」、「三筋連」などが設立されている。團十郎を贔屓するという共通の意識を持つ「個」と「個」の結合が「連」という組織を形成している。團十郎を支援する「連」には、町名にちなんだ地縁的組織として形成された「連」と、大田南畝が形成したように、地縁には規定されない文人を中心として組織された「連」がみられる。

職業・家業	通　　称	備　　考
	駿河屋甚助、一富士二鷹、藤田甚助	四方赤良社中
	山田徳蔵	
	香山五左衛門カ	
鎌倉河岸の酒舗	豊島屋十右衛門	本町側判者
小料理屋	升屋多三郎	千秋側判者
	藤井勘次郎	六樹園飯盛の門人となり後に判者に列し其社を「七宝連」という
戯作者	西宮源六	式亭三馬門人
商人	小西屋半兵衛	「五側」の判者
	池田勝五郎	
商人	桐屋三右衛門	「五側」の判者
商人	小林平七郎	六樹園飯盛の門人、「五側」の判者、小網町に支店有り
		常陸江戸崎緑樹園元有門人
	清水直温	
	金澤新七郎	
	黒田勝右衛門	六樹園飯盛の門人、「五側」の判者をつとめる
	畑中伝兵衛	「五側」の判者をつとめる
刀研師	竹屋平八	唐衣橘洲の門人、「五側」の判者
	浅島壮太夫	「五側」の判者
	中村屋清三郎	六樹園飯盛の長男、「五側」の判者をつとめる
歌舞伎役者	市川團十郎	六樹園社中
与力	久保泰十郎	葛飾連の頭
瀬戸物屋	嶋屋清右衛門	
国学者	五郎兵衛	
草双紙作者	関根甚蔵	

凡社　1937年)、市古貞次・他八名編『国書人名辞書』(岩波書店　1993年)、『諸家人名
訂『訂正改版名人忌辰録』(六合館、1894年)は『日本人物情報大系』第57巻(皓星社
(汲古書院　2000年)等を参照。

表　扁額『四季混雑』

	狂　　　歌	狂歌師	居住地
1	長生のよく深川のはなし亀万年橋の先は永代	三尺庵二鷹	橋本町
2	ひいきにもミせてん鯉の瀧のほり床の表具もやハりたてもの	萬徳成	四ツ谷
3	女つれ遠の干潟にくたひれてかへさの足にさはる豆蟹	歌筵亭繁樹	
4	海棠の花の木の間をもる影もねむるやうなる春の夜の月	竹の屋虎住	
5	ゆく春の残る二日を宝船初夢ころに漕戻したき	春の屋成丈	本町
6	おもふさま柳とくるひくたひれて花にさわかぬ春の山風	宝市亭升成	日本橋四日市
7	井の中へひたす西瓜の点ひとつとんふりとなる音そ涼しき	福廼屋内成	小舟町
8	紫のいろもゆかりの江戸かたき宵こしハなき朝顔の花	止々堂犬馬	
9	夏戯場夜るの見へにてあく幕を蚊屋くゝるやうに出る口上	陶々亭催馬	
10	中わるくならぬやうにと居た跡もたゝいてかはる妹か夜砧	瀧水亭強気	
11	雨乞につるきの徳のあらハれて一ふりさつと夕たちの空	夷福亭宮守	
12	水餅の水の流れて座鋪にも阿辺川ミする春雨の宿	苑囿亭麟馬	日本橋四日市
13	暫の声きかんとて朝早くうつらに砂をあひし見物	麹街園北住	
14	劔ひしをのまんとくゝる縄すたれ成田戻りの居酒やの門	山下園喜笑	
15	明王の王と呼なる花の名のさくらの宿ハこれ成田道	目出鯛〆升	四ツ谷伝馬町三丁目
16	から崎のからし酢てくふ松の魚にほん橋にもたつた一本	室町中澄	
17	けふは隅田あすハ飛鳥と心待楽むうちかやはり花也	養老人瀧成	
18	月と雪花とさけとを友としててんつゝてんて暮す楽しさ	夷軒奇数根	
19	しはらくと呼一声に聾迄わるゝほとなる顔ミせの入	雪竹園如弓	
20	わに口のくちハたゝけと断食の行にも腹のへらぬたふとさ	六帖園雅雄	高崎
21	蓮台ハ見えぬ都の大井川紅葉ハ蟻をのせてこしけり	緑樹園元有	常陸信太郡江戸崎
22	浪花津の昔しのふか春きぬと梅を手本にすなる山里	蔵器園長人	常陸江戸崎
23	温飩を瀧と見なして垢離とらん不動参りのこゝか行徳	初心亭早丸	
24	打かけの裾にしつけの莩かミえておほくの人を化すうかれ女	射柳園軒風	星ヶ丘
25	汝か声のよき月日にや生れけん花に遊ひてくらす鶯	素羅園天馬	麹町五丁目
26	成田山桜に人のちらさるハ盛りの花のかなしはりかも	橘樹園早苗	伝馬町元四ツ谷七軒町
27	亀井戸の梅よ藤よとはなにまて色好ある業平蜆	独楽堂高盛	日本橋
28	そめてこき紅粉のまゝにて咲花ハ貴妃に情の色深ミ草	山川白酒	赤坂
29	成田山護摩焚音に参けいも目はち〳〵する数珠の親玉	悟智窓腹満	日本橋茅場町
30	初鰹腹の三筋ハ江戸つ子のこんしやう色に光る成田や	司馬園盛砂	
31	市川三升か熊坂長範のかたうけるに 熊坂の役廻りさへ評判も親方首尾はよしとこそいへ	塵外楼清澄	江戸
32	先祖の光り親の恩おのれか業おのれか徳にあらす 願ふなり子々孫々の末迄も不動明王ふとうミやうわう	市川三升	深川木場
33	とりわけてめたつ釆女か袴腰赤き菖蒲を奉る日は	文々舎蟹子丸	三ノ橋相生町五丁目
34	雲の峯いくつか越てきたれとも秋の暑ハよわらさりけり	臥龍園梅丸	立川（緑町四丁目）
35	したしき人々と共に成田山に篇額さゝけ奉るとて 明王の劔は鞘にさゝすして成田の山にをさまれる御代	六樹園飯盛	霊岸嶋　中村梅太郎内
36	ちいか名をつき木の梅か顔ミせにひらけハ春ハ木場の親玉	五柳亭徳升	本材木町
37	あるときハ不動の役もつとむれと顔にけんをハもたぬ成田屋	緇帷園桃麿	

大日本人名辞書刊行会『大日本人名辞書』（復刻版　講談社　1974 年）、日本人名大事典編集委員会『日本人名大事典』（平江戸方角分』（国立国会図書館所蔵）、山口豊山編『夢跡集』（『日本人物情報大系』第 58 巻、第 59 巻、関根只誠編・正直2000 年）の復刻版を参照、狩野快庵著『狂歌人名辞書』（臨川書店　1977 年）、延広真治他六名編『『狂文宝合記』の研究』

大工の棟梁でありながら狂歌・洒落本の作者でもあり、熱心な團十郎贔屓である烏亭焉馬（狂歌師としての名は大工道具に因んで「鑿釿言墨金《のみちょうなごんすみかね》」）は五代目團十郎を後援するために、天明六年（一七八六）に「三升連」を創設している。[14]

五代目鰕蔵白猿としたしみ深くして、友人とする、その縁によつて談洲楼の名を用ひ、江戸團十郎贔屓三升連の元祖取立人と知るべし

五代目團十郎との密接な親交により、焉馬は、團十郎を擬して「談洲楼《だんじゅうろう》」の名を使用するようになり、團十郎贔屓が結集する「三升連」を創設している。「三升連の元祖取立人」と記されているように、團十郎を贔屓するための「連」という団体組織を創設したのは、焉馬が最初であり、焉馬の團十郎贔屓は五代目からはじまり、六代目、七代目と継続していた。

焉馬は、歌舞伎演目である「碁太平記白石噺《ごたいへいきしらいしばなし》」の七段目を創作したり、江戸歌舞伎の歴史書である『歌舞妓年代記』（寛永元年〔一六二四〕～文化元年〔一八〇四〕）を著している。焉馬は、単なる團十郎贔屓というだけではなく、江戸歌舞伎の興行にも直接的に携わっている文人でもあった。

さらに焉馬は、「三升連」に所属している人々が中心になって制作した市川家に関する狂歌・俳諧集『市川白猿七部集』[15]も刊行している。この『七部集』には鹿都部眞顔（汁粉屋）、歌川豊国（浮世絵師）、式亭三馬（戯作者・薬屋）、山東京伝（戯作者・浮世絵師）、森島中良（幕府の蘭医）等、「三升連」に所属している人々が狂歌・俳諧を詠み、御徒でありながら「四方連」を設立した大田南畝、「立川連」、「新場連」、「本町連」、「本所連」等に所属している人々も「三升連」に所属する形態をとって、その上で狂歌・俳諧をよせている。[16]所属する「連」の活動のみならず、團十郎を贔屓するという共通の意識をもって各々の「連」に所属する人々が、「三升連」にも所属するという体

裁をとり、身分や家業・職業に関わらず、自由に交流して活動している様子が見受けられる。別々の「連」に所属している人々が「三升連」にも所属し、文化活動をすることは可能であり自由であった。六樹園飯盛率いる「五側」もこうした「連」の一つであった。

「五側」奉納の扁額には、七代目自身も狂歌をよせている。「三満壽連」に所属している七代目は、六樹園飯盛との交流により「五側」にも所属している。七代目の狂歌は額堂建立の趣意文にある内容と同様、代々の團十郎の歴史を述べながら、子々孫々まで市川家が不動明王の御加護をうけて永続することを願っている。

一方、六樹園飯盛の狂歌は、不動明王のその存在こそが世を安泰させているとして、成田山江戸出開帳時に演じられた七代目の不動明王と重ね合わせながら、不動明王の御加護に感謝して、成田山に額をおさめたという内容である。また、塵外楼清澄は、六樹園飯盛こと石川雅望の長男石川清澄（天明六年〔一七八六〕十月～天保五年〔一八三四〕四月）のことである。塵外楼清澄は判者を勤めているが、こうして狂歌を寄せていることから、親子揃って七代目を支援していたことは確かであろう。狂歌では七代目演じる熊坂長範の評判の良さを伝えている。

この三人の狂歌を含め、それ以外のも特に共通テーマがあるわけではないが、季節は春を題材としたものが多い。しかし、基本的には七代目團十郎を支援するための狂歌なので、その魅力や七代目を取り巻く江戸歌舞伎や七代目と成田山、成田不動明王を結びつけて捉えており、その規則性はみられないが、いずれにしても團十郎賛歌となっている。

七代目の芝居に関連する狂歌としては、文政四年（一八二一）三月に「伊達裲解脱絹川」で不動明王を演じた舞台についてや、「矢の根」、「助六」、「暫」など、七代目が天保三年（一八三二）三月に制定する「歌舞伎十八番」として位置づけられる芝居、さらには、七代目の当たり役である「仮名手本忠臣蔵」の大星由良之助や「嫐髪恋曲者《いたずらがみこいはくせもの》」

の酒商人みき六実ハ熊坂長範を演じた時の評判の良さなどが詠まれている。

成田山関連では、成田山江戸出開帳を開催する深川永代寺八幡宮や、成田の地名に関するもの、不動明王と七代目との結びつき、あるいは市川家の安泰を詠んでいる狂歌などが見受けられる。

七代目以外の三十六人の狂歌には不動明王を信心する團十郎を支援するという心性が存在している。「四季混雑」にある狂歌には、芝居を演ずる七代目と日常の七代目の双方が捉えられており、七代目の両面を把握しているという贔屓としての強い意識が表れている。

「四季混雑」の摺り物の外枠は、市川家の定紋である「三升の紋」と替紋の一つである「鯉の瀧上り」の図柄が組み合わされている。彫工の名前は記されておらず、額外に五柳亭徳升と緇帷園桃麿の狂歌が記されている。両人は、額外に記されていることや、『市川白猿七部集』に加わっていないことから、「三満壽連」や「五側」に所属しているとは考えにくい。しかし、わざわざ摺り物に二人の狂歌が掲載されていることから、七代目の額堂建立や「五側」の扁額奉納に何らかの支援、役割を果たしていたのではないかと推察される。

六樹園飯盛が扁額を奉納するにあたり、何を基準にどのような人選をしたのかは、判明していないが、六樹園飯盛自身の狂歌の前に、わざわざ「したしき人々と共に」と記されていることに注目したい。一覧表をみると、六樹園飯盛の門人、判者をはじめ狂歌を寄せている人々の職業・家業は、酒屋、料理屋、戯作者、商人、刀研師、与力、瀬戸物屋、国学者、歌舞伎役者など様々である。居住地は、江戸の他、常陸江戸崎、高崎などの地が見受けられる。

これらの人々は、実名でなくペンネームを用いて狂歌を創作する。竹内誠によれば、「川柳・狂歌の世界においても、武士や町人が一体化した文化的グループ＝連の活動が注目される。その際、雅号の使用によってそれぞれが変身し、身分を超越した文化活動の場に上昇転化することができた(17)」としている。この竹内の指摘を踏まえると、この

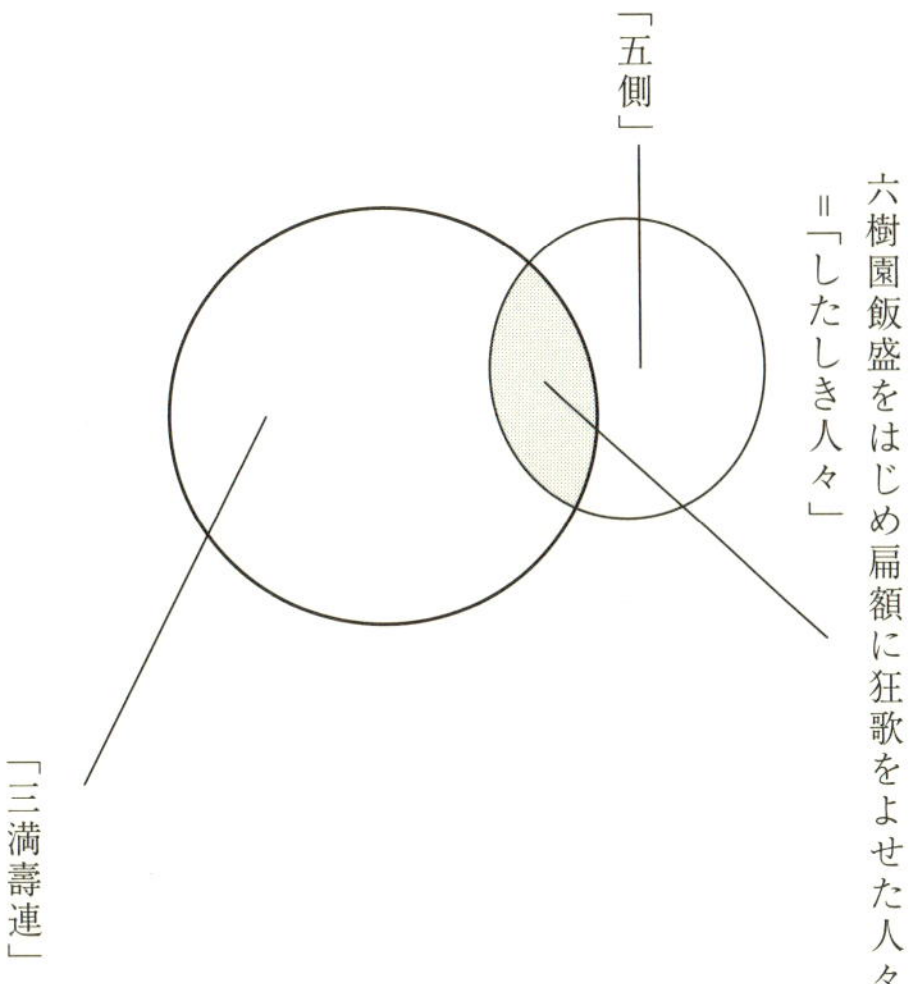

図５　「したしき人々」「五側」「三満壽連」の関係性

「したしき人々」は、身分・職業にとらわれずに社会的結合を成し、狂歌を詠む行為を通じて従来の身分制支配秩序[18]から解放された社会を形成しているということである。「したしき人々」、「五側」、「三満壽連」の関係性は（図５）の様に表される。こうした社会が七代目の支援基盤を確かなものにしていたのである。

おわりに

文政四年（一八二一）三月からの成田山江戸出開帳に際し、七代目市川團十郎は成田山額堂建立のために千両を寄進した。その七代目の寄進に合わせ、六樹園飯盛率いる「五側」は狂歌を記した扁額を成田山へ奉納している。翌文政五年十二月の額堂建立の上棟式を人々に知らせるために、引札二枚が配布され、一枚には額堂の図と額堂建立の趣意文が、もう一枚には、「五側」が奉納した狂歌記載の扁額が摺られていた。

七代目の千両の額堂建立は、代々の團十郎の不動明王に対する信心に基づいた上の行為で、摺り物や棟札にも記載がみられる様に「家」の永続を不動明王に願う＝江戸歌舞伎・江戸社会における市川家の確固たる位置の永続を願う心性が存在していた。

狂歌連「五側」や「三満壽連」に所属し、七代目を支援するという共通目的で扁額に狂歌を寄せた人々は、実名ではなくペンネームを用いることで狂歌師として変身を遂げる。変身を遂げることによって、日常生活が規定される従来の身分制支配秩序から解放され、狂歌詠みを通じて、身分・職業にとらわれない新たな社会が形成されていく。こうした社会が七代目の支援形態の一つであり、「五側」の扁額奉納はその象徴的な事例として位置付くのである。額堂建立、扁額奉納の基盤にあるものは、七代目の成田不動明王に対する信心と「七代目市川團十郎」・「三満壽連」・「五側」の水平的・社会的結合であり、それが成田山額堂を通して社会に表明されたのである。

註

（1）拙稿「成田山新勝寺における奉納芝居の一考察―文政二年六月市川団十郎興行を素材として―」（『法政大学大学院紀要』第五十五号、二〇〇五年）、「成田山新勝寺における勧進興行の一考察―文政七年七月市川団十郎興行を素材として―」（『千葉史学』第四十九号、二〇〇六年）。
（2）拙稿「七代目市川団十郎と成田山新勝寺の江戸出開帳」（『藝能史研究』第一七九号、二〇〇七年）。
（3）旭寿山著『成田不動霊験記』（大本山　成田山新勝寺成田山仏教研究所、一九八一年）、小倉博「市川団十郎と成田山新勝寺」（『法談』第五十号、二〇〇五年）三一頁、大野政治「成田山と団十郎　特に七代目の額堂建立について」（『法談』第六号、一九六二年）一七頁。
（4）粕谷宏紀著『石川雅望研究』（角川書店、一九八五年）二七〇頁。
（5）成田山仏教図書館所蔵。
（6）岩井宏実『ものと人間の文化史・絵馬』（法政大学出版局、一九七四年）一九五頁。
（7）『成田山史』（成田山開基　一千年祭事事務局、一九三八年）一三三頁。
（8）『世事見聞録』（国立国会図書館所蔵）。
（9）弘化二年（一八四五）正月『新撰　浪華名流記』（森銑三・中島理壽編『近世人名録集成』第一巻、勉誠社、一九八六年）三九八頁。

(10) 享和三年（一八〇三）十月『東海人物志　全』（森銑三・中島理壽編『近世人名録集成』第二巻、勉誠社、一九八六年）三六四頁。

(11) 牧野悟資「「五側」考―誕生と実態―」（『都大論究』四十三号、二〇〇六年）。

(12) 成田山仏教図書館所蔵。

(13) 大野政治・小倉博編『成田山新勝寺の絵馬』（成田山霊光館、一九七九年）七六頁。

(14) 『貴賤上下考』（『未刊随筆百種』第十巻、中央公論社、一九七七年）一五一頁。

(15) 寛政四年（一七九二）に五代目團十郎が鰕蔵と改名した時の『御江都飾鰕《おえどかざりえび》』、同八年に一世一代の「暫」を勤めて隠居した五代目を記念した『美満寿組入《みますくみいれ》』、同十年に六代目團十郎が中村座の初座頭につき、五代目團十郎が口上出演した時の『今日歌白猿一首抄《きょうかはくえんいっしゅしょう》』、同十二年に五代目海老蔵が七代目團十郎を襲名した時の『団十郎七世嫡孫《だんじゅうろうしちせのまご》』、文化三年（一八〇六）に五代目が没した時の『追善数珠親玉《ついぜんじゅずのおやだま》』、同八年の七代目の「助六」初演を祝った『江戸紫贔屓鉢巻《えどむらさきひいきのはちまき》』、文政二年（一八一九）の五代目十三回忌追善の『以代美満寿《いよみます》』の七編が収録されている。

(16) 延広真治著『落語はいかにして形成されたか』（平凡社、一九八六年）一一二～一一三頁。

(17) 竹内誠著『江戸社会史の研究』（弘文堂、二〇一〇年）七頁。

(18) 本論で述べる「身分制支配秩序」とは、澤登寛聡著『江戸時代自治文化史論　一揆・祭礼の集合心性と地域・国制の秩序』（法政大学出版局、二〇一〇年）で論じられている「身分制的支配秩序」と同一の観念をなすものであることを明記しておく。

［付記］本稿は、平成二十二年（二〇一〇）十一月十三日、成田国際文化会館大ホールにおいて開催された地方史研究協議会第六十一回（成田）大会における口頭発表に加筆修正したものである。席上、またその前後にご教示・ご指導賜りました成城大学名誉教授吉原健一郎氏、法政大学キャリアデザイン学部准教授小林ふみ子氏、成田山霊光館小倉博氏、矢嶋毅之氏をはじめ、調査にご協力いただいた各所蔵機関に記して感謝申し上げます。

また、本稿は、平成二十一年度～平成二十二年度の科学研究費補助金（研究活動スタート支援）による研究成果の一部である。

旧佐倉藩士族結社の活動と士族の「家」―同協社を事例として―

藤方　博之

はじめに

近世から近代への「家」のあり方の継続と変化を考えるうえで、近代家族制度の範型、源流のひとつとして説明される武士の「家」の実像を検討することは、不可欠の課題である。筆者はこれまで、武士身分のなかでも大名家臣団を取りあげ、主として「家」と上位権力の関係を分析してきた。

近世武家社会研究における大名家臣の「家」については、上位権力の強大さを強調する従来の論調に対し、近年では主君押込慣行[1]、領主制[2]、軍制[3]など様々な局面からの分析を通じて、「家」が一定程度の自律性をもつ、との指摘がなされている。また、上位権力が「家」の存続を保障する側面にも関心が向けられている[4]。

このような研究動向のなかで、筆者は堀田氏家臣団の分析を通じ、「家」と上位権力との関係を、「家」が主君の「御家」へ包摂されている（支配・従属）、「家」の存続を藩庁が保障する（共同性）、「家」は自らの存続のために諸制度を利用、あるいは逸脱する（自律性）という三つの方向があると整理した[5]。

「家」と上位権力との関係についてまとめたが、これは主家を含む武士の「家」々がどのように結合していたかを問う視角であったともいえる。本稿では、家臣団解体後に士族が結集した場合、どのような組織を作るのかという観点から、士族授産結社を分析対象とする。分析を通じて、士族の結合のあり方を考察し、さらに士族の「家」の実態について、その一端を提示してみたい。

士族授産については戦前より研究が行われ、一九四五年までの到達点としては吉川秀造[6]、我妻東策両氏[7]による総合的研究がある。こののち、個別事例を分析する研究が安藤精一氏らによって蓄積されてきた[8]。これら従来の研究では事業経営の内容や成果について主に焦点が当てられてきたが、近年では別の視角からの研究も提示されている。士族授産政策の政治史的意義を考察した落合弘樹氏[9]、近世段階からの経歴や階層性をおさえながら士族の動向を追った布施賢治氏の業績がある[10]。このような研究動向のなかで、結社の組織そのものの性格について分析を加えた研究は乏しく、我妻氏が各地の結社を株式会社、協同組合、共済組合などと近代的範疇によって類別したに留まる[11]。そのなかで熊谷開作氏は、尾張徳川家が運営した八雲徳川農場を取りあげて、「開拓にあたった人が、はじめは全部旧藩士族であったことが、この農場にいろいろな特徴をうんだ。とくに、主家と家臣との間に存した旧士族特有の身分規制がそのままこの開拓農場には持ち込まれ[12]」た、と述べたのは、筆者の関心からして貴重な指摘である。熊谷氏は農場移住者に対する規制、具体的には移住者全員に父子兄弟のように親睦し互助を求めていること、移動制限など日常生活の規定、結婚の許可制などに、近世との連続性を見出している。熊谷氏は厳しい身分規制を連続性として強調するが、上述したように近世の主従関係はそれに収斂し得るものではない。士族授産結社がほかにも近世大名家臣団から引きずってもっている性質がないか、検討する必要がある。本稿の関心からいえば、大名家臣団において看取された「家」をめぐる三つの方向がどうなるか、家臣団とは組織原理の異なる結社にも連続して持ち込まれている要素を抽出して考察したい。

本稿の分析対象として、旧佐倉藩士族による結社である同協社（主要事業は製茶）を取りあげる。同協社は、廃藩直後に設立された、官営ではない、士族たちが結成した組織であり、上で述べた視点から分析するに好適な事例である。同協社については、これまで『千葉県史明治篇』『佐倉市史』など、自治体史において経営面を中心に論述がなされている。[13] また、旧佐倉藩士族を事例に「旧藩士」意識と結合のあり方を分析した真辺将之氏は、同協社ほか授産団体についてにも言及され、「藩主に禄を給されそれに対して奉公するという、従来の形での共同体が成り立たなくなったときに、彼らは新たな形の共同体を立ち上げ、それまでとは違った形で『藩』の結びつきを存続させ、廃藩・廃禄による藩士たちのダメージを吸収しようとした」と述べている。[14] 本稿は、その「新たな形の共同体」の内実を問うものである。

なお利用史料としては、旧主家の史料である下総佐倉堀田家文書や、市史編纂に関連して収集された佐倉市所蔵文書のほか、但馬家文書、菅谷家文書を用いる。但馬家、菅谷家はいずれも旧佐倉藩士族であり、同協社員であった。

一　旧佐倉藩士族の動向と同協社の概要

（一）　廃藩後の士族の動向

明治四年（一八七一）七月、廃藩置県が断行され、旧藩主・知藩事の堀田正倫は佐倉城を出て東京に移住した。廃藩後の佐倉県は大少参事が引き継いだが、佐倉県は同年一一月には近県と統合されて印旛県となり、次いで同六年六月創設の千葉県に編入された。

所属する家臣団を解体された旧佐倉藩士族は、明治期にはどのような生活状況にあったのか。明治一六年に地方巡察使として千葉県を訪れた元老院議官関口隆吉に対する、印旛・南相馬・下埴生郡役所の報告[15]に拠って、当時の士族の状況を把握しておきたい。

これによると、旧藩時代には士が五〇〇余戸、卒が一〇〇〇余戸、あわせて一五〇〇余戸であったが、明治一五年一月現在、印旛郡内の士族戸数は一〇二六戸となっている。家族は三八六八人である。ここから出寄留を除くと、七九三戸が郡内に現住しており、これをもとの士・卒の区分でみると「殆ト相半ス」、つまり約四〇〇戸ずつ居住していることがわかる。旧藩時代の戸数と比べると、もと卒らの流出が顕著といえよう。なお郡内には旧淀藩の陣屋があったため、七、八名は旧淀藩の者が居住しているが、この数値からは除かれており、全て旧佐倉藩士族である。

士族の生活については、「目下凍餒ニ迫ル程ノモノハ甚タ稀ナリ」としながらも、「先途ノ目的ナク隆替ノ間ニアルモノ凡三分強、漸ク困難ニ陥リ窮迫ノモノ凡二分弱」とあり、約半数の旧佐倉藩士族が困窮するか、その手前にあるとする。

また、戸主の職業別にみると、「雑業」が最も多く二八三人（二七・六％）、次いで「農」が二一二人（二〇・七％）、「遊手」が二〇五人（二〇・〇％）、「奉職」が一四三人（一三・九％）、「商」一二〇人（一一・七％）、「工」六三人（六・一％）と続く。「雑業」の内容は詳らかにできないが、近代的職業観が確立する以前の、生活維持に向けた多様な活動を窺わせる。次いで「農」が多くなっているのは、明治四年の土地払い下げが影響していよう。与えられた土地をすぐに売却した者もいたが、(16)実際に帰農した者もいたことがわかる。続いて「遊手」、すなわち無職が二〇％を占める。無職者が一定程度存在する状況は他地域でもみられ、(17)金禄公債を中心とした家産のみで生活する者と考えられる。

以上のような生活を送っている旧佐倉藩士族のなかで、授産（就産）への取り組みとして結社が作られた。本稿で取りあげる同協社のほかに、二つの結社があったことが判明している。(18)

相済社は、造靴を中心的事業とする結社である。西村勝三が始めた東京の伊勢勝造靴場の下請け工場のかたちで、佐倉宮小路町にある藩校成徳書院の演武場跡地にて開業した。開業年月は不詳であるが、明治四年末ころに相済社と称したとされ、明治三三年まで存続した[19]。相済社では造靴業のほか、綿織業を経営して士族の女性を雇い[20]、また印旛郡栗山村（現四街道市）には茶畑を有して製茶も行っていた。

また、これまで自治体史等では取りあげられていないが、協和社という結社があった。社員は百名余で、各々出資した資金を元手に貸金を行っていた[21]。

（二）　同協社以前の製茶

佐倉における製茶業は、旧藩時代から行われていた。藩庁が主導したものとしては、安政四年（一八五七）に藩主堀田正睦の命によって、印旛郡畔田村（現佐倉市）にあった藩校成徳書院領に二町余の茶畑が造成されたのが端緒とされる。その後も印旛・千葉郡内にて八〇余町の茶畑が開かれた[22]。

文久二年（一八六二）閏八月に参勤交代制が緩和されたのに伴い、堀田氏家臣団でも江戸詰家臣の一部を佐倉へ異動させることになった。藩庁は佐倉近郊の大佐倉村将門、角来村野谷（江原）、飯野村の三ヵ所に新たに武家地を設定した[23]。移ってきた家臣には、禄高に応じて土地が与えられ、開墾が奨励された。ここで茶の栽培が行われ、明治初年には茶畑が数十町にも及ぶようになったという[24]。のちに同協社の幹部となる者たちは、新しい武家地のうち、特に印旛沼のほとりに位置する飯野町[25]に居住し、製茶を経験していた。これが前提となり、廃藩後に授産事業を興すにあたって、彼らは製茶業を選択するのである。

（三）　同協社の活動経過概要

本節では、同協社の創業から解散までの活動経過を述べる。すでに『千葉県史明治篇』、『佐倉市史』巻三において述べられている事柄については簡単に把握するに留め、これまで明らかになっていなかった点に重点をおいて知見を補足する。

明治四年、倉次亨、熊谷燕、入江暢、荒井楽圃、桜井義制、倉次春樹の六名が士族就産の方法を協議し、そのなかで倉次亨が主任に推されることになった。同人は、文政一二年（一八二九）生まれ、旧藩時代は甚太夫重亨と名乗り、嘉永六年（一八五三）に家督相続して二五〇石を拝領、小寄合から先筒頭、公用人、側用人、大筒頭、郡奉行といった役職を経て、年寄に進んだ。明治三年には佐倉藩権少参事となり、廃藩後も佐倉県・印旛県に出仕していたが、同五年二月に辞職している。このように重臣としての経歴をもつ倉次亨が、士族就産においても主導者として活動することになった。さらに、熊谷、入江、荒井、桜井の各氏も、旧藩の重臣であり、倉次春樹は亨の分家筋にあたる。同協社は、飯野町にて茶業を経験した、壮年以上[26]の旧重臣層が中心となって企画された結社であった。

明治四年一一月、廃藩前に藩庁が出願していた土地払い下げが政府より許され、一戸あたり五反の土地が旧佐倉藩士族に対して払い下げられた。権大参事を務めた依田学海の日記をみると、実際に士族へ土地が払い下げられたのは一二月に入ってからであったことがわかる。学海本人は上野村のうちに土地を得ている[27]。このとき、同協社の開墾・製茶の中心拠点となる上勝田村の埜地（現八街市富山）が士族に払い下げられたが[28]、払い下げの対象となったのはここだけではなく、学海の例でわかるように各地に分散していた。学海は、払い下げの三日後に「余が買ひし上野村の地は、倉次氏等と合併して開墾を行ふに便ならず[29]」として、上勝田村に土地を得た沖氏（同協社には不参加）と交換している。倉次らの企画に賛同する学海は、他の士族との交換によって上勝田村に土地を得て、合同して開墾することを目指した。同協社創業時の社員たちは、払い下げられた土地を寄せ集め、開墾に着手したのである。また、旧主である堀田正倫は、上勝田村に所在した七〇町の土地を提供した[30]。同四年末までの同志三四名が、仮に全員払い下げ地を持ち寄ったとしても、一七町にしかならない。富山の社有地は、むしろ旧主からの寄付地が中核を構成していたといえる。払い下げの許可があった一一月には、発起人と同志らによって「概則」と「方法」が定められた。「概則」は七ヵ条から成り、同協社の基本的運営方針を明らかにしたものである。一ヵ条目には、乏しい資産で事業を成功させるために、「同心協力」が欠かせないことを掲げている。倉次亨が別の史料で「同志ノ面々ト議リ同心協力ニアラサレハ成功盛大ニ至リ難シト、因テ同心協力結社ヲナシ同協社ト唱ヘ[31]」と述べているように、「同心協力」は社名の由来であり、社是とでもいうべき位置づけであった。また六ヵ条目では、応分の「反別并諸入費」を差し出せば「農商ニ拘ハラス」入社を許可する、としている。

一方、「方法」では具体的な経営方法が述べられている。社員に課された負担の内容については後述する。同協社が実際に開墾に着手したのは、翌五年三月である。社員数は創業以来増え続け、明治九年までに四八九名の入社があった。明治四年一一月から六年一月までの入社が約三〇二名、六年二月から同年末までの入社が約一五一名となっており、その後は微増である。社員には正則社員と変則社員があった。定められた反別もしくは地代金を提供し、且つ実働を分担する正則社員に対して、一定程度以上の土地、資金を提供した者は変則社員として交番代金等を免除された。また「概則」六ヵ条目にあったように、社員は旧佐倉藩士族に限定されず、他所の士族や、農民、商人、僧侶の入社がみられる。明治九年までの正則社員について算出すると、旧佐倉藩士族が約八五%と多数を占めているものの、平民（商人）が約七・五%、平民（農民）と他士族がそれぞれ三・五%前後、僧侶が約〇・六%となっている。

開墾地も順調に増加し、明治七年四月には七町五反余となっている。茶業については、明治九年に至って茶木から初めて摘葉を行い、製茶高四六貫九六〇匁を得た。早速同年にはニューヨークに出店していた佐藤百太郎（順天堂主佐藤尚中の子）のもとへ直輸出を行っている。この直輸出は翌一〇年にも行われたが、採算が合わず、その後は行われていない[32]。

同協社はその後も製茶高を増やすとともに、内国勧業博覧会に出品・受賞するなど、創業後数年間の経営は比較的順調であったといえよう。当初より西洋式農法が導入され、整然とした圃場割、養豚を中心とする牧畜による施肥、西洋式農具の利用などが実行された。明治一〇年一〇月には松方正義の来訪を受けている[33]。当時の政府内では士族授産政策について検討が続いていた時期であり[34]、同協社が政府からの援助を受けずに経営を実現していることで、政府要人の関心を得ることになった。

社の茶畑については、その増減について連続して追うことができないのであるが、明治一八年には九〇町六畝二六歩の茶畑を有している。ただし、このうち一四町余は暴風や降霜のため荒廃して稼働しておらず、実際に摘葉できる茶畑は七六町弱であった。また製茶高については、初めて摘茶が行われた明治九年以降、高下がありつつも伸びていき、同二三年には七三八〇貫に達している[35]。同年の千葉県における、製茶農家一戸当たりの平均製茶量は一二・四貫、県内で製茶量の多い印旛郡でも二三・八貫であるから、同協社の製茶高が群を抜いていることがわかる[36]。

このように大規模な製茶業を展開するに至った同協社であったが、明治一三年四月には気候不順による不作などを理由に、千葉県を通じて政府に資金貸与を願い出て、起業基金のうちから一万円（返済五ヶ年据置、三分利七ヶ年賦）の貸与を受けた[37]。

『佐倉市史』などでは、明治二三年から大正五年（一九一六）までの経営状況は不明とされてきたが、今回「金銭出納表[38]」によって、当該期を含む期間の収支を把握することができた（表1）。これによると、明治一六年から二三年まで赤字が連続している。降霜や気候不順による収穫減や、建物の火災による打撃のほか、茶の供給過剰[39]や松方デフレによる茶価下落も影響を与えていよう。それ以降も経営は安定せず、田畑や立木の売却代金で凌いでいる。その

表1　同協社収入状況

	製茶高（貫）	売却高（貫）	製茶売上（円）	田畑作徳収益金（田地小作米代）	畑宅地貸料（円）	収支（円）	資産金合計（円）	典拠	備考
明治9年	46.955	40.945	37.665					「茶」	
明治10年	252.890	184.530	152.875					「茶」	
明治11年	553.940	560.127	591.144					「茶」	
明治12年	1150.229	1152.100	1775.463					「茶」	
明治13年	1940.300	1850.110	2829.586					「茶」	
明治14年	1771.770	1814.175	3399.718					「茶」	
明治15年	3278.120		4736.967			1662.339	16345.407	「茶」「堀」	
明治16年	2297.310		1375.654			-1452.658	14892.749	「茶」「堀」	霜害
明治17年	3091.220	2993.610	2285.364			-515.489	14377.257	「茶」「堀」	火災のため仮製場
明治18年	4519.440	4441.450	3674.133	172.816		-2355.865	12021.392	「茶」「堀」	製場建設につき営繕費増
明治19年	6485.298	6368.730	4685.672	56.741		-47.988	11973.404	「茶」「堀」	
明治20年	4577.990	4459.080	3137.674	46.018		-1167.547	10794.687	「茶」「堀」	春来残寒強し
明治21年	5872.520	5711.780	3198.004	72.189		-1089.160	9705.529	「茶」「堀」	気候不順
明治22年	5913.500	5795.540	3658.768	121.231		-1548.317	8157.210	「茶」「堀」	
明治23年	7380.370	7229.000	4383.502					「茶」	
明治24年			4088.007	196.215		1085.188	7980.007	「堀」	
明治25年			4112.557	185.405		1282.503	9262.510	「堀」	田畑売払
明治26年		4799.240	4611.780	65.080		312.106	9574.616	「堀」	牧牛資本金（堀田家より借入）
明治27年		5666.870	4960.890	32.350	18.479	-81.461	8241.926	「堀」	
明治28年			4953.323	22.156	16.760	-235.898	8006.028	「堀」	
明治29年			4614.863	34.900	22.494	5271.788	13277.816	「堀」	総武鉄道より土地売却代、補償金の収入
明治30年			4000.764	38.007	50.920	68.284	13346.100	「堀」	榎戸山林立木売却
明治31年			6454.754	32.570	61.850	-3847.012	9499.088	「堀」	茶価挽回、製茶新機械導入
明治32年			3994.403	19.938	72.650	-2527.969	6971.119	「堀」	気候不順
明治33年			6376.204	29.575	75.550	111.744	7082.863	「堀」	
明治35年			5208.508	28.825	401.954	830.486	7285.420	「堀」	総武鉄道より寄付
明治37年			4395.125		815.246	-301.874	7483.140	「堀」	
明治38年			3552.845		704.373	-568.799	6914.341	「堀」	気候不順
明治41年			5405.646	15.500	1366.003	1407.477	8597.934	「堀」	「田地作徳」欄は「茶圃間作地料」を記入

会計年度は4月から翌年3月。「典拠」欄の「茶」は『同協社茶業輯録』、「堀」は堀田家文書3-1-9、6-3-79を用いたことを示す。「田畑作徳収益金」欄については、明治26年までは「田畑作徳収益金」、明治27年より「田地小作米代」と表示が変わる。

なかでも多額なのは、明治二九年に総武鉄道から得た土地売却代金や補償金であった。社の収入には、明治一八年より「田畑作徳収益金」が、明治二七年からは「畑宅地貸料」が現れている。注目すべきは後者であり、その額は明治三三年まで一〇〇円を超えることはなかったが、同三五年には四〇〇円ほどに跳ね上がり、同四一年には一三六六円余に達している。明治三七年の「墾場景況」には、「明キ畑貸地料近年農産物好況ノ為メ望人多ク相応ニ収入アリ」とある。明治三〇年代後半、畑貸地料が同協社の重要な収入源になっていった。(40)

大正五年七月の社告のなかで株式会社化の計画が記され、(41)同年一二月の社告では収益を上げていない茶業を廃して、社の不用地を畑とし、茶畑をも含めて貸地にするという構想が示された。大正六年一一月、同協社はいったん解散し、株式会社として設立総会を開催した。社は、先の構想の通り、土地賃貸料のみを収入として、実業を行わない会社となった。大正九年一月の株主総会では、創立二年余にして早くも会社解散の提案が採択された。(42)社の史料からは、株式会社化の時点で解散の予定があったことが窺える。(43)社有地の売却をめぐる問題がおこって解散は遷延し、大正一〇年一一月に株主総会が再度会社解散を決議、同一二年四月に清算が結了した。(44)

二　同協社の制度と性格

（一）　社員の負担・収入

創業時の明治四年一一月に定められた「概則」「方法」によると、入社する者は「反別并諸入費」を納めることになっていた。ここでの「反別」とは、先に述べたように払い下げを受けた一戸当たり五反の土地を指す。提供する土地のない者は、地代金を課されたものとみられる。さらに「諸入費」としては、基本金という名目で一〇両を支払うことになっていた。一括支払が困難な場合は、利子付きの分割払いが認められていた。入社後は、自ら開墾に従事し、月に五日づつ開墾場に詰める義務があり、社ではこれを「交番」と称していた。諸芸修行中、老幼、虚弱等で開墾が困難な場合、その社員からは開墾料として月に二朱、交番を免除する代わりに雑用費として一分徴収した。官禄を受ける者、商業繁多の者などについては、雑用費は二分と設定された[45]。

明治一五年の改正規則（次節で詳述）では、開墾料と雑用費が合併されて交番料とよばれており、老幼・疾病その他の者の交番料は三七銭五厘と定められた。これは一円＝一両で換算すれば、改正前の開墾料二朱と雑用費一分の合計に相当する。なお、官禄受給・商業繁多の者についての規定はなくなっている。交番できない社員の代替要員は、なるべく非番の社員に依頼し、五日間につき三七銭五厘の計算で日当が支給された。つまり、納入された交番料が、代替を務める社員の日当に充てられたのである。非社員を雇用する場合は、「相当ノ雇賃」を給与するものとして、具体的な額は定められていない[46]。交番、交番料は、株式会社化直前の大正五年七月まで存続した[47]。

正則社員には一人一株、変則社員には出資額に応じて株が付与された。株に対する配当は、明治一二年より実施された。入社年度や、交番を務めているか否かで、配当額に差等を設ける条項があった[48]。配当額の推移はこれまで明らかにされていなかったが、堀田正倫が変則社員であったため、堀田家文書により追跡が可能である。無配の年度もまれにあるものの、堀田家は概ね七円五〇銭前後の配当金を得ている[49]。同家持株は一株半なので、一株当たりの配当金は五円前後で推移していたと判断できる。

（二）社の機構

創業当初、発起人六名のなかで倉次亨が中心人物とされたが、役職は設定されていなかった。運営に関する定期的な会議が設けられたのは、明治八年六月に「衆員ノ投票」によって議員を選出し、毎月議事会を開くようになったのが端緒であった[50]。その後も役職については特に置かれなかったようで、明治一三年に政府へ貸付金を願い出た際も、倉次亨ら四名が「惣代」という肩書きで願書の差出人となっている[51]。

同協社において、役職や部局が整えられるのは、明治一五年の改正規則においてであった。社が創業時の「概則」「方法」を改正して新たな規則を定めた趣旨については、明治一四年七月の社員への告知に「目途ノ如ク成功ニハイタラザルモ満期ニ付、概則并約定等ノ不便宜或ハ不都合等ノ条件ハ適宜ニ改正ヲ加ヘ度[52]」とある。社では創業一〇年で「成功」に至る計画であったが、一〇年目にあたる明治一五年を迎える段階になっても、前節で述べたように降霜や災害などで当初の目途に至っていなかった。そこで節目の年にあたり、従来の諸規則の「不便宜或ハ不都合」を改正することが企図されたのであった。改正規則は一七章一二九条から成る大部のもので、このなかで社の機構が規定されている。

役員を選出する機関として、委員会が置かれた。その構成員である委員は、近傍の社員で作られた組合のなかから、約一五人に一人の割合で選出され、任期は一年であった。組合の都合によっては、社員に代わってその嗣子を委員として選出することもできた。正副委員会長は委員の互選であった。委員会では社長、副社長（各一名）、幹事（六名）、出納課（四名）を毎年投票によって改選することになっていた。

このほか製茶業の実務を担当する役員として、交番取締、製茶総取締、製茶販売掛が置かれた。前二者は毎年社長が任命し、後者は委員会にて毎年三名を選出することになっていた（うち一名は出納課の者が兼務）。

実際の人事については、改正規則が定められた明治一五年より三五年までの長期間、倉次亨が社長を務めていることが確認できる（表2）。倉次が没するのは明治三八年一月であり[53]、晩年まで社長として務め続けたことがわかる。委員会長は数人の人物が就任しているが、そのなかでも山口用之助が明治二〇年代前半と、同二七年から三五年までの九年間という比較的まとまった期間、委員会長に選出され続けている。そしてこの山口が、倉次が退いた後の二代目社長に就任した。

委員会長を務めた人物のうち、植木粛は年寄を務めた五郎左衛門の子、木川直は側用人を務めた織右衛門の子である。給人以上の出自をもつのはこの二名で、それ以外は御通掛、御通掛以下であったか、その子息であった。委員会長から社長になった山口も、慶応期の分限帳では御通掛層に属する小勘定としてその名がみえる。[54]

社長・委員会長以外の役員については、限定的にしか判明していないのであるが、明治一八年については正副社長、幹事、出納課、交番取締の構成が分かっている。[55] これをみると、給人以上の出身者は正副社長各一名と幹事六名中二名、出納課四名中二名となっている。実務を担当する交番取締には、一名も含まれていない。旧重臣らによって構想され、出発した同協社は、比較的下層の出身者に技術を伝習させて開墾や製茶の実務を担当させた。改正規則によって役職が設けられたことにより、彼等が同協社の実務を担っている実態が表面化したともいえる。

表２　社長・委員会長変遷表

	社長	委員会長
明治 15 年	倉次亨	桜井義勇
明治 16 年	倉次亨	植木粛
明治 17 年	倉次亨	植木粛
明治 18 年	倉次亨	小野豊房
明治 19 年	倉次亨	判読不能
明治 20 年	倉次亨	小野豊房
明治 21 年	倉次亨	山口用之助
明治 22 年	倉次亨	山口用之助
明治 24 年	倉次亨	山口用之助
明治 25 年	倉次亨	植木粛
明治 26 年	倉次亨	植木粛
明治 27 年	倉次亨	山口用之助
明治 28 年	倉次亨	山口用之助
明治 29 年	倉次亨	山口用之助
明治 30 年	倉次亨	山口用之助
明治 31 年	倉次亨	山口用之助
明治 32 年	倉次亨	山口用之助
明治 33 年	倉次亨	山口用之助
明治 35 年	倉次亨	山口用之助
明治 37 年	山口用之助	小野豊房
明治 38 年	山口用之助	小野豊房
明治 41 年	山口用之助	木川直

堀田家文書 3-1-9、6-3-79 により作成。

社長は、重臣出身である倉次が健在のうちは他の者が就くことはなかったが、委員会長や幹事以下の役員には旧重臣層でない者も就任した。特に、旧藩での階層が低かったにもかかわらず明治期に活躍していた山口（県会議員などを務める）が、同協社内でも台頭している点に、同協社、ひいては佐倉における「旧藩社会」[56]の変化を窺わせる。

明治一五年という時期に改正規約が定められたこ

確認できない。(57) とは、高揚する自由民権運動との関連が予想される。しかし、同協社としての直接的な運動への関与は、管見の限り

(三)「家」単位の相続

前節において、社員本人に代わってその嗣子を委員として選出することができた点にふれた。同協社では、このように社員が「家」単位で社に参加しているという捉え方をしていた。

社員は入社とともに株を得ることになっていたが、この株について、創業時に定められた「方法」では「相続ハ一家ノ子弟等エ譲リ候ハ苦シカラス」としている。そのうえで、たとえ子弟であっても他家へ出た者に対して譲ることは不可とし、ましてや売買することを固く禁止した。同協社株が、子弟への相続のみ許容されていたが、これは「一同ノ励精尽力ニテ成功ニ至ル開墾」であるから、社は株の譲渡によって実働する社員が減ずることを恐れ、一家内での株の保持を規定することによってこれを防ごうとしたものであるといえる。

続く部分では、将来の開墾成功後、社員の子孫に「不誠実人」が出たとしても、「先人ノ結社励精セシ事ナレハ、其家ノ親族ニ代リ社ノ世話方ニテ当人ノ処置ヲ為シ、其家ヲ保護シ、廃絶ニ至ラサル様注意スヘキ事」としている。先祖の勲功を根拠にして「家」の存続が図られた近世段階を彷彿させるような規定である。(58)

また別の規定をみると、「入社ノ当主没シテ後嗣幼少羸弱或ハ女子ナリ、加フルニ家産不如意ニテ 力《ちから》不及已ムヲ得ザルモノ」、つまり幼少の者や女性が当主で、経済的に困窮している社員に対しては、労働や交番料といった負担が免除されている。そのかわり、免除期間中に配当があった場合には、配当は減額された。(59) 困窮する社員を援助する規定であるが、注目されるのは、入社したときの当主が没して、「後嗣」が幼少・女性であった場合が問題とされて

いる点である。社員が死去すれば家族が「後嗣」となって社員となることを前提とし、社員の「家」を援助する方策が設定されているのである。

同協社は、「家」の当主である成年男子が社員となって農作業を行い、「家」ごとに株を相続して代々社員となっていくことを想定していたのである。

なお株については、明治一五年の改正規則において、「社株ハ荒蕪ヲ墾闢シ励精尽力シテ成ルモノナレハ売買スルヲ得ス、但不得止事故アリテ他ヘ譲リ渡サントスルトキハ社長ノ承諾ヲ受クヘシ」とあり、引き続き売買は禁止されるとともに、理由のある場合は社長の許可により「他へ」の譲渡が可能とされた。「他へ」の内容をどう捉えるかが難しいが、これは他家への譲渡と考えるのが妥当であろう。「家」内での株の相続を前提としながらも、他家への株譲渡を限定的に解禁した条項といえる。また、「本社ハ力役を主ト為ス故ニ一人ノ所有一株ニ止ルモノトス」とあり、持株数は一人一株と限定され、大株主の出現は認めない内容となっていた[60]。改正規則では、「家」ごとの相続という前提はやや希薄化した一方で、「力役」を担当する社員の減少を防ぐ方針は堅持された。

（四）相互扶助規定

我妻東策氏が「全ての授産社が多かれ少なかれ共済施設を持っていた[61]」と述べたように、各地の授産結社は――十全に機能したかどうかは別として――構成員間の相互扶助を行っていた。同協社でも明治六年二月に「相救法」という相互扶助を定めた規定が作成され、実際に運用されていた。

これによると、①婚姻、②凶事（死葬、風害、火災など）、③経済向不如意の場合に金員を貸与することになっている。①は三ヶ年賦利子五分、②は五ヶ年賦無利子、③は三ヶ年賦あるいは当年返済で利子一割と定められている。

ただし、作成段階では財源が少ないとして、死葬に対してのみ貸与が実施された。規定中では「死葬ノ一事ハ人家ノ一大窮危、忍ヒ難キ事故、右一事ハ既ニ施行セリ」とされ、他の事柄とくらべて優先度が高められている。年賦・利子の条件をみても、凶事に対する貸付が最も緩いものとなっている。

相救法によって貸し付けられる資金は相救金とよばれた。その財源としては、正則社員が入社する際に納める基本金や、交番勤務の代わりとして納める交番料の利子、変則社員が入社する際に納める金額のうち三分の一、配当金の一部を徴収、といったものを設定していた。[62] 明治一五年には、相救金は一八五九円八九銭積み立てられ、逐年増加して明治三〇年代には二六〇〇～二七〇〇円で推移している。[63] 相救法が定められて以降、相救金は死葬に限らず火災や困窮に対しても貸し付けられるようになったが、婚姻については積み立ての増加にもかかわらず、財源不足とされたまま、結局貸与が実施されることはなかった。

実際の運用についてみると、明治一三年には、相救金貸付高が七〇八円五五銭七厘になっている。[64] 貸付高の推移を連続して追うことはできないが、貸付はその後も存続した。貸付金は大正五年の株式会社化に際して整理され、株式会社の「社則」では相救金に関する規定は消滅した。[65]

このような貸付は、筆者別稿[66]でみたように、近世の堀田氏家臣団でも類似する制度が存在していた。制度の変遷はあるものの、例えば文政七年設定の内容は、①嫁、養子を出す②当主、同居家族の病死③佐倉、江戸、飛地領の間での引越し、といった場合に、封禄削減分から一定の還付を受けられるというものであった。家中から財源を徴収し、「家」にとってまとまった出費を強いられる際に充てる点において、同協社の相救法と共通性がある。

そもそも筆者は、武士の「家」々の間に存在する共同性は、その現れ方こそ大名家によって差異があるものの、通底すると考えている。[67] 本節冒頭で述べたように、他地域の士族結社でも相互扶助規定をもつものは多数ある。筆者の問題関心からいえば、武士の「家」々がもっていた共同性が、相互扶助規定の土壌となっていることを指摘したい。特に、政府の授産政策が始まってから結成されたのではなく、廃藩後の早い段階で結成され、相互扶助規定が現れた同協社の場合が、近世との連続性を示す強い根拠になる。

（五）天皇・国家についての言及

創業の翌年、明治五年六月に倉次亨が記した「緒言」には、明治四年の土地払い下げについて「御仁命」と捉え、士族たちの「生産ノ目的ヲ為」すとともに、開墾を進めることによって「国家ノ為ニ大利益ヲ起シ」、「海岳之御恩恵」に応えることを期している。倉次亨のこの記述だけでなく、「同協社営業紀事」には天皇や国家について言及した箇所が散見される。

明治六年三月三一日、創業記念祭として「謝恩祭」が初めて行われ、以降は毎年挙行された。この「謝恩」というのも、直接の援助を行っている旧主に対してではなく、天皇に対する謝恩であった。謝恩祭で読み上げられた「謝恩文」は、「北闕を遙拝して」「天恩を謝し奉る」ものであった[68]。その文中には、「国を治め天下を平にし能庶民をして太平の化に浴せしむ、是君上の職なり、業を励み工を勉めて自ら生活し君上を煩ハさす、身の分際を尽して国に報するハ是庶民の職なり、人員等即是なり」という一文がある。国を治め太平を実現する「職」として天皇を捉え、庶民はそれぞれの生業を通じて国に報いる「職」として対置した上で、自分たち社員を庶民の側に位置づけている。「自ら生活し君上を煩ハさす」というところに、士族授産を成功させて自活を目指す同協社の意図が窺える。

明治九年六月には、従来焙炉作業の際に歌われてきた歌が「流俗ノ弊、猥褻聞クニ堪ヱサルニ至ルモノ有リ」とされ、製茶唱歌が制定された。「同協社営業紀事別記」には四曲の歌詞が収められているが、うち三曲は天皇に言及した内容となっている。

「富山」という歌では、作り上げた茶を進上する相手として、「まづハ初穂にお天子様よ　次ハ此地の県令様よ」と歌い、「わするまいぞよ山より高く　海よりふかき君かめくみを」と締めくくっている。また、「すめらぎ」という歌では、「すめらみことは神にてますか　神じやないぞよ人じやぞよ　人じやあらふが神代のままに　今にたへせぬ高御位《タカミクラキ》ハ　御国にしげる民草のミか　海の外なる異国《コトクニ》までも　なびきあふたる時つ風」と歌われている。天皇の神格を否定しつつも、神代から続く皇位は、時勢の風によって日本の民草に限らず海外をもなびかせる、という興味深い内容となっている。

こうしてみてくると、同協社においては旧主君の堀田氏に対してではなく、天皇に対する感謝、天皇の偉大さが繰り返し言及されている。「謝恩」の対象が、近世では主君であったものが、天皇にスライドしているといえよう。ただし、註（24）でふれた「同協社営業紀事」の性格を考えると、ここで述べられている内容は、対外的なアピールも含まれているといえる。それとともに、天皇を「庶民をして太平の化に浴せしむ」職と規定し、また唱歌のなかで天皇を賛美しながらも、神格を否定するという姿勢もみられる。

評価が難しいが、一方では天皇を謝恩の対象とし、他方では相対化するこれらの記述は、同協社が政府から土地を払い下げられたことによって創業できたという直接的・個別的な理由とともに、佐倉藩が幕末維新においては広義的には負け組であったことに起因しているのではないか。真辺氏は、幕末の経験から佐倉藩士族が明治政府への批判的な目をもっていたとした[69]。さほど明確なかたちではないにせよ、ここではその目が天皇に対して向けられているといえるのではないかと考える。

また、明治一〇年七月、内国勧業博覧会出品に先立って千葉県へ提出した「本社之事業拡張見込書」には、「夫レ一家ノ貧富、一家ノ勤惰ニ因リ、一国ノ盛衰、一国ノ勤惰ニ因ル、至誠勉励事ニ従フ時ハ、乃チ家ヲ冨シ、国ヲ盛ンニシ、外国輸出品ヲ多クス」[70]という記述がある。これをみると、一家の貧富と国家の盛衰をどちらも「勤惰」に因るとして接続し、そのなかに外国輸出品である茶を製する同協社の活動を位置づけようとしている。布施賢治氏によれば、旧前橋藩士族の就産活動を主導した深沢雄象にとって、「各家の産」＝個々の士族の利益は、国益の増進に付随するものとして認識されていたとするが[71]、それと同様の認識が同協社でもみられるのである。また真辺氏は旧佐倉藩士族ついて、「彼らの反薩長意識と廃藩に対する憤懣が、『民権』という新たな概念と接触する契機となったり、あるいは彼らの団結やセレモニーが、国家意識の発露の場として機能したりしたように、旧来の意識が、さまざまな形で新たな近代的意識を獲得し表出させる媒介となっていた[72]」と述べている。この真辺氏の指摘を援用すれば、報恩の対象が天皇となり、個々の「家」の上位に近代国家が接続されるという認識は、旧来からの意識、つまり主君に対する報恩や、「家」と「御家」が接続しているという考え方が、媒介となって到達したものといえる。

三　社員からみた同協社

（一）社員の活動状況

前章でみたように、同協社では正則社員が自ら開墾にあたることを義務づけていたが、実態はどうであったのか。ここでは社員の活動状況について分析する。

明治四年一一月に同協社に入社した依田学海は、翌年四月二七日に開墾着手後間もない社を訪れ、その様子を『学海日録』に書き留めている。

富山の開墾場を巡視す。同社の人々、自ら鋤鍬をとりて力を尽すこと農夫よりも甚し。就中井村岡之丞は人より先におき出て終日やすむことなし。自らいへらく、某は人にすぐれたる瘦弱の男なり。早く始ておそく終らざれば並々のするわざもおぼつかなしと思侍によりてかくするぞ、といひしと也。酒・烟草の類つや〳〵用ひず、茶ものむことなし。湯のみを用ゆ。鍬をとれども一刀をかたはらにはなつことなし[73]。

学海が社の開墾場でみたものは、士族たちが自ら鋤鍬をとって荒蕪地を開墾する姿であった。なかでも井村岡之丞（慶応期には三〇人扶持、大目付席、郡奉行[74]）が、自らを「瘦弱」として他の社員よりも長い時間開墾に従事し、質素な生活をしていることを特記している。井村は、農作業の際にも一刀を帯びたままであった。このようなもと給人層の者でも、実際に開墾にあたっていたことが学海の日記からわかる。また、発起人を補佐し、各種技術を伝習して社に持ち帰った士族の名前が「正倫公記」にみえ[75]、社の業務を実際に士族が担っていることを確認できる。

その一方で、日記を記した学海は、開墾場を「巡視」するだけであった。この前後にも学海は同協社へ赴いているが、日記を読む限り、学海が開墾に従事し、交番を務めた形跡はみられない。同協社では、開墾着手直後から、実働する社員とそうではない社員（交番料を納める）がいたことが窺える。前掲史料を記したときの学海は、創業時制定の「方法」で定められた交番免除の条件（老幼、官禄受給など）には当てはまらないはずであるが、交番には入っていなかったのである。学海は明治五年中に東京へ居を移し、さらに同協社の経営から遠のいていった。

明治一八年段階でのデータであるが、全社員四四八名のうち、現業者は一一六名で約二六%に留まっている[76]。人員が足りない分は、実働する社員が他の社員の交番を代わりに務めたり、雇用で充てたりしている。社員による交番は年々減少していくが、明治末年になっても皆無にはならず、就業した延べ人数でみると、約二八%は社員が占めていたことが確認できる[77]。なお、同協社の作業風景について地元紙は、「職人《しょくにん》は孰《いづ》れも品行方正《ひんこうほうせい》にして能《よ》く指揮《しき》に従《したが》ひ、競《きそ》ふて業《げふ》に就有様《つくありさま》ハ壮士軍人の敵城を攻撃するに髣髴《さもにた》り」と述べ、「遉《さすが》ハ藩士の結社」（ふりがな原文のまま）と評している。[78] 士族の実働社員が限られていたにも拘わらず、このように報じられていた点は興味深い。

学海に限らず、東京在住の社員は一定数存在した。彼らは距離的には同協社から隔たっていたが、社への高い期待をもつ傾向があった。それはとりもなおさず、社が利益を出し、社員への配当金を出すことへの期待であった。

慶応期には二〇人扶持の給人であった岡田盛寛（旧称陽助）は、明治一〇年一月に東京の麻布笄町へ転籍した。[79] 彼が佐倉在住の但馬長九郎（旧称伝太郎、慶応期は一五人扶持、歩兵指図役並）に出した書簡には、同協社についての言及が複数みられる。例えば明治一二年に、初めて配当金が出た旨を知らされた岡田は、「同協社頒布金少々也共受取方相成候趣、仰之通御同慶奉存候[80]」と但馬へ書き送っている。

明治一四年には、年末になっても配当の知らせがなく、「本年分賦金等之沙汰モ今ニ無之趣了承、何卒人気引立之為メ幾分歟分金有之候様仕度奉遠察候[81]」としている。「人気引立」、つまり、社内の求心力を維持するために、岡田は配当金が必要だと考えている。この考え方は経営幹部にもあったようで、時期は下るが明治三二年一二月に、社長倉次亨が堀田家家令の佐治済へ送った書簡のなかで、経営難ではあるが配当金を出さないと「人心萎靡」することを恐れている。[82]

同協社への期待は、他の場面でも表出している。幹部が困窮した際、社員らが拠出金を出し合って援助しているのである。

明治一二年、倉次亨の子息が遊蕩によって負債を作り、倉次が経済的に苦境に立つということがあった。これに対し社内では倉次を援助すべきという議論がおき、佐倉では募金三〇〇余円が集まった。佐倉からの要請を受けて、在京の学海も一〇円を拠出した。[83] 岡田も要請に応じている。その理由を、困窮しているのは倉次だけではなく、自分も他人を援助する力はないが、倉次は同協社の「基礎ト頼ム可き」人物であるから、と述べている[84]。

このように、実働に関与しない東京在住の社員においても、同協社への期待が高かったことをみた。学海もその一人であった。ところが、彼は明治一五年六月には同協社を退社してしまう。日記に記された退社の理由は、社が利益を出しておらず、かといって経営を自ら監督できず、現経営陣が学海にとって信用できない、とまとめられる[85]。経営陣への不信については、学海兄の依田柴浦が堀田家家令の職を辞した件と関連している。幹部のなかに、柴浦を攻撃した花村六郎がいたのである。真辺氏は、この柴浦辞職の原因を旧重臣層と一般藩士層の対立とし、家令の人事問題だけに留まらず各所で表出していたことを明らかにしている[86]。学海の同協社退社も、対立が表面化した一例といえる。とはいえ学海が属する旧重臣層が一斉に退社したわけではなく、社長の倉次はもちろんのこと、社員となっている西村茂樹も他の旧重臣も残留している。学海の退社は、一〇年経過しても利益を出さず、経営に直接関与できない状態への苛立ちと、一部の幹部への不信感が、本人の剛直な性格と相俟って決断されたものといえよう。

同協社内部では、その後も対立が起こっていることが窺える。学海が非難していた花村は、社内での対立によって退社しており[87]、幹部のなかでも衝突があったことがわかる。また、明治二一年には、改正規則には定められていない、「総集会」の開催を請求する動きがあった[88]。さらに同年から翌年にかけて、「同協社改良派」というグループが社内に形成され、活動していた[89]。これらについて背景や経過は不詳であり、真辺氏が指摘した旧藩士間の対立と単純に接続することはできないが、社内の不和が断続的に生起していたことは確認しておきたい。

（二）堀田家との関係

前章の（五）にて、「同協社営業紀事」では天皇や国家についての言及と比べて、旧主堀田正倫についての記述が少ないことを指摘した。しかし実態としては、正倫はたびたび社に対して援助を行うという重要な役割を果たしていた。

先述の通り、まず創業に際しては、七〇町の土地を寄付している。明治六年三月には正倫が入社、このとき三〇〇円を社に提供した。同八年には赤字補塡のため一五〇〇円、翌九年八月には一〇〇〇円を貸与（大正六年に元金のみ返済）、明治二六年四月には牧牛奨励のため八街村文違に一六町購入のうえ社へ無償貸与、それとともに一二〇〇円を貸与している（大正四年返済免除）[90]。

廃藩以来、正倫は東京に居住していたが、明治二三年一一月に佐倉へ居を移した。同協社では翌年正月には兎二羽を献上、明治二六年六月には社の招待により正倫が視察を行っている。この視察の際には、詰めている社員、茶師、茶摘人に対して正倫から金銭が与えられた。同二九年一一月には、同協社が出品した米国シカゴの博覧会の賞状が到来し、倉次がこれを持参して正倫に披露している[91]。

同協社では、折にふれて正倫との接触を行い、関係を持続させている。また正倫の側も、援助には前向きな姿勢を示している。同協社に限らず、正倫が旧臣への援助を積極的に実施していたことは、真辺論文でも言及されている。正倫が「幕末期に藩主としての直接の体験を持つ『華族第一世代』であった[92]」ことから、家臣の「家」の存続を支援する責務を、当然のものとして受容していたのである。そして旧臣の側も、旧藩時代と同様に主君に補助を求めることが正当であると考えていた[93]。

（三）菅谷家の資金運用と同協社

ここでは、士族の「家」と同協社との関係のあり方の一例として、菅谷義府《すげのやよしくら》という個別の同協社員をとりあげる。菅谷家の資金運用のなかで、同協社がどのような位置づけにあったかを分析する。

義府の父である周平義質《よしかた》は、中小姓から出発し、維新前には勘定頭まで昇った人物であった。義府本人は、天保一一年（一八四〇）に生まれ、嫡子のまま出仕して元方附、吟味役見習などを務めた。明治初年には父とともに財曹に所属し、権少属となった。印旛県では一三等出仕であったが、明治五年に退職した。明治六年、父の病死によって家督を相続した。秩禄処分前の家禄は二〇石であった(94)。廃藩後も佐倉に住み続け、同協社には明治五年八月に入社(95)、役職整備後は出納課を長年務めた。

菅谷家は、藩庁の財政関係の役職にあったことも関係しようが、自家の資金運用として安政期には貸金を行っていることが確認できる(96)。安政二年には、藩庁に二〇年間拝借金を願い出なかったとして賞されており(97)、当時の家臣団のなかでは余裕のある暮らしぶりであったことが窺える。明治期の義府も、家禄や金禄公債を元手に、他から金禄公債を買い集めたり、田畑、宅地、貸金に投資したりしていた(98)。明治四三年に義府が没した際、子の勇へ相続された財産の目録をみると、総計七七五九円となっている。財産の中核となっているのは根郷村寺崎にあった四町余の田地と一町余の畑地であり、評価額はあわせて四〇〇〇円弱である(99)。

以上のような経済状況にあった菅谷家であるが、同協社もまた同家の資金運用先の一つとして捉えられていた。明治一五年の改正規則のなかで、従来「家」単位で相続すると規定されていた同協社株が、限定付きながら譲渡が可能になったことを述べた。明治一六年二月、菅谷家では株を旧藩士の大塚恒治より一〇円で購入、義府四男である広の名義とした(100)。広は明治一五年生まれの幼児であり(101)、社員の義務である交番は到底務めることができない。義府としては、交番料を支払ってでも、将来配当金が増加することを期待して、広の財産とすべく購入したのではないかと考えられる。規則改正後間もなくして、このような株の売買が行われていることが確認できた(102)。

また菅谷家では、家族などからの資金を集め、「委託金」として同協社へ預けている(103)。それを一覧表としたのが

表3　菅谷家の同協社委託金一覧

委託年月日	金額（円）	名義人	払戻年月日	出　資　者
明治 15.3.20	100	義府	明治 26.1.20	元方金
明治 17.12.28	20	広	明治 26.1.20	元方金
明治 17.12.30	15	義府	明治 26.1.20	9 円元方金、6 円別口金
明治 16.7.11	51	義府	明治 26.1.20	10 円伸分（明治 24.7.5 伸へ 5 円遣わす、5 円は勇の委託金へ） 13 円若分、10 円広分、15 円元方金、3 円別口金
明治 18.12.-	50	勇	明治 26.1.20	勇所有金
明治 19.12.28	18	勇	明治 26.1.20	10 円勇所有金、5 円明治 24.7.5 伸より勇分になる 3 円明治 24.11.23 元方金委託のうち差し戻し勇分になる
明治 21.12.3	21	義府	明治 26.1.20	別口金
明治 22.4.12	11	勇	明治 26.1.20	6 円ますより預りのうち、5 円本間とくより預りのうち
明治 22.12.25	10.5	勇	明治 26.1.20	6 円ますより預りのうち 4.50 円本間とく、明治 22.12.- 渡り、委託金の利子
明治 26.1.20	50	義府	明治 31.1.10	13 円若分、5 円伸分、10 円広分、10 円ます分 9.5 円本間とく分（明治 30.8.- 別口分になる）、2.5 円別口払より足す
明治 26.5.20	80	義府	明治 31.1.10	元方金

菅谷家文書 20-49 により作成。ますは義府妻、勇・広は義府息子、伸・若は義府娘。

表3である。元方金とは菅谷家の資金であり、別口金は特別会計であって義府個人の資金のことである。[104] 子女の資金については、先述の広名義の株と同様に、将来のための貯蓄として義府が運用していたのではないか。表中の本間とくという女性については、史料中に匝瑳郡福岡町八日市場の本間弥三郎妻とあるものの、[105] 菅谷家との関係は不明である。系図には名が見えないので、[106] 少なくとも近しい親類ではないようだ。とくに宛てた義府の書簡控によると、「駅逓局へ預ケ候テモ四分二厘ノ利子ヲ付候、只預り候モ不本意ニ付、年ニ五分ノ利足ハ御返戻候節必ス相添可申候」[107]（傍点原文のまま）とあり、利殖目的で義府が資金を預かっていたことがわかる。

なお、このような運用は同協社だけではなく、菅谷家では川崎銀行、東海貯金銀行への預金、あるいは債券へ資金を振り向けていた。明治三一年にはすべての委託金を同協社から引き上げ、これを東海貯金銀行へ預けている。預金通帳は義府名義だが、同協社委託金のときと同様に、預金額の内に家族それぞれの出資分が設定されていた。

家族のうち女性については、娘が他家へ嫁いだ後も、資金を預かって運用している。また妻ますについても、義府は資金を預かった際に「何時ニテモ入用次第返戻可致」と約した預かり証をますに発行している。[108]

このことから、近世武家でもみられた女性の個人財産[109]の存在が、明治期士族にも確認できる。対外的には義府など男性名義で預金していることも注意しなければならないが、本間とくのように利殖のため遠隔地から預けてくる者もおり、女性の経済活動が注目される。この点についてはもっと事例を集めなければ評価は難しく、本稿主題からも離れるため、これ以上の追究は保留したい。明治三一年施行の明治民法（親族編・財産編）における妻の財産権を制限する規定と、「家」内部の実態の関係[110]について、今後検討が必要である。

多角的な資金運用を行っていた義府は、同協社出納課に属して社の財務を管轄するかたわら、社株を子息のために買得、あるいは「家」内外の人物から資金を預かって同協社への委託金として出し、利殖を図っていた。菅谷家にとっては、投資先の一つとして同協社を利用していた側面があったことを指摘した。

おわりに

旧佐倉藩の重臣層が中心となって結成された同協社は、廃藩直後から大正期まで存続し、明治期においては大規模な製茶事業を展開した。しかし、社は天候不順、火災、茶価下落などによって安定的な利潤を生み出すことができず、旧主堀田家からの援助、政府からの貸付金、資産売却によって凌ぐ経営が続いた。明治三〇年代後半からは急速に小作料収入への依存を強め、大正五年の株式会社化とともに製茶業を廃して貸地を行うのみとなった社は、士族授産団体としての意義を失って、ほどなく解散するに至った。

本稿では同協社の組織的特徴として、創業当初は「家」ごとの参加が想定され、相救法といった「家」の存続を図る規定をもち、社員の「家」々を包含する結社が構想されていたことを述べた。同協社が廃藩後すぐに組織された結社であることを考えると、この特徴は近世大名家から持ち込まれている要素であり、大名家の特質の一部を照射していると考える。その特質とは、参加する武士たちの「家」によって構成され、その「家」々の間には存続に向けた共同性が存在していたということである。

また、第三章でみた、困窮した倉次亨への社員たちの援助、度々行われた堀田家による社への援助、といった社の制度から離れた局面にも、「家」々の共同性が現出している。ただし、実際の社への関与の姿勢には、近代を生き抜こうとする社員それぞれの選択によって差異があり、旧藩士たちの軋轢とも関係して社内には対立も生起した。

社員への配当金は、少額に留まった。社の交番勤務を果たさずに交番料のみ納入する社員にとっては、あまり実収はなかったであろう。また、交番を務める社員にとっても、社に完全に依拠して、配当金と他社員の代番のみで生計を立てることは困難であったとみられる。配当を期待する社員に対して十分に応えられなかった社は、社員全員の「家」を包含する枠組みたり得ず、明治後期に向かって社の共同性と求心力は希薄化していった。明治一五年に株売買が事実上解禁されたことが、社のもつ「家」の論理が変質していく徴証であったといえよう。全国的にみて、政府が士族授産の貸付金処分を行った明治二二年までに消滅した結社が多く、これを越えて存続した結社も漸次縮小・消滅していった[111]。これに代って、親睦や奨学を主な機能とする団体が各地に作られ[112]、士族の「家」とは直接かかわらないか、「家」存続の一部を支援する活動が主流となった。この傾向には、松方デフレなど政治・経済状況が関係しようが、そのなかで「家」の論理の存否や現出形態がどうであったか、他の結社についても今後みていかなければならない。

旧主堀田正倫は、様々な場面で旧藩士たちの結集の核になっており、同協社に対しても多額の援助を行ってその存続に大きな役割を果たしたが、前面には出ず社員の一人として関与した。同協社の史料では、天皇や国家に対する言及が目に付き、社は対外的には天皇への報恩、国家への貢献を目指すことを述べつつも、天皇の地位を相対化する視線も有していた。そして、国家の盛衰と社員の「家」の貧富を連続して捉えていた。これは、近世における主従関係の捉え方が原型となっており、上位権力の交代に伴う奉公・報恩対象のスライドによってもたらされた意識といえる。明治政府のイデオローグたちが唱えた、家族国家観の一歩手前とでもいえる意識を士族たちは有していた。[113]ただし、士族たちにとっては「家」の存続が重要なのであり、「家」を犠牲とする国家への貢献は盛り込まれていないことは注意すべきである。この点には、自らの「家」のために上位権力を相対化する可能性があった近世武家社会のあり方が、下地となっていると考える。

同協社への関与の濃淡、堀田家の援助についての士族たちの考え方、萱谷家による資産運用の一環である同協社の利用、といった本稿で取りあげた社員たちの動向は、それぞれの「家」を存続させようとする自律的な動きとして位置付けられよう。萱谷義府が嗣子へ与えた家訓（明治四二年）のなかに、「戸主ハ財産ヲ確実ニシテ、子孫ノ繁栄ヲ目的トスル事」（第三条）[114]とある点に、「家」の存続を希求する姿勢が表れている。加えて、主君への奉公ではなく、経済的な問題を「家」存続の焦点としているところに、時代状況の反映を見いだせよう。

幕藩体制において緊密に結びついていた支配機構と「家」は、明治維新から廃藩に至る過程のなかで分離していった。[115]「家」によって構成された結社も、十全には機能しなかった。しかし、士族にとっての「家」観念は、支配機構と切り離されてもなお強固に存在し、「家」存続に向けて各個の運動を展開していたのである。

本稿では、結社に参加した「家」という視点から検討したが、個別の「家」について、より深い分析が必要である。近代における「家」の実態分析については、研究史の状況からいってもより進める必要性がある。[116]筆者の関心としては、特に士族の「家」について、近世から連続して観察するという手法が必要になってこよう。財産に限らず種々の局面について、制度・規範との関連を考えるべきである。そして近代の「家」をめぐる制度・規範がどの程度の歴史的深度をもつか、という問いにつなげたい。

また本稿では、天皇・国家に対する言及に近世との関連をみた。この点について辻本雅史氏は、一八世紀後半以降の藩政に、主君を中心として家臣・領民までを含む藩固有の統合の論理が現れてくること、また後期水戸学では、天皇を基軸とする国家統合が主張されたことを論じている。[117]近代の国家意識の素地が生まれるような藩政の変質のなかで、「家」「御家」の位置づけはどうなるのか、具体的な変遷について追ってみたいと考えている。

註

（1）笠谷和比古『主君「押込」の構造』（平凡社、一九八八年）。

（2）高野信治「近世大名家臣団と領主制」（吉川弘文館、一九九七年）。

（3）根岸茂夫「近世武家社会の形成と構造」（吉川弘文館、二〇〇〇年）。

（4）幕藩制国家論においては、統一権力が「公儀」として個別領主を糾合することによって、領主階級全体の利益を保障するという観点が示された（朝尾直弘『将軍権力の創出』岩波書店、一九九四年）。近世の「イエ」が自律性を喪失したことを強調する水林彪氏においても、上位権力の政策に抵触しない限り「イエ」の存続は保障されたとする（「近世の法と国制研究序説」『国家学会雑誌』九〇―一・二、一九七七年、三九頁）。また、法制史分野では、封禄の相続保障のあり方が分析されている（鎌田浩『幕藩体制における武士家族法』成文堂、一九七〇年ほか）。その他の具体的政策についても、地方知行の分散化について家臣の年貢収納の安定化を目的とするものであったとの指摘（J・F・モリス『近世日本知行制の研究』清文堂、一九八八年）や、「御救」の論理による家臣の窮乏化への対策を分析した研究がある（福田千鶴『幕藩制的秩序と御家騒動』校倉書房、一九九九年、第三章）。

(5) 拙稿「堀田氏家臣団における御目曲尺養子について」(『千葉史学』五一、二〇〇七年)。
(6) 吉川秀造『明治社会政策史』全改訂版(有斐閣、一九四二年)。
(7) 我妻東策『明治社会政策史』(三笠書房、一九四〇年)。同『士族授産史』(三笠書房、一九四二年)。
(8) 桜井靖郎「宮城県士族授産の研究」(『史学雑誌』六六―二、一九五七年)。吉田豊治「熊本県士族授産の性格」(『地方史研究』三四、一九五八年)。丑木幸男「群馬県における士族授産」(一)(二)(三)(四・完)(『群馬文化』一六八、一六九、一七三、一七四・一七五、一九七六～一九七七年)。安藤精一『士族授産史の研究』(清文堂、一九八八年)。佐々木正道「旧川越藩士族の『就産』活動」(『中央史学』二四、二〇〇一年)。岡本幸雄『士族授産と経営』(九州大学出版会、二〇〇六年)。桐原邦夫『士族授産と茨城の開墾事業』(岩田書院、二〇一〇年)。
(9) 落合弘樹『明治国家と士族』(吉川弘文館、二〇〇一年)。
(10) 布施賢治『下級武士と幕末明治』(岩田書院、二〇〇六年)。
(11) 前掲註(7)我妻『明治社会政策史』。
(12) 熊谷開作「開拓農場における擬制的家族関係」(『日本の近代化と「家」制度』法律文化社、一九八七年)一〇七頁。
(13) 『千葉県史明治篇』(千葉県、一九六二年)。『佐倉市史』三(佐倉市、一九七九年)。
(14) 真辺将之「明治期『旧藩士』の意識と社会的結合」(『史学雑誌』一一四―一、二〇〇五年)。のち『西村茂樹研究 明治啓蒙思想と国民道徳論』(思文閣出版、二〇一〇年)所収。
(15) 「士族ノ状況」(『地方巡察使復命書資料 千葉県之部』地方巡察使復命資料刊行会、一九三九年)。
(16) 園田英弘「武士の近代」(園田ほか編『士族の歴史社会学的研究』名古屋大学出版会、一九九五年)三〇～三五頁。
(17) 「往事録」(日本弘道会編『西村茂樹全集』第三巻、思文閣、一九七六年)六〇八頁。
(18) 濱名篤「武士から士族へ」『士族の歴史社会学的研究』所収。
(19) 『佐倉市史』二(一九七一年)五三二頁。
(20) 相済社が綿織業から撤退した年代は不詳であるが、撤退前には士族出身の女工が減り、平民の女工が増えてきたことで、士族授産の意義が薄れていた(『佐倉市史』二、五五八頁)。

(21)「士族ノ状況」。
(22)『千葉県史明治篇』、三三二頁。
(23)『佐倉市史』二、四四二頁。岩淵令治「新興武家地の誕生」(『佐倉市史研究』二四、二〇一一年)。
(24)「同協社営業紀事」(佐倉市所蔵文書一三四八〇、佐倉市市史編さん担当所蔵)。「同協社営業紀事」及び「同協社営業紀事別記」は明治九年作成。同協社の活動内容を社内外に伝えるために作成された、社の公式な記録であるとみられる。これ以降も作成され、第五号まで伝存している。
(25)飯野村のうちに新設された武家地は、「飯野町」とよばれた。
(26)発起人の年齢については、「旧佐倉県士族卒短冊明細」(佐倉市史編さん担当所蔵)による。
(27)『学海日録』三(岩波書店、一九九二年)明治四年一二月一七日条。
(28)『佐倉市史』三、五七八頁。
(29)『学海日録』三、明治四年一二月二〇日条。
(30)「調書」佐倉市所蔵文書一三四七〇。
(31)「同協社営業紀事別記」緒言、佐倉市所蔵文書一三四八一。
(32)倉次亨『佐倉同協社茶業輯録』(佐倉同協社、一八九一年)一二三頁。直輸出は明治九、一〇年のみであったが、社はその後もアメリカへの輸出品である再製茶を製造し続けている。
(33)大蔵大輔兼勧農局長であった松方正義は、政府主導で設けられた下総畜種場見学の帰途に同協社に立ち寄り、同社幹部と懇談した。東京に戻った松方は、再度話を聞くため倉次亨を東京へ呼び出し、倉次は「同協社営業紀事」を提出して事業の説明を行った。このとき倉次は、大久保利通、前島密邸へも呼び寄せられた(「同協社営業紀事第弐号」佐倉市所蔵文書一三〇一二)。
(34)前掲註(9)落合書。
(35)『佐倉同協社茶業輯録』、一二五頁。
(36)『千葉県統計書(明治二三年度)』(千葉県庁、一八九二年)。

(37)「公文録」明治一三年一二月、内務省三、国立公文書館蔵（『千葉県の歴史』資料編近現代四、千葉県、一九九七年、四九〜五三頁に抄録）。

(38) 欠年はあるものの、明治一五年から四一年までの「金銭出納表」が残存している（「〔同協社関連書類〕」堀田家文書三―一―九、「〔同協社関係綴〕」同六―三―七九）。『千葉県の歴史』資料編近現代四では、「〔同協社関係綴〕」に収められた「墾場景況」の一部を翻刻しているが、「金銭出納表」は取りあげていない。

なお、堀田家文書のうち、リール番号（R）を付していないものは、すべてマイクロフィルム版（雄松堂、一九八九年）未収録分である。

(39)『千葉県史明治篇』、三五四頁。

(40) 牧牛用地であった八街村文違の社有地も畑地とされ、小作人のなかには同協社員もいた（「土地小作台帳」堀田家文書二二―一―二一）。

(41)「社告」佐倉市所蔵文書一三四六〇。

(42)「会社解散通知 附株主総会決議録抄録」佐倉市所蔵文書一三四六九。

(43) 株式会社設立前の「社告」で、「新タニ株式会社トシテ、社業継続ノ可否ヲ決スルコトニ致度」という記述がみえる。

(44)「株主総会承認決議清算結了ニ付キ決算報告」佐倉市所蔵文書一三四七七、「解散清算事務報告書」同一三四七八。

(45)「同協社営業紀事別記」。

(46)「同協社営業紀事第四号別記」改正規則第四四条、第四五条、佐倉市市史編さん担当所蔵。

(47)「社告」。

(48)「同協社営業紀事別記」。入社年度が遅いと配当額が減らされたが、年々増加していずれは第一年入社の者に追いつくように設定されていた。

(49)「元方御勘定帳」（堀田家文書M六〇）ほか、各年度の勘定帳の類を確認した。

(50)「同協社営業紀事」。

(51)「公文録」。

(52)「〔規約更正草案委員選出について社員へ通知〕」佐倉市所蔵文書一三〇〇〇。
(53)本昌寺（現八街市）にある倉次亨の墓碑にて確認。
(54)宝暦期以降の堀田氏家臣団における基本的な階層区分として、上から給人、中小姓、御通掛、御通掛以下があった（『千葉県史料　佐倉藩紀氏雑録』千葉県、一九八四年、三四七～三八三頁）。
(55)「同協社営業紀事第五号別記」佐倉市所蔵文書一八一五二。
(56)前掲註（14）真辺論文。
(57)ただし、佐倉にあった民権結社、共治社のメンバーには、同協社員が含まれている（『千葉県の歴史』通史編近現代一、千葉県、二〇〇二年、二一六頁ほか参照）。
(58)「同協社営業紀事別記」、佐倉市所蔵文書一三四八一。
(59)「同協社営業紀事第二号別記」、佐倉市所蔵文書一三〇一二。
(60)「同協社営業紀事第四号別記」改正規則第二三条、第四条。
(61)前掲註（7）我妻『明治社会政策史』、二三二頁。
(62)「同協社営業紀事別記」。
(63)「〔同協社関連書類〕」、「〔同協社関係綴〕」。
(64)「公文録」明治一三年一二月、内務省三、国立公文書館蔵（『千葉県の歴史』資料編近現代四、四九～五三頁所収）。
(65)「旧同協社清算并株式会社成立社告」佐倉市所蔵文書一三四六五。「社則」同一三四六二。なお、整理直前の大正五年六月時点での相救金貸付高は、七四三円九一銭五厘であった（「社告」）。
(66)拙稿「後期堀田氏家臣団における縁組手当金について」（『佐倉市史研究』二〇、二〇〇七年）。
(67)筆者は、註（4）の諸研究で指摘された、上位権力が「家」の存続を保障する機能を、主家を含めた「家」々の共同性の発露として捉えている。ただし、その共同性発現の度合いは、藩政の推移と連関して可変的であった（モリス『近世武士の「公」と「私」』清文堂、二〇〇九年、八二頁参照。なお、同氏は保障機能について「公共的機能」と表現している）。

(68) なお、株式会社となった後は、創業記念祭は「起業祭」となった（「社則」第三条）。
(69) 前掲註（14）真辺論文、七三頁。
(70) 「同協社営業紀事第弐号」佐倉市所蔵文書一三〇一二。
(71) 前掲註（10）布施書、二九三頁。士族に限らず、資本家の家憲においても、「家」と国家の繁栄を接続している理念をもつものがある（米村千代『「家」の存続戦略』勁草書房、一九九九年、二一六頁）。
(72) 前掲註（14）真辺論文、九一頁。
(73) 『学海日録』三。
(74) 堀田家文書R一四、三―三。以下、慶応期の禄高等は同史料を典拠としている。
(75) 「正倫公記　第十五」堀田家文書R-八、二―一〇五。
(76) 「同協社営業紀事第五号別記」。
(77) 「明治四十一年度就業課程明細表」、「〔同協社関連書類〕」所収。
(78) 「千葉新報」明治一九年七月二九日。
(79) 「旧佐倉県士族卒短冊明細」。岡田の当時の生業については不詳である。
(80) 「〔同協社領布金につき書簡〕」但馬家文書二一二八、佐倉市史編さん担当所蔵、明治一二年一〇月二〇日付。
(81) 「〔同協社情況につき書簡〕」但馬家文書二三六九、明治一四年一二月三〇日付。
(82) 「〔同協社関連書類〕」。
(83) 『学海日録』三、明治一二年一一月一六日条。
(84) 「〔同協社領布金につき書簡〕」。
(85) 『学海日録』五（一九九二年）明治一五年六月一九日条。
(86) 前掲註（14）真辺論文、八三～八六頁。
(87) 『学海日録』五、明治一六年一月二〇日条。
(88) 「同協社総集会請求書」佐倉市所蔵文書一三四八一。

(89)「図南子日誌」但馬家文書一―一四。この史料は、但馬長九郎の子、鋻之丞の日記である。
(90)「調書」。
(91)堀田邸の家扶日記（「日記」堀田家文書F三二九ほか）より。明治二六年の正倫による同協社視察については、土佐博文氏の御教示による。
(92)前掲註（14）真辺論文、八六頁。
(93)堀田家の家範制定問題（明治二五年）においては、旧臣援助の条項を盛り込もうとする吉見明らに対し、学海は旧臣が旧主家へ経済的に吸着することを警戒して強く批判した（真辺論文）。
(94)「家系記扣」菅谷家文書一九―五六、佐倉市教育委員会所蔵。
(95)「同協社営業紀事別記」。
(96)「壱号　益金受払帳」菅谷家文書一四―四。
(97)「家系記扣」。
(98)「貸金并出金簿」菅谷家文書二〇―四七。
(99)「相続届」菅谷家文書二〇―一五。
(100)「準備金出納帳　同協社エ委託金扣他」菅谷家文書二〇―四九。
(101)「家系記扣」。
(102)ただし、菅谷広は早くも明治一八年一月に退社している（「退社願」菅谷家文書一九―四九）。別の史料では広の退社について「社外」と記されていることから、幼年者の株買得が問題視されて除社となった可能性もある（「元方金銭出入帳」同一四―一二）。
(103)同協社は預金だけでなく貸付も行っており、菅谷家も短期間ではあるが借りたことがあった（「元方金銭出入帳」）。
(104)義府が勇へ与えた家訓のなかに、「手元別口金ハ素ヨリ経済ニ不係蓄タルモノニ付、義府小遣ニ充ルモノトス」とある（「〔戸主としての心得〕」菅谷家文書二〇―四四）。
(105)「準備金出納帳 同協社エ委託金扣他」。

(106)「家系記扣」。
(107)(108)「準備金出納帳、同協社エ委託金扣他」。
(109)磯田道史『武士の家計簿』（新潮新書、二〇〇三年）。
(110)国家法制と「家」の自律性の関係については、資本家の家憲・家訓の検討を通じて論じた前掲註（71）米村書参照。
(111)前掲註（6）吉川書、註（7）我妻書、註（9）落合書ほか。
(112)成田龍一『「故郷」という物語』（吉川弘文館、一九九八年）。前掲註（14）真辺論文。
(113)家族国家観については、石田雄『明治政治思想史研究』（未来社、一九五四年）ほか参照。
(114)「〔戸主としての心得〕」。
(115)園田氏は、対外的危機に伴う「武職」の徹底追究の結果、「武士社会内の『有志』を家庭内の地位に関係なく戦力増強の対象に想定していることは、従来の武士社会の社会構造の中心にあった『家』の崩壊の第一歩であった」（前掲註（16）園田論文、七頁。）とした。この指摘は重要であるが、ここでの「崩壊」は、「家」を基軸とする支配機構の構成員再生産システムの崩壊であって、個々の武士・士族にとっての「家」意識の存否とはとりあえず別問題であることを確認しておきたい。
(116)長志珠絵「『家』から『家族』へ」（歴史学研究会編『歴史学における方法的転回』二〇〇二年）二一〇頁。
(117)辻本雅史『近世教育思想史の研究』（思文閣出版、一九九〇年）。

〔付記〕史料の閲覧に際しては、佐倉市教育委員会、同市史編さん担当、菅谷義範氏にご高配を賜った。御礼申し上げる次第である。また、大会当日の質疑応答において、明治一三年に同協社が貸与を受けた政府資金について、「勧業資本金」と回答したが、これは「起業基金」の誤りであった。お詫びして訂正したい。

第六一回（成田）大会の記録

大会成果論集刊行特別委員会

はじめに

地方史研究協議会は、第六一回（成田）大会を二〇一〇年一一月一三日（土）から一五日（月）までの三日間、千葉県成田市で「北総地域の水辺と台地―生活空間の歴史的変容―」を共通論題に掲げて開催した。成田国際文化会館大ホールを会場に、第一日目は自由論題研究発表、公開講演、第二日目は共通論題研究発表および共通論題討論を行なった。最終日の第三日目は、二つのコースで千葉県内の巡見を実施した。第六一回（成田）大会が開催された二〇一〇年は、会場の成田国際文化会館の都合により、例年より一ヵ月遅い大会開催となった。本大会の主催は、地方史研究協議会および、開催地で組織された第六一回（成田）大会実行委員会、共催は常総地方史研究会である。本書は、大会での共通論題研究発表および公開講演を中心に、共通論題をそのまま書名『北総地域の水辺と台地―生活空間の歴史的変容―』としたものである。

一　大会開催の経緯および共通論題の設定

地方史研究協議会は、第六一回大会の開催へ向け、会誌三三一号（二〇〇八年二月刊）の「事務局だより」で、二〇一〇年の大会に関する希望・意見などを事務局へ連絡していただくよう会員へ広報し、その後、三三三号（二〇〇八年六月刊）、三三四号（同年八月刊）、三三五号（同年一〇月刊）でも同様に告知したが、大会開催の申し出はなかった。一方この間、常任委員会では、一九七二年の第二三回大会以来、三五年間にわたり、千葉県で大会が開催されていないことをふまえ、二〇〇七年一〇月から一年以上をかけ、千葉県内での大会開催の可能性を模索した。また、二〇〇八年九月に常任委員会内に第六一回大会準備委員会を設置し、本格的な準備体制を整えた。その結果、成田市を中心に活発な研究活動を展開している常総地方史研究会から、大会開催の同意を得ることができた。そして、二〇〇八年一二月の二〇〇八年度第二回常任委員会で、第六一回大会の開催地を千葉県内とすることを正式に決定した。

この決定をうけて、第一回実行委員会が二〇〇八年一二月一四日（日）に成田山霊光館で開催された。大会実行委員会は、常総地方史研究会が中心となり、千葉県内の会員を中心に組織し、実行委員長に鏑木行廣氏、事務局長に小倉博氏、実行委員として秋山笑子、荒井信司、大澤孝、木村修、小池康久、佐々木克哉、高橋覚、出口宏幸、土佐博文、深田富佐夫、矢嶋毅之、渡辺善司の各氏に就任していただいた。また、本会の常任委員会内に設置された大会準備委員会は、運営委員長に長沼秀明が就任し、運営委員として生駒哲郎、佐藤孝之、実松幸男、白井哲哉、谷口榮、西村健、平野明夫、宮原一郎の各常任委員が担当した。

大会実行委員会は、二〇〇八年度に四回、二〇〇九年度に一二回、大会準備委員会―運営委員会（二〇〇七年度および二〇〇八年度は準備委員会、二〇〇九年度より運営委員会）は、二〇〇七年度に一回、二〇〇八年度に一二回、二〇〇九年度に一一回開催され、両委員会が積極的に連携して議論を重ねながら大会の準備を進めた。この間、二〇〇九年一〇月の二〇〇八年度第一〇回常任委員会で、大会名称を「第六一回（成田）大会」とすることを決定し、その後、宮崎県都城市で開催された総会で報告した。

成田市を会場地として大会が開催されることとなり、共通論題設定の過程で運営委員会および実行委員会で議論されたのは、いわゆる古代・中世の「香取の海」や近世の「利根川文化圏」などの湖沼や水系の存在と、それに関わる内海、江戸など他地域および各地域内の交通・流通・交流・生産を明らかにして語られてきた地域像についてであった。一方で、実行委員会の中では地域の視座から地域像を描くこと、特に現代の北総地域の特徴を歴史的に考察するには、近世から近代にかけての台地上に展開した幕府牧や御料牧場などの牧場の存在、耕地開発・開拓政策などの視点が大切であるという指摘があった。これには、現代、とりわけ高度経済成長期以降の北総地域を語る場合に欠くことができない、牧場と畑地上に建設された成田空港も含まれている。台地、という後者の視点から説き起こしてみると、首都東京の存在や国策により劇的に変化した台地・牧場の開発の始原は近世に求められ、中世までの当地域の様相とは大きく異なることが看取された。

こうした議論の中で、当初は古代・中世から断絶したイメージを、近世以降広まった地名でもある「成田」に象徴させようと野心的に考え、共通論題としようとしたが、「成田」だけでは、成田山新勝寺や成田空港などの固有名詞が連想され、地理的な広がりをイメージしにくいこと、中世以前の歴史に反映させるのが難しいこと、成田空港問題のみを想起させる可能性があることなどが指摘されたため、実行委員会および常任委員会で慎重な検討を重ねたうえで、「北総地域」という台地に囲まれた印旛沼・利根川などの湖沼・水系を含む地域設定を共通論題に掲げることとした。そして他地域の政治・経済・文化的影響を受けながら、人々の生業・生活の拠点となる河川・湖沼縁辺や台地などの自然地形の場が歴史的に大きく変容していく過程を明らかにしたいと考え、「生活空間」という言葉で表現してみた。大会趣意書は、右のような大会共通論題設定の議論を踏まえ、作成されたものである。この趣意書は、『地方史研究』三四四号（二〇一〇年四月刊）、三四六号（二〇一〇年八月刊）、三四七号（二〇一〇年一〇月刊）に掲載した。

【第六一回大会を迎えるにあたって】

北総地域の水辺と台地―生活空間の歴史的変容―

常任委員会

第六一回（成田）大会実行委員会

地方史研究協議会は、第六一回大会を本年一一月一三日（土）から一五日（月）までの三日間、千葉県成田市で開催する。本会の常任委員会、および開催地で組織する大会実行委員会は、大会の共通論題を「北総地域の水辺と台地―生活空間の歴史的変容―」と決定した。

本会の近年の大会では、地域形成・展開をめぐる問題を議論の重点とし、歴史的環境のなかで形成・展開されてきた地域社会の実像を探究してきた。今大会開催地の成田市および周辺地域（以下、北総地域という）は、霞ヶ浦を含む利根川流域の南側、下総台地の北部に位置し、印旛沼および手賀沼が広がる地域である。このような地理的条件に規定された北総地域は、幕末に著された『利根川図志』にみられるように、これまで利根川流域という観点から説明されることが多かった。今大会では、北総地域の歴史的特質を水辺と台地という視点から再検討する。

北総地域の生活空間は、中世まで水辺を中心としていた。印旛沼・手賀沼周辺地域には荒海貝塚をはじめ、水辺に基礎を置く生活の特徴を示す数多くの遺跡がある。また、龍角寺古墳群は政治権力との関わりを示す重要な遺跡である。そして元来、海の神として信仰された香取神宮は水運をおさえて「香取の海」という一つの小世界を掌握した。さらに、北総地域には旧仏教の勢力として、房総半島で最初の本格的な仏教寺院である龍角寺、および鎌倉との密接な交流があったことで知られる大慈恩寺があり、その周縁部に中山法華経寺が建てられるなど新仏教の勢力が拡大した。平安時代末期から下総国一帯を所領とし、鎌倉・室町の両時代をつうじて下総国の守護を務めた千葉氏は、戦国時代に至るまで大慈恩寺・中山法華経寺の双方とつながりを保ち続けた。

「香取の海」と江戸の内海との双方に開かれていた北総地域が大きな転機を迎えるのは、近世初頭である。いわゆる利根川東遷や街道の整備をへて、北総地域は江戸との関係を急速に強めていく。新田開発が進んで、印旛沼・手賀沼の干拓が試みられる。利根川が太平洋からの物資を運び、佐原が流通・経済の拠点となる。幕末に平田国学が浸透したのも、このような経済的・文化的な発展が基盤にあった。

一方、古代以来、牧としても利用されたといわれる台地上には、佐倉七牧・小金五牧など幕府直轄の牧が設置され、周辺の村々の生活に影響を与える。近世前期に佐倉が城下町として成立し、近世中期になると成田山新勝寺では、庶民の信仰の場として参詣人が増加し、門前町が発展するなかで、市川團十郎（成田屋）との関係に象徴されるように、江戸との交流がさらに深まる。近世後期になると、宗吾霊堂や、新四国などの写し霊場が展開をみせる。このように水辺と台地という自然環境に変更が加えられることにより、人々の生活空間は変容していくのである。

近代に入ると、明治政府が牧を廃止し、台地への入植を促した結果、八街など開墾集落が誕生する。成田山へ向かう鉄道の敷設、軍事施設の台地上への設置などの変化をへながら、北総地域と首都東京との関係は、より密接になっていく。第二次世界大戦後にも入植が進み、高度経済成長期以降は大規模な住宅団地や工業団地が次々と建設される。そして新東京国際空港（現成田国際空港）が開港し、成田は国際社会と直接につながることになる。こうして、北総地域に生きる人々は、水辺という自然環境を保ちながらも、台地の開発が進められるなかで、他の地域との新たな交流を深めている。

北総地域では、市町村の単位を越えて、印旛郡市地域史料保存利用連絡協議会（印史協）が結成され、先駆的な史料保存利用活動が展開されてきた。今大会では、その成果もふまえつつ、自然環境に根ざした北総地域の人々の生活空間が、歴史のなかで変容する様子を具体的に考察する。そして、全国の会員諸氏とともに地域社会の形成・展開をめぐる諸問題を解明し、地方史研究のさらなる深化をはかりたい。活発な議論が交わされることを期待している。

二　大会実行委員会および研究会等の記録

第六一回（成田）大会の開催へ向けて、大会運営委員会は大会実行委員会と左記の日程で会合を開いた。

第一回実行委員会　二〇〇八年一二月一四日（日）（会場は成田山霊光館、以下同）
　実行委員長および事務局長の選出、準備作業の確認

第二回実行委員会　二〇〇九年五月三一日（日）
　共通論題、発表候補者、巡見候補地などの協議

第三回実行委員会　二〇〇九年八月三〇日（日）
　共通論題の内容などの協議、大会趣意書案検討

第四回実行委員会　二〇〇九年九月二六日（土）
　共通論題、大会趣意書案の内容などの協議

第五回実行委員会　二〇〇九年一一月二一日（土）
　大会趣意書の作成

第六回実行委員会　二〇〇九年一二月二〇日（日）
　大会趣意書の作成

第七回実行委員会　二〇一〇年一月三一日（日）
　公開講演、発表候補者、問題提起執筆者などの協議

第八回実行委員会　二〇一〇年三月一三日（土）
　問題提起執筆者、大会関連研究例会などの協議

第九回実行委員会　二〇一〇年四月一八日（日）
　問題提起執筆者などの協議、共通論題準備報告会

第十回実行委員会　二〇一〇年五月三〇日（日）
　大会会場の視察、共通論題準備報告会

第十一回実行委員会　二〇一〇年六月二〇日（日）
　研究発表者、巡見コース、後援・協賛団体、当日のスケジュールと役割分担など、共通論題準備報告会

第十二回実行委員会　二〇一〇年七月一八日（日）
　大会運営の協議、共通論題準備報告会、翌日（一九日、海の日）は巡見コース実踏

第十三回実行委員会　二〇一〇年八月二八日（土）
　大会運営の協議、共通論題準備報告会

午後に成田市立図書館視聴覚ホールで研究小委員会の企画による大会関連研究例会開催
　報告者　白井哲哉氏（大会運営委員）
　論　題　成田地域における地方史研究の新展開
　　　　　―近世史を中心に―
　報告者　深田富佐夫氏（大会実行委員）
　論　題　下総飯岡村大河平兵衛について

―天明期から文化期の経営を中心に―

参加者　三六名

報告要旨は『地方史研究』三四九号（二〇一一年二月刊）に掲載

第十四回実行委員会　二〇一〇年九月一九日（日）

大会運営の協議、午後にプレ大会を開催

第十五回実行委員会　二〇一〇年一〇月三〇日（土）

運営の役割分担の協議

第十六回実行委員会　二〇一〇年一一月一二日（金）

常任委員会と役割分担の確認

三　大会共通論題への問題提起

第六一回（成田）大会の開催にあたり、共通論題に関する問題提起を募集し、『地方史研究』三四六号（二〇一〇年八月刊）、三四七号（二〇一〇年一〇月刊）の二号に分けて左記のとおり掲載した。

1　北総地域における古式須恵器　佐藤晃雅氏

2　成田市江川流域の古墳について　仲村元宏氏、根本岳史氏

3　北総荘園の変容と印西内外十六郷の成立―房総中世村落論の一課題―　湯浅治久氏

4　香取本「大江山絵詞」の伝承と北総地域　鈴木哲雄氏

5　在方町佐原からみた近世地域文化試論　酒井右二氏

6　佐倉藩政史研究の現状と課題―下総佐倉堀田家文書を中心として―　土佐博文氏

7　佐原から考える平田国学　小田真裕氏

8　門前町成田と成田鉄道　矢嶋毅之氏

9　堀田伯爵家と近代北総地域　宮間純一氏

10　取香牧から取香種畜場へ、さらに下総御料牧場へ　鏑木行廣氏

11　北総台地と国策　中村政弘氏

12　社会事業と成田山新勝寺　中澤惠子氏

13　印旛沼周辺地域における弥生後期土器研究の課題　髙花宏行氏

14　「香取の海」を基盤とした中世の権力と文化　外山信司氏

15　近世初期の開発をめぐる争論と裁許―成田地域周辺を中心にして―　宮原一郎氏

16　近世北総の地域的特質　出口宏幸氏

17　利根川流域の山岳信仰―大山信仰をめぐって―　西海賢二氏

四　自由論題研究発表

大会第一日目の一一月一三日（土）午前中に行なわれた四名の自由論題研究発表は、左記のとおりである。

1　戦国期下総臼井氏の展開と香取地域　石渡洋平氏
2　近世下総における検地と土地認識
　―佐倉藩領の在地把握と弘化期隠田出入一件を中心に―　髙木謙一氏
3　七代目市川團十郎と成田不動信仰
　―文政四年額堂寄進を中心として―　木村　涼氏
4　旧佐倉藩士族結社の活動と士族の「家」
　―同協社を事例に―　藤方博之氏

石渡氏の研究発表は、戦国期臼井氏の動向について「水辺の領主」としての側面を明らかにしようと試みるものであった。近年その諸相が解明されつつある房総戦国史研究において、臼井氏が「香取の海」の一画を占める勢力を保持したことを明らかにした研究成果であり、今後は、北総地域の水陸交通全般を検討していくことが課題となると思われる。

髙木氏、木村氏、藤方氏の研究発表は、その成果が本書に論文として収録されている。

五　公開講演

自由論題研究発表に続き、同日の午後に、左記の公開講演が行なわれた。

印旛沼をめぐる古墳群の特質と地域社会の動態
　―印波国造論に関連して―　大塚初重氏
江戸の嘉永文化　吉原健一郎氏

大塚初重氏、吉原健一郎氏には、講演をもとに論文をご執筆いただき、本書に収録した。

六　共通論題研究発表および討論

大会二日目の一一月一四日（日）、七名の共通論題研究発表が左記のとおり行なわれた。

1　印波国造と東国社会　川尻秋生氏
2　下総龍腹寺の板碑群　阪田正一氏
3　享保期下総佐倉牧における新田「開発」の特質　高見澤美紀氏
4　天保期利根川分水路調査における在地村役人の動向　佐々木克哉氏
5　明治大正期北総における貨物輸送

―成田鉄道と下利根川水運―　高木晋一郎氏

6　成田空港建設と地域社会変容

―巨大開発下における農民主体の形成と展開―　相川陽一氏

7　水辺の環境と生活の変容

―手賀沼のほとりで農に生きた人：増田実日記から―　秋山笑子氏

それぞれの研究発表については、その成果が本書に論文として収録されている。

共通論題研究発表に続き、共通論題討論を行なった。大会実行委員の荒井信司氏（千葉県）、同じく渡辺善司氏（千葉県）、大会運営委員長の長沼秀明（神奈川県）の三名が議長を務めて進行した。

最初に議長が、大会共通論題および大会趣意書にもとづき、大会開催地の成田市とその周辺地域（北総地域）は、利根川流域の南側、下総台地の北部に位置し、そのなかに印旛沼・手賀沼を含む地域であり、共通論題では、その地理的特質を「水辺と台地」と表現していることを確認した。そして、今大会では、このような自然環境のもとで形成・展開された地域社会の具体相を検討するとともに、人びとの生活空間が変容する政治的・経済的・社会的諸条件を考察したいと述べた。

次いで、討論の進め方として、七名の方々による研究発表を三部に分けて議論することを提示し、それぞれの部で考察を深めるための主要な概念として、時代の特質をふまえ、第一部で「香取の海」、第二部で「開発」、第三部で「東京」を、それぞれ設定した。そして第一部で、川尻秋生氏、阪田正一氏の発表を、第二部で、高見澤美紀氏、佐々木克哉氏、秋山笑子氏の発表を、第三部で、高木晋一郎氏、相川陽一氏、そして再び秋山笑子氏の発表をそれぞれとりあげることとした。また、第一部は荒井信司氏、第二部は渡辺善司氏、第三部は長沼が、それぞれ議長を担当し、続く総括の部は長沼が担当した。各部では次のことを課題とした。第一部では、北総地域からみた「香取の海」、また「香取の海」からみた北総地域について考察を深める。第二部では、北総地域における「開発」の特質と、「開発」による生活の変容について追究する。第三部では、近代以降、首都東京に隣接する北総地域の人びとの生活がどのように変容したのかを国策との関わりをも含めて問う。紙幅の都合で、各論点と発表者ごとに質疑の要旨をまとめ、討論を振り返りたい。

第一の論点「香取の海」は、古代・中世の水辺の歴史を扱ったものである。川尻氏に対しては、古代文字瓦の地名と現行地名、郡域との照合を問う質問があり、合致する場所とない場所があると答えた。さらに、瓦の文字分類について、地域ごとに異なるものの氏族による分類ではなく、税制上の区切りであると補足し、古代仏教との関係は課題であるとした。阪田報告については、流通と仏教宗派の関係を問う質問があったが、阪田氏は、それは地域型板碑と広域型板碑を詳細に検討することが前提となると述べた。また、具体的な宗派がわかるものは日蓮宗の題目板碑と時宗の板碑であり、関東天台の浄土思想を検討する必要性も加えられた。

続いて第二の論点である、近世の台地、とりわけ幕府直轄牧の「開発」をめぐる質疑に移った。これまで近世史研究で蓄積のある新田開発のイメージを中心テーマとして取り上げ、加えて当地の特徴的な事例である印旛沼掘割普請についても言及することで、幕府政策の北総台地の「開発」と村民の関係の特徴を導き出すことを念頭においた。政治と地域住民、自然環境を問う論点である。高見澤氏に対しては、近世前期の入会地についての質疑があった。また、高見澤・佐々木両氏に対して、開発者への村人の要求についてどう考えるかという質問があり、高見澤氏は、開発に対する意欲の差であり、幕府や領主の政策と合致することがあるとし、佐々木氏は、享保期以降、幕府や領主の要請により開発させられる場合が増えるのではないかと答えた。

第三の論点「東京」は、近代・現代を強く意識したテーマである。高木氏に対しては、当時必ずしも低コスト・高効率といえない鉄道輸送で、なぜ米を運搬したのか、輸送の早さが問題か、成田鉄道は当初から貨物輸送を獲得できると目論んでいたのかという質問があった。高木氏は報告のとおり、米はすぐには鉄道輸送には移らず水運の比重は高かったし、速達性も要求されていなかった、なぜ鉄道に切り替わっていったのか早急に結論は出せないが、近代化の過程の中で切り替わらざるを得なかったのではないか、また、成田鉄道は佐原や香取の河岸の荷物量が多かったので、シェアを奪っていけると考えていたのではないかと応じた。さらに東京からの貨物輸送について質問があり、酒などの例をあげ、集荷点・配荷点としての東京という側面もあることから、東京だけの問題ではなく産地―東京―北総地域という関係性を指摘した。一方、石炭については、土浦から東京を経由せずに北総地域にという鉄道による新たなルートの確立も同時に指摘された。秋山氏には、民俗的慣習の変容と近代化について、開墾に対する近代農民の感情、素材とした日記の史料批判ほかの質問があった。これに対し、習俗によるタブーは合理的な精神、近代化の妨げとなり、日本の近代化が進んでいくなかで結果として今までの習俗に疑問符がつくこと、開墾を損得勘定で考える地主がいることを指摘し、史料批判は大切だが、増田実日記には文学的要素はあっても虚構や創作は記されていないと答えた。相川氏については、研究発表のなかの「抗議戦略」の意味を問う質問があり、生活基盤の拡大とともに新しい生活ネットワークを構築していこうという戦略であると答えた。

最後に各発表者から、それぞれの課題・展望についてコメントをいただいた。川尻氏は常陸国を視野に入れた考察の必要性、阪田氏は利根川水系、上野国世良田長楽寺等の関係の重要性、高見澤氏はどの時代の人々も生活空間に別の価値を見出しながら生活を維持し変容させること、佐々木氏は開発の経緯・内容を一つ一つ明らかにする中で全体的な開発像を導くこと、秋山氏は首都圏との関係性、とくに水辺を求めてくる人々が水辺の環境を残した側面もあること、高木氏は流通網の重要性は古代からの問題であると再認識したことをそれぞれ述べた。そして相川氏は、開発の連続性と非連続性とを再認識したとして、とりわけ地域住民による開発から首都圏の人の流れを加速化させる開発へと変化していると述べ、その意味で近世の農民の開発思想と空港建設反対運動との関わりを考えると、反対運動を自分たちの誇りとして語り出した人々の源流は何なのか、と問いかけた。各コメントに特徴的なように、あらためて北総地域と江戸・東京など他地域とのつながり、「香取の海」や利根川、内海など水系について考える重要性が確認された。また同じ地域の台地開発でも、時代による差異が明確になり、特に近世以降は幕府や国の政策と地域住民との関係が問われることも課題としてあげられる。

大会当日は時間の都合もあり総括の討論があまりできなかったが、今回の大会共通論題を発展させる論点として、例えば首都圏の問題など、現代史、とりわけ高度経済成長期の位置づけは今後求められてこよう。地方史研究のテーマとして、地域住民の視点とともに、現代を意識した時代設定や問題設定ができる可能性を示した大会でもあったといえるだろう。

七　巡　見

今大会の巡見は、左記のとおりである。

Aコース　成田山諸堂―霊光館（伊能中図特別展観）―大

本堂（護摩法会）—光輪閣（精進料理体験）—ドラムの里（昼食）—千葉県立房総のむら風土記の丘資料館（企画展特別展観）—国史跡岩屋古墳（特別見学）—旧堀田邸（重文旧堀田家住宅、下総佐倉堀田家文書特別展観）—京成佐倉駅（解散）—JR成田駅（解散）

Bコース　大原幽学記念館（特別展観）—観福寺（伊能忠敬墓、宝物館特別展観）—昼食—佐原の町並み見学（国史跡伊能忠敬旧宅、国選定重要伝統的建造物群保存地区）—香取神宮（香取神宮文書特別展観）—京成成田駅（解散）

両コースとも、ふだんは見ることができない史料を特別に見学させていただく機会に恵まれた。さらに、成田山霊光館、房総のむら風土記の丘資料館、旧堀田邸、大原幽学記念館では、休館日にもかかわらず開館していただき、学芸員の方や教育委員会職員の方に直接解説していただいた。

今回の大会の巡見でご協力をいただいた地元関係者の方々にあらためて深く感謝を申し上げる次第である。

おわりに

第六一回（成田）大会は、実行委員会をはじめとする多くの地元の方々のご尽力を賜り、また多くの団体から、共催、後援、協賛、協力をいただいた。左記に一覧を掲げ、謝意を表したい。

共催　常総地方史研究会

後援　千葉県教育委員会　成田市　成田市教育委員会　佐倉市　佐倉市教育委員会栄町　栄町教育委員会　香取市教育委員会　旭市教育委員会　財団法人印旛郡市文化財センター　千葉県博物館協会　成田エリア新聞　株式会社エリート情報社成田ケーブルテレビ株式会社　NPO法人栄町観光協会（社）成田市観光協会

協賛　成田市文化財保護協会　印旛郡市地域史料保存利用連絡協議会　千葉県史料保存活用連絡協議会　千葉県高等学校教育研究会歴史部会　千葉県郷土史研究連絡協議会　千葉歴史学会

協力　千葉県教育振興財団　財団法人ちば国際コンベンションビューロー

大会参加者は三一二名、懇親会参加者は一四二名、巡見参加者は七七名を数えた。今大会に参加してくださった方々のうち六名の方から参加記が寄せられ、『地方史研究』三四九号（二〇一一年二月刊）に掲載されているので、ぜひご覧いただきたい。

大会終了後、二〇一一年二月二六日（日）、研究小委員会の企画により、二〇一〇年度第二回研究例会として、今大会の総括例会が成田山霊光館で開催された。報告は生駒哲郎氏（大会運営委員）「成田大会の成果と課題」、矢嶋毅之氏（大会実行委員）「成田大会を振り返って」であり、一六名の参加を得た。

生駒氏、矢嶋氏には、それぞれの立場から、今大会の成果と課題とを確認していただいた。報告や質疑では、地方史研究協議会大会の共通論題研究発表として現代史を取り上げることができた点や、巡見で近世・近代の原史料に多く接することができた点などが高く評価された。一方、今後の大会準備のあり方に対する提言もなされ、有意義な例会になった。報告要旨は『地方史研究』三五二号（二〇一一年八月刊）に掲載されているので、ご覧いただきたい。

大会名称に「成田」を掲げた今大会は、首都東京に隣接する千葉県で三八年ぶりに開催された大会であった。常任委員会および大会実行委員会は、大会名称の決定、共通論題・趣意書の作成にあたり、議論を積み重ね、なぜ「成田」大会でなければならないのか、「北総地域」（成田市および周辺地域）の歴史的特質とはいったい何であるのか、という問題を追究してきた。その結果、大会趣意書では、あえて、北総地域の生活空間を古代・中世と近世以降とに対比しつつ「水辺から台地へ」の転換としてとらえた。しかし、討論をつうじてより明らかになったように、この地域の人びとの生活空間は「水辺と台地」という自然環境と複雑に交錯しながら変容してきた。北総地域の生活空間の歴史的変容を古代から現代まで通観しながら、実行委員会と常任委員会は、ともに、この地域における「開発」と生活空間の変容を現代の成田空港問題も含め、地域の人びとの視点から問題提起することができたと考えている。

本書の刊行は、地方史研究協議会第六一回（成田）大会成果論集刊行特別委員会が担当した。委員会の構成は、長沼秀明（委員長）、生駒哲郎、佐藤孝之、実松幸男、谷口榮、西村健、宮原一郎である。刊行にあたっては、株式会社雄山閣編集部の羽佐田真一氏にたいへんお世話になった。とりわけ、編集作業の最終段階では、刊行期日を見据えながら、大きなお力添えをいただいた。記して感謝の意を表したい。

（文責　長沼秀明）

執筆者紹介（掲載順）

大塚初重（おおつか はつしげ）　千葉県在住　明治大学名誉教授

川尻秋生（かわじり あきお）　東京都在住　早稲田大学文学学術院教授

阪田正一（さかた まさかず）　千葉県在住　立正大学文学部特任教授

高見澤美紀（たかみざわ みき）　千葉県在住　京都造形芸術大学芸術学部非常勤講師

佐々木克哉（ささき かつや）　千葉県在住　㈱大地を守る会

髙木謙一（たかぎ けんいち）　千葉県在住　埼玉県立文書館

高木晋一郎（たかぎ しんいちろう）　千葉県在住　千葉大学大学院人文社会科学研究科博士後期課程

秋山笑子（あきやま えみこ）　千葉県在住　千葉県教育庁主任文化財主事

相川陽一（あいかわ よういち）　島根県在住　島根県中山間地域研究センター嘱託研究員

吉原健一郎（よしはら けんいちろう）　東京都在住　成城大学名誉教授

木村　涼（きむら りょう）　千葉県在住　早稲田大学演劇博物館助手

藤方博之（ふじかた ひろゆき）　埼玉県在住　千葉大学大学院社会文化科学研究科博士課程修了

平成23年10月15日 初版発行 《検印省略》

地方史研究協議会 第61回（成田）大会成果論集

北総地域の水辺と台地—生活空間の歴史的変容—

（ほくそうちいきのみずべとだいち—せいかつくうかんのれきしてきへんよう—）

編　者　ⓒ地方史研究協議会

発行者　宮田哲男

発行所　株式会社 雄山閣

〒102-0071　東京都千代田区富士見2-6-9
電話 03-3262-3231㈹　FAX 03-3262-6938
http://www.yuzankaku.co.jp
E-mail　info@yuzankaku.co.jp

振替：00130-5-1685

印　刷　亜細亜印刷株式会社

製　本　協栄製本株式会社

Printed in Japan 2011　ISBN978-4-639-02191-9　C3021
N.D.C.213　300p　22cm